禮式
葬예설
　고

"우리가 예수께서 죽으셨다가 다시 살아나심을 믿을진대
 이와 같이 예수 안에서 자는 자들도
 하나님이 그와 함께 데리고 오시리라"

-데살로니가전서 4장 14절-

葬禮.

한국문서선교회

머리말

  목회는 출생, 결혼, 죽음으로 이어지는 인생의 대사와 직접 관련되어 있습니다. 다시 말하면 요람에서 무덤까지 돌보고 살펴야 하는 게 목회라는 것입니다.

  출생이나 결혼은 희망과 기쁨이기에 돌봄의 부담이 적습니다.
  그러나 죽음은 상황의 다양성과 지상에서의 삶의 마지막이라는 종말적 이해 때문에 돌봄이 무척 힘들고 어렵습니다.

  예를 들면 결혼식은 30분이면 끝나지만, 장례식은 수차례를 방문하는가 하면 입관식, 발인식, 하관식까지의 절차를 주관해야 합니다. 그리고 장례식의 절차마다 반복해 참여하는 유가족과 조문객들에게 상황에 맞는 적절한 말씀으로 위로하며, 전도의 기회로 삼아야 하는 부담도 적지 않습니다.

  이를 돕기 위해 장례식에 대한 말씀 지침서를 펴냅니다. 본서가 장례식을 집례하는 목회자에게 좋은 지침서가 되며, 유가족과 조문객들에게는 위로와 희망의 메시지가 되기를 바라는 마음 간절합니다.

저자를 대표하여 박 종 순 목사

목차

Ⅰ. 임종 예배 설교

1. 죽음조차 귀중합니다 14
2. 죽음 앞에 얻는 지혜 16
3. 나사로의 죽음 18
4. 모세의 임종 20
5. 구속받은 자의 찬미 22
6. 성도의 부활 24
7. 가장 큰 영광의 순간 26
8. 나그네 여정의 결산 28
9. 아버지께로 가는 길 30
10. 믿는 자는 영생을 얻었고 32
11. 하나님을 믿으니 또 나를 믿으라 34
12. 한 번 죽는 것은 정한 것입니다 36

Ⅱ. 위로 예배 설교

13. 사나 죽으나 40
14. 하나님 나라의 상속자 42
15. 인생의 생각과 하나님의 뜻 44
16. 야곱의 장례식 46
17. 아론의 복된 죽음 48
18. 엘리야의 인생 졸업 50
19. 주의 복되신 임재 52
20. 아버지 집 55

21. 복된 죽음 58
22. 천국 소망과 부활의 영광 60
23. 소망의 위안 62
24. 천국에 대한 소망 64
25. 보혜사의 위로 66
26. 마음에 근심하지 말라 68
27. 하나님의 저울 70
28. 이것을 네가 믿느냐 72
29. 다시는 눈물 없는 곳에 74
30. 돌아가는 인생 76

Ⅲ. 입관 예배 설교

31. 수고의 짐을 벗고 80
32. 하나님 나라의 예복 83
33. 스데반의 죽음 86
34. 아브라함의 죽음 88
35. 피할 수 없는 죽음 90
36. 하늘에 있는 영원한 집 92
37. 하나님 영광을 위한 죽음 95
38. 천국과 지옥의 확실성 98
39. 영원한 집 102
40. 행복한 죽음 105
41. 믿음으로 가는 나라 108
42. 하나님이 옮기심 111
43. 성도의 죽음은 귀중하다 114
44. 두 가지 사실 117
45. 이사 가셨습니다 120
46. 사망아 네가 어디 있느냐 123
47. 지혜의 마음을 얻게 하소서 126
48. 순간과 영원 129

Ⅳ. 발인 예배 설교

49. 예비된 집 134
50. 달려갈 길을 마치고 137
51. 나그네 인생 140
52. 성도의 죽음 143
53. 영광의 빛 146
54. 천국에 있는 것과 없는 것 149
55. 요셉의 죽음 152
56. 베다니 나사로의 죽음 154
57. 영원한 집 156
58. 믿는 자의 가는 길 158
59. 영광스러운 천국 161
60. 참된 행복의 길 164
61. 돌아오지 못할 길 167
62. 내 아버지의 집 170
63. 영생을 아는 인생 173
64. 주 안에서 죽는 자의 복 176
65. 인생은 나그네 179
66. 사람의 결국이 이와 같다 182

Ⅴ. 하관 예배 설교

67. 은혜의 특권 186
68. 영원히 거하리로다 189
69. 다시 흙으로 192
70. 안식의 삶 195
71. 천국의 소망 198
72. 부활의 소망 201
73. 의의 면류관 204
74. 성도들이 가는 곳 206

75. 부활의 영광에 참여하자 209
76. 하나님의 영광 212
77. 가장 복된 신앙고백 215
78. 흙으로 돌아갈지니라 218
79. 이 말로 서로 위로하라 221
80. 흙으로 돌아가는 인생 224
81. 그날에 홀연히 227
82. 새 하늘과 새 땅 230

VI. 추모 예배 설교

83. 하늘의 별과 같이 234
84. 인생의 본분 236
85. 가장 소중한 가치 238
86. 위로의 하나님 240
87. 네 가지 삶의 자세 242
88. 추모 예배의 의미 244
89. 복의 근원을 물려주다 246
90. 시작과 끝 248
91. 의의 죽음 250
92. 나그네와 고향 252

VII. 장례 사역 지침서

1. 임종 사역

1) 임종 사역이란? 260
2) 임종이란? 261
3) 임종자의 상태 262
4) 임종자의 심리 이해 263
5) 임종자의 준비 265
6) 임종 전 가족의 대처 266

7) 외로운 죽음 267
  8) 품위 있는 죽음 268
  9) 호스피스 사역 270

 2. 장례 사역

  1) 장례사역의 중요성 272
  2) 장례사역이란? 273
  3) 죽음의 성경적 의미 274
  4) 불신자들의 죽음과 성도의 죽음 276
  5) 죽음이 가르쳐주는 진리 277
  6) 사후 세계 278
  7) 장례 사역과 메시지 280
  8) 장례 문화 개선 281

 3. 장례 실제

  1) 장례 방법 283
  2) 기독교 장례의 순서 284
  3) 개선되어야 할 장례 용어들 285
  4) 부고 및 분향소 설치 286
  5) 문상 288
  6) 발인 및 하관 289
  7) 장례 용어 290

 4. 유족 돌봄 사역

  1) 유가족 돌봄 293
  2) 장례 직후 294
  3) 유족을 위한 목회적 지원 295
  4) 유족 상담 297
  5) 애도의 기술 298
  6) 사별자의 애도 단계 299

7) 추모 예배 301

5. 장례 예식 순서

1) 임종 예식 303
2) 조문 예식(1) 304
3) 조문 예식(2) 305
4) 조문 예식(3) 306
5) 입관 예식(1) 307
6) 입관 예식(2) 308
7) 발인(환송) 예식(1) 309
8) 발인(장례) 예식(2) 310
9) 하관 예식 311
10) 화장장(작별) 예식 312
11) 납골(유골안치) 예식 313
12) 이장 예식 314
13) 위로 예식(집에 돌아와) 315
14) 추모 예식(1) 316
15) 추모 예식(2) 317

박종순 〈순〉
최병남 〈남〉
나겸일 〈일〉
이용호 〈호〉
송기식 〈식〉
최종인 〈종〉　설교자의 표시는 〈　〉안의 약자로 표시했습니다*

臨終

I
임종예배설교

1. 죽음조차 귀중합니다
* 시 116:5~16 *

사람이건 짐승이건 생명이 있는 존재라면 누구나 죽음에 대한 공포가 있습니다. 생명이 있는 존재라면 고차원의 지능을 가지고 있는 인간부터, 말초적인 신경만으로 살아가는 한낱 미물조차도 죽음을 두려워하며 거부하고 싫어합니다.

그러나 오늘 말씀은 두렵고 공포스러운 죽음이 아닌 귀하고 복된 죽음을 보여주고 있습니다. 오늘 말씀은 성도의 죽는 것을 하나님께서 귀중히 보신다고 가르쳐줍니다. 왜 그렇습니까?

1. 하나님이 우리를 후대하시기 때문입니다

하나님은 우리가 이 세상에서 살아가는 동안에도 우리를 위해 좋은 것을 예비해 두시고 때를 따라 은혜를 내려주셨습니다. 하지만 그 은혜는 이 세상에서 끝나는 것이 아닙니다. 하나님 나라에서도 계속될 은혜입니다.

하나님은 우리를 후대하십니다. 이 세상 살 동안도 그러셨지만, 하나님 나라에서는 더 크게 우리를 후대하십니다. 그러므로 우리 영혼이 평안을 누릴 수 있는 것입니다.

2. 하나님께서 우리에게 성도의 자격을 주셨기 때문입니다

성도란 누구입니까? 말 그대로 거룩한 무리입니다. 누가 거룩합니까? 아무리 노력해도 근본이 죄악 된 우리 인간은 거룩해질 수가 없습니다. 오직 예수 그리스도의 피로 깨끗함을 입은 사람만이 거룩한 무리, 성도가 될 수 있습니다. 그것은 곧 천국에 들어갈 수 있는 자격을 얻었다는 것입니다. 그러므로 성도의 죽음은 영원한 천국, 우리의 본향에 돌아가서 하나님과 함께 살게 되었다는 것을 의미합니다. 그러므로 성도의 죽음은 귀한 것입니다.

3. 우리의 결박을 푸셨기 때문입니다

인생을 산다는 것은 온갖 결박에 묶여 산다는 것을 의미합니다. 수고의 결박, 질병의 결박, 사고의 결박, 물질의 결박 등등 일일이 다 나열할 수 없는 많은 결박에 묶여 살아갑니다.

성도의 죽음은 하나님께서 그 결박을 푸시고 영원한 자유를 허락하셨음을 의미하는 것입니다. 하나님 나라에서는 더 이상 아픔도 슬픔도 고통도 없습니다. 완전한 기쁨과 평화와 안식만이 있는 곳입니다. 그러므로 성도가 죽는 것, 즉 예수 안에 죽는다는 것은 공포스럽고 두려운 것이 아니라 오히려 복된 것입니다.

사랑하는 성도가 하나님 나라로 가셨습니다. 육신의 이별은 슬픈 일임이 분명하지만, 이 죽음이 성도의 죽음이 되었다는 사실로 위로를 받으시기 바랍니다. 하나님 안에서는 죽음조차 귀중한 것이라는 사실을 기억하시고 슬픔 속에서도 하나님의 위로를 받으며, 소망 중에 천국을 바라보시기를 바랍니다. 〈순〉

2. 죽음 앞에 얻는 지혜
* 시 90:1~17 *

사람은 동물과 여러 가지로 다른 점이 있습니다. 그중의 하나는 사람만이 숫자 감각을 가지고 있다는 것입니다. 아무리 머리가 좋은 동물이라고 해도 많고 적음 정도를 구분할 뿐이지 숫자를 세지는 못합니다. 우리가 잘 아는 고사성어 중에 '조삼모사'라는 말이 있습니다. 원숭이를 키우는 주인이 아침에는 먹이를 세 개를 주고 저녁에는 네 개를 주겠다고 했더니 화를 내던 원숭이들이 아침에 네 개, 저녁에 세 개를 주겠다고 했더니 기뻐하더라는 말입니다. 원숭이 머리가 아무리 좋다 해도 숫자를 구분해내지는 못합니다. 하나님은 사람에게만 숫자를 셀 수 있는 능력을 주셨습니다.

오늘 읽은 성경 말씀은 하나님께서 사람에게만 주신 이 숫자를 세는 지혜로 우리가 사는 날을 계산해보라고 말씀하고 있습니다. 이 말씀이 우리에게 주는 교훈은 무엇입니까?

1. 인생은 허무하다는 것입니다

아무리 힘이 센 장사라 해도, 아무리 돈이 많은 갑부라 해도, 아무리 많이 배운 지식인이라 해도 피해 갈 수 없는 것이 죽음입니다. 죽음 앞에 모든 것은 허무할 뿐입니다. 힘도 돈도 지식도 다 두고 가야 합니다. 그동안 내 정신과 영혼을 담고 있던 이 육신까지도 티끌로 돌아가게 되어 있습니다. 본문 말씀대로 하나님께서 "너희 인생들은 돌아가라"(3절) 하시면 모든 것을 두고 우리는 티끌로 돌아가야 할 존재입니다.

2. 인생의 날수가 짧고도 빠르다는 것입니다

이제까지 살아온 날을 뒤돌아보십시오. 누구나 동일하게 느끼는 것은 힘들게 살아왔든지, 평안하고 복 되게 살아왔든지 상관없이 짧게 여겨진다는 것입니다. 하지만 우리는 이 사실을 잊고 삽니다. 마치 우리 삶이 영원할 것처럼 생각하며 착각 속에 삽니다.

그러나 '내일'이라는 시간은 하나님께서 허락해주실 때만 우리에게 올 수 있는 시간이라는 것을 기억해야 합니다.

3. 하나님만이 우리 인생을 견고케 하신다는 것입니다

하나님 없는 모든 것은 허무한 것입니다. 오늘 말씀대로 저녁이면 베어질 풀과 같은 것입니다. 아무리 장수해도 수고와 슬픔만을 자랑할 수밖에 없는 비참한 존재입니다. 그러나 하나님과 함께하고 의지하는 인생의 일은 하나님이 견고케 하십니다. 그의 수고는 허무하지 않습니다. 그의 삶의 열매는 하나님의 기쁨이 됩니다. 그러므로 하나님과 함께하는 삶이 복된 삶이요, 하나님과 함께하지 않는 삶은 헛된 것뿐입니다.

지혜로운 사람은 사건을 통해 새로운 지혜를 배웁니다. 오늘 우리는 000님의 죽음 앞에 어떤 지혜를 배워야 합니까? 하나님과 함께하는 삶이 가장 귀한 것임을 깨달으시길 바랍니다. 〈순〉

3. 나사로의 죽음
눅 16:19~22

"한 부자가 있어 자색 옷과 고운 베옷을 입고 날마다 호화롭게 즐기더라. 그런데 나사로라 이름하는 한 거지가 헌데투성이로 그의 대문 앞에 버려진 채 그 부자의 상에서 떨어지는 것으로 배불리려 하매 심지어 개들이 와서 그 헌데를 핥더라. 이에 그 거지가 죽어 천사들에게 받들려 아브라함의 품에 들어가고 부자도 죽어 장사되매."

두 사람이 죽었습니다. 하나는 부자로 호화롭게 즐기며 살던 사람이었고, 다른 하나는 거지 나사로입니다. 성경은 "초상집에 가는 것이 잔치집에 가는 것보다 낫다"(전 7:2)라고 했습니다. 두 사람의 죽음을 보면서 우리가 죽음 이후를 생각하게 됩니다.

1. 믿는 자들은 죽은 후에 좋은 곳에 갑니다.

성경은 천국을 '낙원', '아브라함의 품', '셋째 하늘', '성(城)', '내 아버지 집', '참 하늘', '하늘', '천국', '주와 함께 있는 곳' 등으로 표현하면서 믿는 자들이 사후에 들어가 거할 곳으로 설명하고 있습니다. 나사로는 아브라함의 품에 들어갔다고 했습니다. 살아 있을 때에는 지옥처럼 살았는지 모르지만, 죽어서는 좋은 곳에 간 것입니다.

2. 천국과 지옥이 있습니다.

천국과 지옥은 있습니다. 성경은 분명히 아브라함의 품 같은 천국과, 물도 마시지 못하고 불꽃 가운데 고통 받는 지옥이 있음을 증거 합니다. 사람들은 천국을 그저 아름다운 곳, 사람이 죽은 후에 가는 '더 나은 곳' 정도로 여깁니다. 그러나 천국과 지옥은 실제로 있는 장소입니다. 믿는 자는 구원받아 천국에 가지만, 불신자는 사후에 틀림없이 지옥 불에 들어갑니다.

3. 현세에 누리는 복은 영원한 것이 아닙니다.

그러므로 내가 가진 것, 누리는 것을 자랑할 필요가 없습니다. 부자의 경우, 이 세상에서 누리던 것이 사후에 아무런 도움이 되지 못했습니다. 그는 자색 옷을 입었고 고운 베옷을 입었으며, 날마다 호화롭게 즐기던 사람이었으나 죽으니 아무것도 소용없었습니다.

4. 사후에는 심판이 있습니다.

사후에는 회개할 기회가 없습니다. 부자는 안타깝지만 다시 천국에 들어갈 기회를 얻지 못했습니다. 그리고 그 자녀들에게도 현재만의 기회가 있을 뿐임을 분명히 말해 줍니다. "한번 죽는 것은 사람에게 정해진 것이요 그 후에는 심판이 있으리니"(히 9:27). 죽은 후에는 심판이 있습니다. 살아있을 때 복음을 듣고 회개하여야 천국에 들어갑니다.

〈종〉

4. 모세의 임종
* 신 34:5~7 *

"여호와의 종 모세가 여호와의 말씀대로 모압 땅에서 죽어 벳브올 맞은편 모압 땅에 있는 골짜기에 장사되었고 오늘까지 그의 묻힌 곳을 아는 자가 없느니라. 모세가 죽을 때 나이 백이십 세였으나 그의 눈이 흐리지 아니하였고 기력이 쇠하지 아니하였더라."

이제 곧 들어갈 가나안 땅을 앞두고 안타깝게도 모세는 죽었습니다. 모세의 임종 모습을 통해 사랑하는 성도의 죽음 앞에서 예배하는 가족들 모두가 은혜받고 힘을 얻으시기 바랍니다.

1. 모세는 '여호와의 종'으로 살다가 죽었습니다.

하나님이 그를 불러 유용하게 쓰셨다가 이제 쉬게 하신 것입니다. 평생 이렇게 쓰임 받다 죽는 이가 복이 있습니다. 일터의 종, 쾌락의 종, 술의 종으로 살다 죽는 이도 많습니다. 모세처럼 하나님의 종으로 살다 죽어야 합니다. 고인이 그동안 주님 나라를 위해 헌신하신 것을 하나님이 기억하실 것입니다. 하나님의 종 된 것이 얼마나 영광스럽고 귀한 지요!

2. 모세는 '여호와의 말씀대로' 죽었습니다.

모세는 말씀을 받고 말씀을 따라 진행하며 살다가 마침내 말씀을 따라 죽었습니다. 일평생 말씀을 따라 살다가, 죽을 때도 말씀을 따라 죽었습니다. 복된 임종입니다. 우리가 아무리 이 땅에서 오래 살려고 애써도 결국은 죽게 됩니다. 죄 지은 아담에게 내리신 선고를 우리는 압니다. "너는 흙이니 흙으로 돌아갈 것이니라"(창 3:19) 하신 말씀과 같이 결국 우리 모두는 죽는 것입니다.

3. 모세는 무덤을 남기지 않았습니다.

6절에 "벳브올 맞은편 모압 땅에 있는 골짜기에 장사되었고 오늘까지 그의 묻힌 곳을 아는 자가 없느니라"라고 했습니다. 멋진 임종입니다. 자손들에게 성묘를 요구하지 않은 것입니다. 사후에 혹시라도 자기 무덤에 와서 우상숭배 할 것을 알고, 무덤자리를 알리지 않은 것입니다. 혹시 가족들이 무덤을 마련했다면 감사한 일입니다. 그러나 무덤이 없을지라도 아쉬울 것이 없습니다. 모세처럼 무덤 없이도 영웅으로 살다 가는 이들이 많습니다.

4. 모세는 죽기까지 건강했습니다.

하나님께 충성한 모세를 크게 사용하시려고 건강을 주신 것입니다. 좋은 죽음은 어떤 것일까요? 어느 누구에게도 폐를 끼치지 않고 강건하게 살다 죽는 것입니다. 적당한 수명을 누리고 죽는 것입니다. 고생하지 않고 평안히 맞이하는 죽음입니다. 모세는 임종이 많이 아쉬웠을 것입니다. 그러나 모세는 여호와의 종으로서 죽었습니다. 그는 여호와의 말씀대로 죽었습니다. 겸손하게 죽었습니다. 우리도 남은 생을 여호와의 종으로 살아갑시다. 그 후에 하나님께 부름받기 바랍니다

〈종〉

5. 구속받은 자의 찬미
* 계 7:9~17 *

1. 구속의 찬미

오늘 우리는 일평생을 믿음과 기도로, 또한 신앙의 지조와 절개로 승리의 삶을 사시다가 생의 모든 일정을 마감하는 사랑하는 성도의 마지막을 지켜보고 있습니다. 확신하건대 우리는 사랑하는 성도와 우리를 위하여 십자가에서 완전한 희생 제물이 되신 우리 주 예수 그리스도로 말미암아 최후의 승리를 얻으며 구속의 찬미를 부르게 될 것입니다.

하나님은 하나님의 계획 가운데 성도를 구원하시고 세상을 심판하실 것을 말씀하십니다. 구원과 심판의 결정은 하나님의 약속된 승리의 십자가입니다.

2. 하나님의 진노와 승리

세상에 임할 하나님의 심판과 진노는 참으로 무섭고 두려우며 참혹한 죽음으로 나타납니다. 하나님의 마지막 재앙과 심판은 엄격하고 분명한 것입니다. 이 마지막 심판을 피할 자도 승리할 자도 없지만 오늘, 주 예수 그리스도의 피로 씻음 받은 우리 성도님은 주님 앞에 당당하게 서서 찬양과 경배로 영광을 돌리게 됩니다.

각 나라와 족속과 이방인 중에 셀 수 없는 큰 무리가 주님 앞에

흰옷을 입고 서게 됩니다. 이 큰 환난에서 구원받아 하나님의 보좌 앞에 설 수 있는 자는 어린양의 피에 그 옷을 씻어 희게 된 자들(14절), 즉 어린양이 되신 예수 그리스도의 대속을 믿는 자만이 주님이 주시는 흰옷, 의의 옷을 입고 셀 수 없는 큰 무리의 대열에 끼어 주님의 보좌 앞에서 구세주를 찬양하고 경배할 수 있습니다.

3. 은혜의 영광

10절에 "구원하심이 보좌에 앉으신 우리 하나님과 어린양에게 있도다"라고 큰 소리로 외치고 있습니다. 우리 사랑하는 성도는 지금까지 오직 예수 그리스도의 피를 믿고 의지하는 거룩하고 신실한 삶을 사셨습니다. 그러므로 지금 이 순간도 천군 천사의 보호와 안위 가운데 은혜의 보좌를 향하여 한 걸음 한 걸음 다가서고 계신 것입니다. 사탄의 권세가 전혀 틈타지 못하도록 끝까지 붙드시고 영광의 승리를 안겨주실 것입니다.

이제 잠시 후 우리 성도님은 하나님의 보좌 앞에 서서 밤낮 하나님을 섬기게 될 것입니다(15절). 또한 다시 주리지도 아니하며 목마르지도 아니하고 해나 아무 뜨거운 기운이 해하지 못하는 곳에서 승리의 찬미를 부를 것입니다(16절). 이는 보좌 가운데 계신 어린양이 저희 목자가 되사 영생으로 인도하시고, 저희 눈에서 모든 눈물을 씻어주실 것이기 때문입니다(17절).

지금 이 순간 사랑하는 성도와 우리에게 천국의 여명과 구속의 찬미가 다가오고 있습니다. 주 예수를 향한 흔들림 없는 소망과 믿음이 죽음의 고난과 두려움을 넉넉히 이길 수 있음을 믿으시기 바랍니다.

〈남〉

6. 성도의 부활
* 살전 4:13~18 *

바울 사도는 이미 죽은 성도나 지금 생존하는 성도를 불문하고 그리스도의 재림의 날에 큰 영광을 얻게 될 것을 확증합니다. 성도는 죽음 이후에 대한 소망이 전혀 없는 불신자들과는 다른 존재입니다.

바울 사도 당시에 사상가나 철학자들은 인간이 한 번 죽으면 그만이라는 생각이 지배적이었습니다. 그러므로 부활이나 영생에 대한 소망을 갖지 못했습니다. 그러나 성경은 그렇게 말씀하지 않습니다. 그리스도의 영광의 때에 이미 죽은 성도는 무덤에서 부활하고, 그때까지 생존한 성도는 순식간에 영화로운 몸으로 변화하게 될 것을 말씀합니다(고전 15:51).

1. 사후의 영광

지금 우리 앞에서 생을 정리하고 있는 사랑하는 형제가 있습니다. 지금 분명히 기억해야 할 것이 있습니다. 하나님을 믿는 자에게는 죽음이 결코 끝이 아니라는 사실입니다. 오히려 주님의 재림, 곧 영광스러운 부활과 영화의 순간을 맞이하게 될 것을 믿습니다. 성도의 죽음은 잠깐의 수면에 불과합니다. 그러므로 사후의 영광을 확신하십시오.

믿는 자의 무덤은 재림의 때까지 머무는 침실에 불과합니다. 천국에 대한 확신은 그 어떤 죽음의 공포와 두려움도 이기게 하는 힘입니다. 우리를 향한 그리스도의 은혜와 사랑은 우리 과거의 죄를 묻지 않습니다. 중요한 것은 지금 이 시간 십자가의 사랑이 모든 죄를 씻어 정결케 하고 그 공로를 힘입어 영원한 천국에 안착하게 한다는 확실한 믿음입니다.

이 시간 죽음의 두려움을 물리치십시오. 사탄의 권세를 물리치십시오. 십자가의 공로를 의지하여 예수 그리스도가 나의 구주인 것을 믿고 고백하십시오. 하나님께 부름을 받는 이 순간, 이 큰 믿음과 확신으로 주님 앞에 서야 합니다.

2. 최후의 승리

주님의 재림이 믿는 자에게는 영광과 상급이지만, 불신자에게는 고통과 심판임을 알아야 합니다. 우리의 생사화복을 주관하시는 하나님은 우리 주 예수 그리스도를 구세주로 믿는 믿음을 의롭다 인정하시고 구원하심으로, 영생과 영광을 누릴 수 있는 새 하늘과 새 땅을 형제를 위하여 예비해 두셨습니다.

믿음으로 주님의 품에 안기는 우리 형제는 장차 주께서 호령과 천사장의 소리와 하나님의 나팔 소리로 강림하시는 그때에 최후 승리를 힘차게 전할 것입니다. 더 이상 절망과 탄식과 부패와 정욕에 물든 몸으로서가 아니라 영광스럽고 거룩한 몸으로 주님 앞에 당당히 서게 될 것을 확신합니다. 〈남〉

7. 가장 큰 영광의 순간
눅 23:44~49

하나님께서 사랑하는 고인을 주님의 품으로 부르셨습니다. 생을 마감하고 주님의 품에 안긴 이 시간이 일생의 가장 거룩한 순간이요, 영광된 순간입니다. 성도의 죽음은 우리 삶이 완성되는 순간입니다. 가장 복된 시간입니다. 영원한 천국으로 아브라함의 품에 안겨 주님 앞에 가는 시간입니다. 이 땅을 살아가는 동안에는 지치고 고단한 인생의 여정을 보냈지만 다시는 수고와 고통, 이별과 슬픔이 없는 거룩한 아버지의 품 안에서 영원한 안식을 누리게 된 것입니다.

1. 고인에게 영광의 면류관을 예비하셨습니다

내가 선한 싸움을 싸우고 달려갈 길을 다하고 믿음을 지켰으니 이제 후로는 주께서 의의 면류관을 예비하여주셨다고 말씀하신 것과 같이 모든 나그네 여정에 승리한 자에게 주어지는 영광의 면류관, 의의 면류관이 예비되어 있는 줄을 믿습니다. 전쟁에서 승리한 자에게는 전리품과 영예가 주어집니다. 마라톤 경주에서 승리한 자는 승리의 월계관을 받습니다. 고인은 신앙의 경주에서 승리한 분입니다. 하나님께서 고인의 모든 수고와 헌신을 위로하여주시고 영원한 면류관을 허락하여주실 것을 믿습니다.

2. 고인은 영원한 안식에 참여하게 되었습니다

우리 인생은 아침 안개와 같고 밤의 한 경점과 같습니다. 이 땅을 살아가는 동안 나그네 같은 우리 인생에게는 수고와 슬픔, 아픔과 고통, 눈물과 탄식이 있습니다. 그러나 고인을 하나님께서 부르심으로 영원한 안식에 참여하게 된 것입니다. 다시는 이별의 고통과 눈물과 탄식이 없는 영원한 안식으로 부름 받은 것입니다. 나그네의 고단한 모든 여정을 마치고 영원한 안식의 처소에 안기게 된 것입니다. 주께서 고인이 주님을 위하여 흘린 모든 눈물과 헌신의 땀을 씻어주시고 위로해주시고 안식에 참여하게 해 주실 것을 믿습니다.

3. 고인에게 영원한 생명의 부활에 참여하게 하셨습니다

죽음을 통하여 육신의 장막을 벗고 그 영혼이 하나님의 영원한 생명을 얻으며 영생의 자리에 참여하게 되었습니다. 그 육신은 흙에서 와서 흙으로 돌아가게 되었지만 우리 주님께서 천사장의 소리와 하나님의 나팔로 친히 하늘로 쫓아 강림하실 때 영화로운 몸으로 부활하게 될 것입니다. 그래서 주님께서 부활의 첫 열매가 되심 같이 고인도 영원한 생명의 부활에 참여하게 되었습니다.

고인을 부르신 하나님께서 불원간에 우리를 부르실 그날, 주님 앞에서 고인을 다시 만나게 될 것을 기리며 이제 남은 생애 고인의 신앙의 유지를 받들어 승리하는 삶을 살아 영원한 천국에서 다시 만나게 되기를 축원합니다. 〈일〉

8. 나그네 여정의 결산
시 90:1~12

우리 삶은 알몸으로 와서 알몸으로 갈 수밖에 없는 나그네 인생입니다. 육신은 흙으로 와서 흙으로 돌아가고 영혼은 하나님께로 와서 하나님께로 돌아가는 것이 인생입니다. 우리는 고인의 죽음으로 우리 삶이 어디서 와서 어디로 가는지를 바라보게 됩니다. 우리 삶의 여정을 통하여 무엇을 남기게 되는지 죽음을 통하여 우리 삶을 바라보게 되는 것입니다.

1. 우리는 나그네의 인생입니다

우리가 사는 이 땅은 영원한 처소가 아닙니다. 누구든 죽음을 피할 수는 없는 것입니다. 나그네 인생의 여정이 70이요 강건하면 80이라도 그 연수의 자랑은 수고와 슬픔뿐이라 했습니다. 우리 인생의 나그네 여정에는 수고와 슬픔이 있습니다. 이별의 고통과 눈물과 아픔이 있습니다. 지치고 고단한 인생의 여정을 보냅니다. 그러나 이 나그네 여정을 마치게 되면 다시는 이별과 고통, 수고와 슬픔이 없는 영원한 안식의 처소가 예비 되어 있습니다.

2. 죽음은 나그네 여정을 결산하는 시간입니다

죽음은 우리가 나그네 여정에서 남긴 것은 무엇인지, 무엇을 바라보고 살아왔는지 결산하게 되는 것입니다. 우리 모든 인생의 여정을 결산하게 됩니다. 우리가 어떤 인생을 걸어왔는지, 우리 인생이 남긴 것은 무엇이고, 하나님을 위하여 드린 것은 무엇인지 돌아보게 됩니다. 이 땅을 살아가는 동안 무엇을 심었든지 그대로 거두게 될 때가 올 것을 성경은 말씀합니다. "육체를 위하여 심는 자는 육체로부터 썩어질 것을 거두고 성령을 위하여 심는 자는 성령으로부터 영생을 거두리라"(갈 6:8).

3. 우리 생명은 하나님의 주권에 속한 것입니다

시작이 있으면 끝이 있습니다. 날 때가 있으면 죽을 때가 있고, 심을 때가 있으면 거둘 때가 있습니다. 이 모든 주권이 하나님께 속한 것입니다. 우리 인생의 생사화복은 살아계신 하나님께 속한 것입니다. 우리 생명은 주님의 절대적인 주권에 속한 것입니다. 그러므로 하나님 만날 준비를 하는 것이 이 땅을 살아가는 나그네 인생의 가장 지혜로운 선택이 되는 것입니다.

유가족 여러분, 이 시간 생명의 주권자가 되시는 하나님을 영접하고 하나님 만날 준비를 할 수 있는 믿음의 사람이 되시기를 바랍니다.

고인은 이제 떠났지만 그 남겨진 유업을 기리며 남은 유가족 모두가 인생의 모든 여정을 정리하고 주님 곁에 갈 때 영원한 생명의 자리에 참예할 수 있기를 바랍니다.

남은 장례 절차를 통하여 하나님께서 영광을 받으시고 사랑하는 유가족 모두에게 세상이 줄 수 없는 영원한 위로와 평강이 넘쳐나시기를 축원합니다. 〈일〉

9. 아버지께로 가는 길
* 요 14:5~7 *

예수께서 십자가를 지시기 전날 밤에 제자들에게 다락방 설교를 통하여 심오한 하나님 말씀을 들려주셨습니다. 제자들을 위로하는 메시지가 많았습니다. 주님께서는 그중에 아버지께로 가는 길을 가르쳐주셨습니다. 주님은 자신이 아버지께로 갈 시간을 앞두고 이 말씀을 주셨습니다.

1. 길을 묻는 도마

제자 중 도마가 예수님께 "주여 주께서 어디로 가시는지 우리가 알지 못하거늘 그 길을 어찌 알겠사옵나이까"(5절)라고 물었습니다. 인생은 길을 모릅니다. 도마가 던진 질문은 모든 인생이 던지는 공통된 질문입니다. 인간은 살아가는 내일 일도 모르고 언제 죽을지도 모르며 죽은 후에 아버지께로 가는 길도 모르는 존재입니다.

우리는 인생이 가는 길을 엄숙한 마음으로 생각해보면서 그 길을 알고 살아야 할 것입니다.

2. 내가 곧 길이니라

도마의 질문에 예수님은 "내가 곧 길이요 진리요 생명이니 나로 말미암지 않고는 아버지께로 올 자가 없느니라"(6절)라고 일러주셨습니다. 예수님이 그 길입니다. 즉 예수 외에는 다른 길이 없다는 의미입니다. 예수님은 하나님과 사람 사이의 중보자이시며 구원의 길을 여신 메시아입니다.

하나님과 인간 사이에는 길이 막혀 있습니다. 인간의 죄와 허물이 가로막는 담이 되고 있습니다. 이 담을 허무신 이가 예수님입니다. 그는 하나님과 죄인, 유대인과 이방인 등 모든 담을 십자가로 허무신 분입니다. "누구든지 주의 이름을 부르는 자는 구원을 얻으리라"는 약속대로 하나님 아버지께 나아갈 수 있습니다. 주님의 이름은 곧 구원의 길을 보장하고 있습니다.

3. 아들을 알면 아버지를 안다

예수님은 "너희가 나를 알았더라면 내 아버지도 알았으리로다 이제부터는 너희가 그를 알았고 또 보았느니라"(7절) 말씀하셨습니다. 예수님은 하나님과 하나이십니다. 예수님을 알면 아버지를 알고, 예수님을 본 자는 아버지를 본 것입니다. 예수님은 하나님의 본체이며 이 땅에 오신 하나님 아들입니다.

예수께서 오신 목적은 죄인을 불러 구원코자 하심입니다. 주님은 한 사람 한 사람을 부르십니다. 인생의 마지막 길에서도 우리 목자가 되십니다. 예수님이 천국에 이르는 길입니다. 그 길을 믿으시기 바랍니다. 주님은 영생에 이르게 하는 구주이십니다. 그는 우리를 천국으로 인도하시는 목자입니다. 그 목자 되신 예수님을 마음에 모시기를 바랍니다. 〈호〉

10. 믿는 자는 영생을 얻었고
* 요 5:24~25 *

하나님이 행하시는 확고한 법칙 가운데 하나는 사람이 죽는다는 사실입니다. 그러나 언제 죽을지 아는 사람은 없습니다. 그만큼 죽음의 시기는 불확실한 사실입니다. 인간이 죽은 후에는 어떤 상태가 될 것인가를 성경에서 답을 찾아야 합니다.

1. 영생을 얻고 죽어야

"내가 진실로 진실로 너희에게 이르노니 내 말을 듣고 또 나 보내신 이를 믿는 자는 영생을 얻었고 심판에 이르지 아니하나니 사망에서 생명으로 옮겼느니라"(24절). 인간은 죽은 후에 영생을 누립니다. 그 영생은 죽어서 얻는 게 아니라 살아있을 때 얻게 됩니다.

영생은 예수를 믿음으로 얻습니다. 믿는 자는 영생을 얻는 수속이 확정돼 버립니다. '얻으리라'가 아니라 '얻었다'고 확정해주십니다. 예수를 믿고 하나님의 구원을 받은 자는 영원히 유효한 영생을 얻게 됩니다. 이것은 하나님이 보장하시는 약속입니다.

2. 신령한 이민

바울은 "그가 우리를 흑암의 권세에서 건져내사 그의 사랑의 아들의 나라로 옮기셨으니"(골 1:13)라고 했습니다. 흑암의 권세는 곧 불신의 삶이요 지옥의 권세입니다. 마귀를 섬기는 자리에서 하나님 나라 곧 천국으로 이민을 한 상태입니다.

믿는 자는 하나님의 자녀가 되는 권세를 가질 뿐만 아니라 천국으로 이민이 된 상태입니다. 예수님을 마음에 영접하십시오. 그는 믿는 자에게 영생을 약속하셨습니다. 예수 안에서 신령한 이민자로 사시는 복을 누리시기 바랍니다.

3. 들을 때 믿으라

예수님께서는 "하나님의 아들의 음성을 들을 때가 오나니 곧 이 때라"(25절)라고 하셨습니다. 하나님의 말씀을 듣는 때가 은혜의 때입니다. 말씀을 들음으로써 믿음을 갖게 됩니다.

바울은 "믿음은 들음에서 나며 들음은 그리스도의 말씀으로 말미암았느니라"(롬 10:17)고 하였습니다. 말씀을 듣는 이 시간에 예수님을 영접하십시오. 하나님의 자녀가 되는 은혜를 입으십시오.

무슨 일이든지 기회가 있습니다. 신앙의 복도 기회가 있습니다. "보라 지금은 은혜받을 만한 때요. 보라 지금은 구원의 날이로다"(고후 6:2)라고 했습니다. 시간은 하나님의 시간입니다. 내가 믿을 때 내게 주신 구원의 시간이 되는 것입니다.

영생은 누구에게나 허용된 약속임과 동시에 예수를 믿음으로 주어지는 은혜입니다. 여기 모인 모든 분이 이 은혜를 누리시기 바랍니다. 〈호〉

11. 하나님을 믿으니 또 나를 믿으라
* 요 14:1~3 *

이 세상에서 아무리 담대한 사람도 죽음 앞에는 두려운 마음이 생깁니다. 일평생 신앙생활 잘하고 하나님을 의지하던 사람이라 할지라도 막상 죽음의 자리에 가까이 오면 과연 내가 하나님 앞에 설 수 있을까 하는 불안과 근심이 생깁니다.

예수님은 오늘 본문 말씀 중에서 "너희는 마음에 근심하지 말라"고 하십니다. 두려워하거나 불안해하지 말며 아무 근심 걱정을 하지 말라고 하십니다. 어떻게 근심하지 않을 수 있습니까?

1. 하나님을 믿으니 또 나를 믿으라

주님은 오늘도 여기 계신 000님과 우리 모두에게 말씀하십니다. "너희는 마음에 근심하지 말라. 하나님을 믿으니 또 나를 믿으라"(1절). 주님께서 근심하는 우리에게 하나님을 믿는 믿음으로 근심을 벗어날 수 있다고 하십니다. 어떻게 믿는 것이 하나님을 믿는 것인가요? 우리 모든 죄를 십자가에서 대신 지고 고난당하시며 장사한 지 사흘 만에 부활하신 생명의 주 예수님을 믿는 것이 곧 하나님을 믿는 것입니다. 우리의 부족한 것과 실수와 허물, 범죄한 것까지 다 회개하고 주님만 믿으면 모두 용서받고 우리의 근심 걱정까지 해결해주시는 것을 믿으시기 바랍니다.

2. 거할 곳이 많도다

지금 사랑하는 성도(직분) 000님은 이 세상 나라에서 영원한 나라로 이사 가려고 준비하는 중입니다. 이사 갈 때는 버릴 것이 참으로 많습니다. 아끼고 사랑하던 애장품을 버릴 때가 있으며 심지어 늘 쓸고 닦던 정든 집까지 버리고 가는 것이 이사입니다. 어리석은 인간의 생각으로는 이 세상을 떠날 때 아까운 것이 많습니다. 그러나 하나님 나라에 가면 하나님이 지으신 집의 공간이 넉넉합니다(2절).

이 세상에서 살기 위해서는 수고를 많이 합니다. 거처할 집을 마련하기 위하여 고생합니다. 그러나 다시는 눈물 흘릴 일이나 원통한 일이 없는 평안하고 행복한 집으로 이사 가는 것이니, 근심하지 마시기 바랍니다.

3. 너희를 내게로 영접하리라

영생의 소망이 있다 해도 낯선 길을 홀로 가는 것은 공연히 불안하고 걱정이 됩니다. 세상에서는 가족이나 친구들이 함께해도 외로운데, 더군다나 하나님 나라로 이사 가는 길은 혼자 가는 길이어서 외롭고 근심스럽습니다. 그러나 예수님은 말씀하십니다. 가서 너희 있을 곳을 예비한 후에 "내가 다시 와서 너희를 내게로 영접하여 나 있는 곳에 너희도 있게 하리라"(3절).

두려워하지 마십시오. 우리는 결코 외롭지 않습니다. 세상에 있을 동안에도 성령님이 동행해주시고, 천국에 들어갈 때에도 예수님이 친히 영접해주시기 때문입니다.

〈식〉

12. 한 번 죽는 것은 정한 것입니다
* 히 9:27~28 *

사람은 누구나 자기가 중병에 걸려 죽음의 문턱에 다다르기까지 자신의 죽음을 인정하지 않으려고 합니다. 무슨 기적적인 의약이나 신통한 능력이 혹시 살려 주기를 기대합니다. 그리고 그 죽음을 인정하고 받아들이게 될 때에 가서야, 죽은 후에 나는 어떻게 되는 것일까 하는 두려움에 빠지게 됩니다. 예수 믿는 사람이 말하는 천국은 있는 것일까? 만일 지옥 불에 떨어지면 어떻게 하나? 왜 사람들은 나에게 죽는 문제와 죽은 후의 세계에 대하여 진작 가르쳐주지 않았는지 원망스러울 것입니다. 이제 우리는 하나님의 말씀 속에서 죽음의 문제에 대해 어떻게 가르치고 있는지 살펴보려 합니다.

1. 누구도 죽음을 피해 가지 못합니다

이 세상에 어느 누구도 죽음을 피해 가지 못합니다. 창세기에 의하면 에덴동산에서 범죄한 아담과 하와는 그 죗값으로 죽음의 형벌을 받았으며, 모든 인간은 다 죽게 되었습니다. "한 번 죽는 것은 사람에게 정해진 것이요"(27절)라고 했습니다.

인간은 죄로 말미암아 다 죽게 되었습니다. 어떤 이는 어려서 죽고, 어떤 이는 오래 살다가 죽습니다. 어떤 이는 가난하게 살며 고생하다가 죽고, 어떤 이는 부자로 살다가 죽습니다. 본인이나 가족이나 지금은 이 사실을 인정하여야 합니다. 사람은 누구나 한 번 죽는 것이 정상입니다.

2. 죽은 후에는 내세가 있습니다

OOO님, 사람이 죽으면 그만이 아닙니다. 내세가 있습니다. 오늘 읽은 본문에서는 "그 후에는 심판이 있으리니"라고 했습니다. 참으로 안타깝고 무서운 일입니다. 사람은 다 죄인이라고 했습니다. 그동안 무거운 죄를 처리하지 못하고 등에 지고 다녔습니다. 늘 두렵고 불안했으나 그동안 죄를 심각하게 생각하지 못했습니다.

죄 있는 사람은 하나님 나라에 들어갈 수 없습니다. 하나님은 우리의 과거와 현재를 꿰뚫어 보시기 때문에 도망하지 못합니다. 의로우신 하나님이 심판하시면 우리는 천국에 못 가고 지옥에 떨어집니다. 그러나 예수 그리스도께서 인간과 하나님의 단절된 관계를 회복시키셨습니다. 회개하고 믿는 자는 다 죄를 용서하십니다. 죄 없으신 예수님은 십자가에서 나의 죄를 담당하셨습니다.

"이와 같이 그리스도도 많은 사람의 죄를 담당하시려고 단번에 드리신 바 되셨고"(28절). 죄가 있으면 하나님 나라에 들어갈 수 없으나 예수님이 나의 죄를 대신하여 죽으심을 생각하며 회개하고 예수님을 구주로 믿으면 천국에 들어갑니다. 지옥에 들어가지 않고 영생을 얻게 될 것입니다. 〈식〉

慰勞

II 위로예배설교

13. 사나 죽으나
* 롬 14:7~9 *

1. 하나님은 사나 죽으나 변함없이 우리 하나님이십니다

"인생 공수래공수거"라는 말이 있습니다. 사람은 빈손으로 왔다가 빈손으로 가는 것이 이 세상의 이치라는 것입니다. 성경에도 "내가 모태에서 알몸으로 나왔사온즉 또한 알몸이 그리로 돌아가올지라"(욥 1:21)고 기록되어 있습니다. 그렇습니다. 이 세상에 살면서 아무리 많은 것을 누리며, 가지고 있었다 해도 결국 태어날 때처럼 빈손으로 갑니다. 그러므로 살았을 때 내 것이지, 죽은 후에는 내 것이라고는 아무것도 없습니다. 살았을 때 소유하던 것이 남의 것으로 변하게 됩니다. 소유만 변하는 것이 아닙니다. 우리 이름도 변합니다. 호적에 쓰인 우리 이름 앞에는 '망(亡)'자가 붙습니다. 육신도 변합니다. 아무리 방부 처리를 잘하고 시체를 잘 보관하기 위해 갖은 방법을 다 써도 죽은 육신은 점점 흙으로 변해 갑니다. 그러나 변하지 않는 사실이 하나 있습니다. 그것은 살았을 때나 죽었을 때나 변함없이 하나님은 우리 하나님이시요, 또한 우리는 그분의 것이라는 겁니다.

2. 하나님은 사나 죽으나 변함없이 우리 주인이십니다

사도 바울은 "사나 죽으나 우리가 주의 것이다"라고 힘주어 말합니다. 살았을 때나 죽었을 때나 우리가 주님의 소유가 되었다는 사실은 불변한다는 것입니다. 우리가 살았을 때든지 죽었을 때든지 변함없이 하나님은 우리 하나님이십니다. 우리가 살아있을 동안 하나님은 우리에게 필요한 것들을 때에 따라 은총으로 채워주십니다. 우리가 죽어 저 천국에 가면 하나님은 우리를 가장 좋은 것으로, 가장 완전한 것으로 영화롭게 하시고 하늘의 보좌에 앉게 하시는 은혜를 베푸십니다.

살았을 때나, 죽어 천국에 가서도 하나님은 우리의 변함없으신 아버지이십니다. 우리의 주인이십니다. 우리의 하나님이십니다.

오늘 본문은 이렇게 말씀합니다. "이를 위하여 그리스도께서 죽었다가 다시 살아나셨으니 곧 죽은 자와 산 자의 주가 되려 하심이라"(9절). 예수 그리스도께서 왜 죽으셔야 했으며 왜 다시 살아나셔야 했습니까? 산 자의 주님이심과 동시에 죽은 자의 주님이 되기 위해서 그렇게 하셨다는 것입니다. 즉 주님께서는 우리와 영원히 함께해주시기 위해서 죽음을 감당하셨고, 우리는 그 죽음으로 인해 영화롭게 된 것입니다.

고 000님은 하나님의 부르심을 받았습니다. 육신의 이별 앞에 우리는 슬퍼할 수밖에 없습니다. 그러나 하나님과 늘 함께하실 것이라는 사실을 믿음의 눈으로 바라봄으로 위로받으시기를 바랍니다.

〈순〉

14. 하나님 나라의 상속자
* 마 25:34 *

미국의 여류 작가 버넷이 쓴 「소공자」라는 소설이 있습니다. 그 소설의 주인공 '세드릭'처럼 귀족 직분과 커다란 저택 그리고 엄청난 재산을 상속받는다면 얼마나 좋을까 하고 생각했었습니다. 사람이라면 누구나 많은 것, 좋은 것을 물려받기를 원할 것입니다.

그런데 놀라운 사실은 세상에서는 상상도 하지 못할 좋은 것과 가치 있는 것들이 이미 우리에게 상속되어 있다는 것입니다.

1. 하나님께서는 우리에게 하나님 나라를 상속해주십니다

본문을 보면 예수께서 "내 아버지께 복 받을 자들이여. 나아와 창세로부터 너희를 위하여 예비된 나라를 상속받으라"고 말씀하셨습니다. 우리는 하나님 나라의 상속자입니다. 소공자의 '세드릭'이 상속받은 세상의 백작 지위는 하나님 나라에서 우리가 누릴 지위에 비하면 아무것도 아닙니다. 커다란 저택도 우리가 살게 될 하나님 나라에 비하면 초라하기 그지없습니다. 세상의 금은보화도 그곳에서는 그저 길에 깔린 포장재 정도로 흔한 것이 됩니다.

2. 하나님 나라는 이 땅과는 비교할 수 없는 곳입니다

계시록 21장을 보면 우리가 상속받게 될 하나님 나라에 대해 이렇게 설명합니다. "그 성곽은 벽옥으로 쌓였고 그 성은 정금인데 맑은 유리 같더라. 그 성의 성곽의 기초석은 각색 보석으로 꾸몄는데 첫째 기초석은 벽옥이요 둘째는 남보석이요 셋째는 옥수요 넷째는 녹보석이요 다섯째는 홍마노요 여섯째는 홍보석이요 일곱째는 황옥이요 여덟째는 녹옥이요 아홉째는 담황옥이요 열째는 비취옥이요 열한째는 청옥이요 열두째는 자수정이라. 그 열두 문은 열두 진주니 각 문마다 한 개의 진주로 되어 있고 성의 길은 맑은 유리 같은 정금이더라."(계 21:18-21). 그곳이 단지 보석으로 꾸며진 화려한 곳이어서 좋은 곳은 아닙니다. 성경은 말씀합니다. "다시 밤이 없겠고 등불과 햇빛이 쓸데없으니 이는 주 하나님이 그들에게 비치심이라. 그들이 세세토록 왕 노릇 하리로다"(계 22:5). 하나님과 함께 우리가 하나님 나라에서 왕처럼 대접받게 될 것입니다.

3. 하나님 나라는 믿음으로 얻을 수 있습니다

이 땅에서 예수를 믿고 하나님의 자녀가 된 사람에게 하나님은 그 믿음만을 보시고 하나님 나라를 상속해주십니다.

고인이 되신 OOO님은 이 땅에서 예수 그리스도를 영접하고 믿음 생활 잘하다가 하나님 나라로 가셨습니다. 그러므로 창세 전부터 우리를 위해 준비된 영화로운 하나님 나라를 상속받으셨습니다. 이별의 슬픔은 있겠으나 믿음의 눈으로 하나님 나라를 바라봅시다. 그리고 우리도 믿음 생활을 잘해서 그 나라에서 영광 중에 해후하는 기쁨을 기대합시다.

하나님의 위로하심이 함께하시기를 바랍니다. 〈순〉

15. 인생의 생각과 하나님의 뜻
* 사 55:8~11 *

1. 하나님께서 우리의 선장이 되실 때 안전합니다

배를 타보면 간혹 목적하는 섬까지 배가 직선으로 바로 가지 않고 한참 돌아서 갈 때가 있습니다. 왜 그럴까 의아스럽지만 물이 빠지면 왜 그렇게 가야 했는지 알 수 있습니다. 보통 사람들은 바닷속에 무엇이 들었는지 잘 모릅니다. 때로는 뻘이 산처럼 쌓여 있기도 하고, 또 어떤 곳은 암초가 군락을 이루고 있는 곳도 있습니다. 하지만 선장은 그것을 잘 알고 있습니다. 그래서 배를 운항하는 선장은 그런 곳을 피해서 그 사이로 나 있는 뱃길을 따라 목적지까지 안전하게 배를 몰고 가는 것입니다.

우리 인생길도 그렇습니다. 살다 보면 우리가 이해하기 어려운 일이 많습니다. 때로는 금방 풀릴 것 같던 일이 잘 안 풀리고, 금방 될 것 같은 일이 잘 안될 때가 있습니다.

어디 그뿐입니까? 생각하지 못했던 어려움도 있습니다. 성공할 것 같은데 실패로 끝납니다. 살아있어야 하는데 죽습니다. 우리는 이해가 되지 않습니다. 생각하면 할수록 왜 이런 일이 일어나는지 이해가 되지 않습니다.

그러나 분명한 것은 하나님이 우리 인생의 주인이 되시고, 선장이 되시면 이해되지 않는 일과 생각하지 못했던 어려움이 있어도 결국 우리 목적지에 이르게 될 것입니다.

2. 선장되신 하나님은 그 뜻대로 우리를 인도하십니다

"내 생각이 너희의 생각과 다르며 내 길은 너희의 길과 다름이니라"(8절) 말씀하십니다. 하나님의 생각은 사람의 생각과는 분명히 다릅니다. 하나님의 계획은 우리 수준을 넘어섭니다. 하나님의 경륜은 우리의 경륜과는 비교가 되지 않습니다. 하나님은 그 뜻하심과 계획하심과 높으신 경륜으로 우리 인생을 인도하십니다. 지금은 우리에게 왜 이런 일이 벌어지는지 잘 이해하지 못할 수도 있습니다. 그러나 분명히 하나님의 뜻이 그 안에 있습니다.

3. 하나님의 뜻을 깨달아야 합니다

고인이 되신 000님의 죽음을 우리 모두 애통해합니다. 지금은 왜 이런 아픔이 우리에게 있는지 이해할 수 없습니다. 하지만 기억하시기 바랍니다. 하나님께서 이 일을 통하여 우리에게 무엇을 말씀하시는지 알게 될 날이 올 것입니다? 우리의 생각보다, 우리의 뜻보다, 우리의 계획보다 높으신 하나님의 경륜이 분명히 나타날 날이 있을 겁니다. 하나님께서는 이 일을 통하여 하나님의 뜻을 말씀하십니다. 이제는 유가족들이 하나님의 뜻을 온전히 깨닫는 일이 남아 있습니다.

예수 잘 믿어서 우리의 생각과 우리의 길보다 높으신 하나님의 경륜을 깨닫고 위로받으시기를 바랍니다. 〈순〉

16. 야곱의 장례식
* 창세기 50:5~6 *

"우리 아버지가 나로 맹세하게 하여 이르되 내가 죽거든 가나안 땅에 내가 파 놓은 묘실에 나를 장사하라 하였나니 나로 올라가서 아버지를 장사하게 하소서 내가 다시 오리이다 하라 하였더니 바로가 이르되 그가 네게 시킨 맹세대로 올라가서 네 아버지를 장사하라."

야곱은 아들 요셉의 인도로 가나안을 떠나 애굽에 와서 살다가 죽게 되었습니다. 애굽에 왔을 때에 그는 바로 왕에게 고백했습니다. "내 나그네 길의 세월이 백삼십 년이니이다"(창 47:9). 인생은 야곱처럼 나그네 세월을 살다 죽는 것입니다. 오늘 야곱의 죽음을 통해 교훈을 받습니다.

1. 그는 신앙적 유언을 남겼습니다.

5절에 "내가 죽거든 가나안 땅에 나를 장사하라"고 했습니다. 비록 애굽에 와서 죽음을 맞았지만, 자신은 고향 가나안에 묻히고 싶다는 소망을 후손들에게 남긴 것입니다. 요셉은 이 유언을 따라 시신을 가나안 땅으로 모시고 가서 장사지냈습니다. 성도는 신앙적 유언을 남겨야 합니다. 죽기 전에 하늘나라를 간증하십시오. 후손들이 예수 믿도록 강조하십시오. 하나님을 섬기며 살라고 유언을 남겨야 합니다.

2. 그는 죽음을 준비했습니다.

역시 5절을 보면 그가 이미 묘실을 파서 준비해 놓은 것을 봅니다. 자기 장지까지 분명히 밝혔습니다. 창세기 47장 29~30절에 "이스라엘이 죽을 날이 가까우매 그의 아들 요셉을 불러 그에게 이르되 이제 내가 네게 은혜를 입었거든 청하노니 네 손을 내 허벅지 아래에 넣고 인애와 성실함으로 내게 행하여 애굽에 나를 장사하지 아니하도록 하라. 내가 조상들과 함께 눕거든 너는 나를 애굽에서 메어다가 조상의 묘지에 장사하라"고 하였습니다. 미리 장례를 준비한 것입니다. 인생 누구나 결국 죽습니다, 사전에 죽음을 준비하십시오.

3. 그는 영광스러운 죽음을 맞았습니다.

애굽인들이 그를 위해 칠십일을 울었습니다(3절). 애굽 왕이 장례를 배려했습니다(6절). 장례에 많은 사람이 따라갔습니다. 장례가 컸다는 것을 알 수 있습니다(9절). 요셉의 지위 때문이라 짐작되지만 야곱이 큰 인물이었기에 많은 이가 애도한 것입니다.

4. 그는 약속의 땅을 바라보았습니다.

그러니 죽어도 고향 땅에 매장할 것을 고집한 것입니다. 성도에게는 천국이 약속의 땅입니다. 애굽이 아무리 좋아도 영주지는 아니었습니다. 가나안을 소망한 것입니다. 야곱은 살아있을 때도 위대한 신앙의 모습을 보였지만, 죽어서도 후손에게 가나안의 비전을 던져주고 갔습니다. 우리도 약속의 땅 천국을 바라보며 임종할 수 있어야 하겠습니다.   〈종〉

17. 아론의 복된 죽음
* 민 20:26~29 *

"아론의 옷을 벗겨 그의 아들 엘르아살에게 입히라. 아론은 거기서 죽어 그 조상에게로 돌아가리라. 모세가 여호와의 명령을 따라 그들과 함께 회중의 목전에서 호르산에 오르니라. 모세가 아론의 옷을 벗겨 그의 아들 엘르아살에게 입히매 아론이 그 산 꼭대기에서 죽으니라. 모세와 엘르아살이 산에서 내려오니 온 회중 곧 이스라엘 온 족속이 아론이 죽은 것을 보고 그를 위하여 삼십 일 동안 애곡하였더라."

아론은 모세의 형으로 대제사장이 된 인물입니다. 허물도 있었고, 불순종의 모습도 보였지만 하나님은 그에게 복된 죽음을 허락하셨습니다. 어떻게 복된 죽음을 맞을 수 있는가? 아론의 죽음을 보면서 배우는 교훈이 큽니다.

1. 죽음의 때를 하나님이 정하셨고, 알려주셨습니다.

노인들에게 가장 중요한 문제는 오래 사는 것이 아니라 잘 죽는 것입니다. 최상의 죽음은 건강하게 살다가 평안히 자면서 죽는 것입니다. 수명을 다하는 죽음, 고통 없이 가는 죽음, 베푸는 삶을 살다가 죽는 죽음, 신앙 안에서 살다가 가는 죽음입니다. 아론처럼 죽음의 때와 장소를 하나님이 골라주셔서 평안 중에 가는 것이 복된 죽음일 것입니다.

2. 죽음을 담담하게 맞이했으니 복된 죽음입니다.

아론은 아주 담담하게 자기 죽음을 받아들였습니다. 온 회중이 보는 앞에서 호르산으로 올라갑니다. 그럼에도 슬픔이나 좌절보다는 죽음을 부끄러워하거나 두려워하지 않는 당당함이 있었던 것입니다. 죽음이 두렵습니까? 사전에 죽음 준비 교육을 받아야 합니다. 그렇다면 죽음의 순간이 와도 담담하게 맞이하게 됩니다.

3. 끝까지 사명을 다하고 죽었으니 복된 죽음입니다.

아론은 호르산에 올라가 자기의 거룩한 옷을 벗어서 그의 형제와 아들에게 넘겨주었습니다. 하나님의 명령을 따라 그동안 헌신했던 제사장 직분을 넘겨주고 떠난 것입니다. 끝까지 사명을 다하다 열조에게로 돌아간 것입니다. 죽을 때에 후회하는 인생을 살지 말고 살아있을 때에 최선을 다해 사명을 감당합시다.

4. 아름답게 일생을 마쳤으니 복된 죽음입니다.

아론은 제사장 옷을 벗은 후, 즉시 편안히 누워 거기서 죽었습니다. 많은 사람이 자기 수명 이상으로 생명을 연장하려고 고집하고 애씁니다. 불필요한 연명장치를 달고 긴 세월을 병원에서 보내는 이들도 많습니다. 여전히 예수 믿는 것을 거부하고 고집스럽게 불신앙으로 맞는 죽음도 있습니다. 세상의 미련이나 육신의 정 때문에 죽는 것을 두려워하거나 염려해서는 안 됩니다. 우리 성도들 모두 아론과 같이 복된 죽음을 맞으시길 간절히 축원합니다. 〈끝〉

18. 엘리야의 인생 졸업
* 왕하 2:9~11 *

"엘리야가 엘리사에게 이르되 나를 네게서 데려감을 당하기 전에 내가 네게 어떻게 할지를 구하라. 엘리사가 이르되 당신의 성령이 하시는 역사가 갑절이나 내게 있게 하소서 하는지라. 이르되 네가 어려운 일을 구하는도다. 그러나 나를 네게서 데려가시는 것을 네가 보면 그 일이 네게 이루어지려니와 그렇지 아니하면 이루어지지 아니하리라 하고 두 사람이 길을 가며 말하더니 불수레와 불말들이 두 사람을 갈라놓고 엘리야가 회오리바람으로 하늘로 올라가더라."

하나님께서 엘리야를 천국으로 데려가실 때가 가까웠습니다. 엘리야는 선지자를 가르치는 학교가 있었던 길갈, 벧엘, 여리고를 거쳐서 요단강가에 이르자 불 말이 이끄는 불 병거를 타고 하늘로 올라갔습니다. 우리가 잘 아는 찬송, '병거타고 하늘에 올라간 엘리야' 이야기입니다. 성경에서 인간의 죽음의 순간을 거치지 않고 승천한 사람은 에녹과 엘리야뿐입니다. 특히 엘리야는 멋진 죽음의 모습을 남겼습니다.

1. 하나님께 인생 졸업을 맡기는 태도입니다.

죽음은 인생 졸업입니다. 그동안의 모든 수고와 애쓰는 것을 그치고 쉬는 것입니다(계 14:13). 엘리야는 제자인 엘리사에게 "나를 네게서 데려가시는 것을 보면"이라고 말하면서 인생 졸업이 자신의 의지가 아니라 하나님의 뜻임을 간증하고 있습니다. 하나님께 인생 최후의 순간을 맡기는 것입니다. 하나님께서 그의 장례를 진행해 주셨습니다. 회오리바람, 불 수레, 불 말을 동원하여 마지막 날을 또렷하게 증거하게 하셨습니다.

2. 인생을 마감하면서 후배들에게 신앙적 모습을 남깁니다.

인생 최후까지 하나님의 능력을 따라 제자들에게 기적을 보여줍니다. 겉옷을 벗어 요단강을 이리 치고 저리 치니 물이 갈라집니다. 인생 후배들에게 하나님의 생생한 능력을 경험하게 하는 것입니다. 자신의 마지막을 통해서도 후배들에게 가르쳐 주고 있습니다. 마지막 순간까지 조금도 기력이 쇠하지 않고 승리하는 모습입니다. 인생은 사는 것도 중요하지만, 어떻게 최후를 맞이하는가가 더욱 중요합니다. 성도는 죽음의 순간까지 신앙적이어야 합니다.

3. 인생 졸업은 천국에서 갖는 것을 보여줍니다.

결코 이 땅이 엘리야의 졸업식장이 아닙니다. 그는 하늘로 승천했습니다. 인생의 마지막 졸업식은 천국에서 있음을 확인시켜 주었습니다. 하늘나라에서 상급 받고 칭찬받고 위로받는 것이 성도들의 인생 졸업입니다. 요한복음 5장 24절에 "내가 진실로 진실로 너희에게 이르노니 내 말을 듣고 또 나 보내신 이를 믿는 자는 영생을 얻었고 심판에 이르지 아니하나니 사망에서 생명으로 옮겼느니라"라고 했습니다. 엘리야는 특별한 사람이 아닙니다(약 5:17). 엘리야처럼 하늘로 부름 받으실 것을 기대하고, 멋진 졸업생의 모습을 보이시기 바랍니다. 〈종〉

19. 주의 복되신 임재
* 시 139:1~18 *

우리를 떠나시거나 버리지 않으시겠다는 우리 주님의 약속은 시간을 초월하여 영원히 타당하고 유효합니다. 우리 주님은 고인의 지상 생활 중에도 그와 함께 계셨습니다. 그러나 그는 이제 영원히 주님과 함께 있기 위하여 주님 품에 안겼습니다.

죽음은 이별을 가져오고 이별은 슬픔을 가져옵니다. 그러나 우리의 슬픔이 절망을 가져오지는 못합니다. 오늘 이 슬픔의 시간에도 우리는 구원의 빛을 확신하기 때문입니다.

1. 믿음으로 얻은 구원

우리의 소망은 고인이 하나님의 은혜 가운데 믿음으로 말미암아 구원을 얻고, 그가 모든 그리스도인에게 주어진 귀한 약속인 천국을 소유했다는 확신 위에 근거하고 있습니다.

슬픔으로 말미암아 우리 마음이 흔들리고 약해질 때 우리는 다시, "믿음은 들음에서 나며 들음은 그리스도의 말씀으로 말미암았느니라"(롬 10:17)는 말씀을 붙잡습니다. 우리는 우리 믿음의 주요, 완성자이신 예수님을 바라보고 그가 하나님의 우편에 앉아 계신다는 것을 믿습니다. "이제 그리스도께서 죽은 자 가운데서 다시 살아나사 잠자는 자들의 첫 열매가 되셨도다"(고전 15:20)는 말씀처럼 우리는 주님의 부활도, 장차 고인과 우리의 부활도 믿습니다.

우리는 이 땅을 혼자 떠나는 것이 아니라 하늘의 동반자와 함께 떠나는 줄 알기에 보이는 것으로 행치 아니하고 믿음으로 행합니다. 예수님께서는 그의 제자들과 우리에게 다시 오겠다고 약속하셨습니다. 더 이상 우리 마음에 슬픔과 애통함이 아니라 소망과 믿음으로 위로를 얻으시기 바랍니다. 하나님께서는 그의 백성을 자기에게 모으시며 성도의 죽는 것을 귀중히 보시기 때문입니다.

2. 하나님의 임재

고인은 진정으로 하나님과 교제한 분이셨습니다. 죽음이 결코 하나님과의 교제를 중단시키지 못합니다. 하나님과의 교제는 계속될 것이며, 하나님이 계신 곳이기에 결코 단절되지 않을 것입니다. 또한 고인은 여호와의 전을 사모했습니다. 하나님과 그 백성의 교제와 재결합에는 언제나 영광이 가득합니다. 주님께서는 결코 우리를 혼자 내버려 두지 않으시겠다고 약속하셨습니다.

주님께서는 우리를 하나님 나라로 인도하기 위해서 오신 분입니다. 천국의 최대의 영광은 하나님의 임재입니다. 하나님이 계시는 곳은 그 어디나 우리에게 천국입니다.

또한 그곳은 영원한 안식이 보장되는 곳입니다. "주 안에서 죽는 자들은 복이 있도다. …그들이 수고를 그치고 쉬리니 이는 그들의 행한 일이 따름이라"(계 14:13). 그뿐만 아니라 우리는 고인과 마찬가지로 우리 육신이 부활을 얻게 된다는 하나님의 약속으로 보증을 받습니다. 주님께서는 우리의 신실한 믿음의 삶에 대해서도 보상해주실 것입니다. "잘하였도다. 착하고 충성된 종아. 네가 적은 일에 충성하였으매… 네 주인의 즐거움에 참여할지어다"(마 25:21).라고 말씀하시며 충성된 믿음의 일꾼을 위로해주실 것입니다.

그러므로 우리는 더 이상 슬퍼하기만 할 이유가 없습니다. 우리의 사랑하는 고인이 주님께 이러한 영광의 환영을 받았음이 우리에게 큰 위로와 소망과 믿음이 되기 때문입니다.

날마다 주가 주시는 은혜로 힘을 얻고 이를 통하여 더욱 우리의 남은 생애가 하나님께 영광 돌리는 복된 생애가 되시기를 주님의 이름으로 축원합니다. 〈남〉

20. 아버지 집
* 요 14:1~9 *

1. 이별

 이별은 격리와 유리를 뜻하는 말입니다. 하지만 사랑하는 고인이 우리 곁을 떠나고 격리되었다 해도 손으로 지은 집이 아니라 하늘에 있는 영원한 집에서 부활을 기다릴 것입니다. 그러므로 우리의 이별은 두려운 것이 아닙니다. "보라 내가 너희에게 비밀을 말하노니 우리가 다 잠잘 것이 아니요 마지막 나팔에 순식간에 홀연히 다 변화되리니 나팔 소리가 나매 죽은 자들이 썩지 아니할 것으로 다시 살아나고 우리도 변화되리라"(고전 15:51-52)고 약속하셨기 때문입니다.
 물론 우리가 이별을 아파하며 서러워하는 것은 인지상정입니다. 그러나 우리 주님은 슬픔에 잠긴 우리에게 더 큰 위로를 제공해주십니다. 사랑하는 고인은 이미 천사의 영접을 받으셨고, 천사의 영화로운 찬송을 들었습니다. 이미 하나님 아버지의 품에 안기셨습니다. 우리는 우리의 이별 때문에 눈물을 흘리지만 먼저 간 믿음의 선진들과 재회할 수 있는 소망이 있기에 힘을 얻습니다.
 천국은 이 땅에서 유리된 장소일 뿐만 아니라, 영원히 안전한 장소이기도 합니다. 천국은 질병과 슬픔과 고통과 사망으로부터도 격리되어 있습니다. 하나님 나라는 참으로 안전합니다.

예수님께서는 좀이나 동록이 해하지 못하며 도적이 구멍을 뚫지 못하는 곳으로도 말씀하셨습니다. 천국은 오직 그 이름이 어린양의 생명책에 기록된 자들만이 들어가는 곳입니다.

2. 이해

예수님께서 자기 자녀를 위해 오신다는 것은 복된 진리이며, 그것을 아는 자는 복됩니다. 우리는 목적지를 향해 혼자 가고 있는 것이 아닙니다. 주님께서는 길을 아십니다. 주님께서 무덤을 여시고 하늘로 올라가셨기 때문입니다.

세상의 도시만을 생각하는 자들은 하나님 나라의 도성이 얼마나 아름답고 훌륭한 곳인지 이해하기가 어렵습니다. 그러나 그때에는 완전히 알게 될 것입니다. "우리가 지금은 거울로 보는 것같이 희미하나 그 때에는 얼굴과 얼굴을 대하여 볼 것이요. 지금은 내가 부분적으로 아나 그 때에는 주께서 나를 아신 것 같이 내가 온전히 알리라"(고전 13:12)고 말씀하셨습니다. 밤과 어둠의 그림자가 사라지는 그날 우리는 완전하게 알게 될 것입니다.

3. 영광

빌립보서 1장 21절에서 사도 바울이 우리에게 확신시켜주는 대로 죽는 것이 유익하다는 것은 하나님의 변치 않는 진리입니다. 또한 사도 바울은 주 곧 의로우신 재판장이 그날에 주실 의의 면류관을 바라보았습니다(딤후 4:8).

세상 사람들은 슬픔을 당한 유족들에게 "울지 말라"고 말할 것입니다. 그밖에 달리 위로할 말도 없을 것입니다. 그러나 예수님은 이 세상에 계시는 동안 슬퍼하는 자와 함께 슬퍼하셨습니다. 계시록 21장에서 하나님께서는 우리가 영광 중에 들어갈 때 모든 눈물을 우리 눈에서 씻겨주실 것을 약속하셨습니다. 그때는 사망이 없고, 애통하는 것이나 곡하는 것이나 아픈 것이 다시 있지 않을 것입니다. 이는 처음 것들이 다 지나갔기 때문입니다.

  인생의 황혼기에 세상의 모든 소망이 끝날 때 우리가 진정 의존할 위로자는 누구입니까? 때가 저물어 날이 어두워질 그 순간이 다가올 때 우리도 고인과 마찬가지로 우리 주 예수 그리스도의 이끄심을 받게 될 것을 확신하시기 바랍니다. 〈남〉

21. 복된 죽음
* 시 116:15 *

"성도의 죽는 것을 여호와께서 귀중히 보시는도다"(15절, 개역한글). 그렇다면 하나님께서 왜 성도의 죽음을 귀한 것으로 보시는지 몇 가지 이유를 살펴보며 우리의 삶을 점검하는 시간이 되기를 원합니다.

1. 성도의 죽음은 저주가 아니라 복입니다

불신자에게 있어 죽음이란 분명 저주요 고통입니다. 사랑하는 사람과의 이별일 뿐 아니라 하나님의 무서운 심판이 기다리고 있기 때문입니다. 그러나 주 안에서 죽는 죽음이 복된 이유는, 이 땅에서의 모든 수고를 그치고 쉬기 때문임을 요한계시록 14장 13절에서 밝히 말씀하셨습니다. 또한 성도가 이 땅에서의 모든 생애를 마치고 천국에 입성하는 날, 하나님은 친히 그의 눈에서 눈물을 씻겨 주신다고 요한계시록 21장 4절에 말씀하셨습니다. 천국은 사망이나 애통하고 곡하는 것이나 아픈 것이 다시 있지 않습니다. 그러기에 성도의 죽음은 더욱 가치가 있고 복된 것입니다.

2. 죄와 사망에서의 해방입니다

성도의 시민권은 하늘에 있지만 우리는 이 세상의 고난 가운데 살아가고 있습니다. 이 땅에는 죄가 있고, 사탄의 역사가 있기 때문에 그래서 바울 사도와 같은 믿음의 위인도 로마서 7장 24절에 고백하기를 "오호라 나는 곤고한 사람이로다. 이 사망의 몸에서 누가 나를 건져 내랴"고 탄식했습니다.

성도의 죽음은 이처럼 죄와 사망의 고통에서 벗어나는 것이기에 귀하고 복된 것입니다.

3. 죽음은 삶의 끝이 아니라 시작입니다

'끝'이라는 말은 허무하고 소망이 사라진 것처럼 느껴집니다. 그러나 '시작'이란 말은 소망을 불러일으키고 기대감을 가져옵니다. 성도의 죽음은 고통스러운 이 땅에서의 삶은 끝이지만 하나님 나라의 행복한 삶은 시작입니다. 고통은 빨리 끝나는 것이 좋고, 행복은 오래 지속되는 것이 좋습니다. 성도의 죽음은 고통이 끝남과 동시에 행복이 시작되는 분기점입니다.

4. 주님과 영원히 거하게 됩니다

우리는 사랑하는 사람과 늘 가까이 있고 싶어 합니다. 살아계신 예수님은 우리의 사랑이요, 소망이 되십니다. 고인과 마찬가지로 우리가 이 땅에서의 삶을 마치고 저 천국에 이르는 순간, 우리가 그토록 소망하던 예수님을 만나게 되고 그 품에서 영원히 거하게 되는 것입니다.

고인의 죽음을 귀한 죽음으로 인정하시고, 천국을 허락하신 주님 앞에 믿음과 소망의 삶을 살아가시기를 축원합니다. 〈남〉

22. 천국 소망과 부활의 영광
* 계 7:9~12 *

1. 죽음의 슬픔을 믿음으로 이기시기 바랍니다

예수님께서 예루살렘 성에 입성하실 때 많은 군중은 메시아에 대한 간절한 소망과 기쁨으로 호산나를 외쳤습니다. 수많은 무리가 저마다 손에는 종려나무 가지를 흔들며, 자기 옷을 바닥에 깔아놓고서 예수님을 환영했습니다. 그 성에는 기쁨과 소망, 그리고 감격이 가득했습니다. 그들이 그렇게도 간절히 원하고 기대했던 꿈과 소망이 눈앞으로 성큼 다가왔기 때문이었습니다.

사실 죽음의 문제는 그 어느 누구도 그냥 지나칠 수 없는 문제입니다. 눈물 없이는 보낼 수 없는, 이 땅에서 겪는 슬픔 가운데 가장 큰 슬픔의 사건입니다. 이 슬픔은 사람의 그 어떤 말로도 위로받을 수 없습니다.

오늘 우리 위로가 되시는 하나님께서 우리 모두에게 믿음의 눈을 활짝 열어 주심으로 말미암아 우리 눈앞의 슬픔과 절망이 위로와 소망과 감격으로 바뀌는 은혜가 있게 되기를 바랍니다.

2. 천국에 소망을 두고 위로받기 바랍니다

오늘 성경은 천국문 앞에서 벌어지는 아름다운 모습을 우리에게 증거하고 있습니다. 헤아릴 수 없는 허다한 무리가 흰옷을 입고,

저마다 손에 종려나무 가지를 들고 천국문 앞에서 찬송과 영광과 경배를 드리는 모습을 보게 됩니다. 그 모습은 마치 예루살렘 성에서 메시아 오심을 찬양하던 그 모습과 같습니다. 그들은 천국의 소망을 갖고 살아온 주님의 백성들이었습니다.

우리 고 000님이 이제 하나님께서 정하신 이 땅에서의 수를 다하고 하나님의 부르심을 받으셨습니다. 이 일이 우리에게는 큰 슬픔입니다. 그러나 이 시간 어린양의 피로 깨끗이 씻김을 받아 흰옷을 입고, 종려나무 가지를 흔들며 하나님을 찬양하는, 구원받은 허다한 무리 속에 함께 계신 고 000님의 모습을 믿음의 눈으로 바라보며 위로받는 유족들과 성도들이 되기를 바랍니다.

3. 고인이 하나님의 품에 안긴 것을 믿기 바랍니다

이제 고인은 더 이상 주리지도 아니하고 목마르지도 아니하며 아무 해나 뜨거운 기운에도 상하지 않을 아버지의 품에 안기셨습니다. 우리 하나님께서 친히 그 눈의 눈물을 닦아주시며 품에 안아주셨습니다. 그뿐만 아니라 하나님께서는 이 시간 슬픔에 잠긴 우리를 위로하시며 우리 눈에 흐르는 눈물도 친히 닦아주고 계십니다. 영원한 우리 목자가 되어서 우리 발걸음을 생명수 샘으로, 소망의 천국으로 인도하고 계십니다.

이러한 믿음과 확신으로 오늘의 슬픔을 위로받으시고, 천국의 소망과 부활의 영광을 바라보며 장례를 감당하시는 믿음의 유족들과 성도들이 되기를 축원합니다. 〈일〉

23. 소망의 위안
* 잠 14:32 *

사랑하는 사람을 먼저 하나님의 품으로 보내며 슬픔에 잠긴 유족들과 믿음의 성도들 위에 하나님의 위로하시는 은혜가 풍성히 임하기를 축원합니다.

1. 의인은 죽음 이후에도 하나님과 동행합니다

인생에 목적이 있는 것과 없는 것에는 많은 차이가 있습니다. 삶의 발걸음 위에 소망이 있는 것과 없는 것 역시 굉장한 차이가 있습니다. 믿지 않는 사람은 이 땅에서의 삶이 전부라고 생각합니다. 그래서 사람이 죽으면 모든 것이 다 끝난다고 생각합니다. 그렇기 때문에 죽음을 두려워하며 죽음 앞에 절망합니다. 그들에게는 소망이 없습니다. 그저 눈에 보이는 것에 인생의 목적을 두고 삽니다.

그러나 의인은 이 땅에서의 한 걸음 한 걸음을 하나님이 동행하실 뿐만 아니라 죽음 이후에도 하나님과 더불어 동행하는 내세가 있음을 분명히 믿는 믿음과 소망 가운데 삽니다. 이러한 믿음과 소망 가운데 거하는 하나님의 백성을 성경은 의인이라고 부르는데, 의인은 구원의 확신과 천국의 소망과 부활의 영광을 늘 바라보며, 환난이 와도 오히려 소망의 불이 꺼지지 않는 삶을 살게 됩니다.

고 OOO님의 죽음은 모든 것이 끝난 게 아닙니다. 이 땅을 사는 날 동안에도 동행하시는 하나님과 더불어 사셨고, 에벤에셀의 손길로 인도하시는 하나님의 보호하심 속에 거하셨습니다. 그리고 이제는 아픔도, 애통함도, 사망도 없는 아버지의 나라에서 왕 노릇 하며 살고 계십니다.

2. 하나님 나라에서 다시 만날 것입니다

비록 지금 우리는 슬픔의 눈물을 흘리지만, 우리는 머지않아 믿음 안에서, 소망 가운데 다시 만나게 될 것입니다. 육체의 몸을 벗어버리고 하나님이 입혀주시는 신령한 몸을 덧입고 영광의 보좌 앞에서 다시 만나 기쁨의 눈물을 흘리게 될 것입니다. 그러기에 오늘의 슬픔은 슬픔이 아닙니다.

사랑하는 유족 여러분! 이제 소망의 주님을 바라보며 믿음으로 일어서기 바랍니다. 그뿐만 아니라 고 OOO님께서 이 땅에서 다하지 못한 믿음의 역사와 사랑의 수고를 소망의 인내 가운데 이루면서 살기 바랍니다. 그럴 때에 우리는 아버지의 나라에서 부끄러움이 없는 만남을 갖게 될 것입니다.

생전 고인이 물려준 신앙의 유산을 잘 계승하기 바랍니다. 그 신앙의 유산을 자자손손 잘 물려받아 하나님이 약속하신 소망의 열매를 풍성히 맺는 가문이 되기 바랍니다. 그리고 이러한 믿음과 소망으로 은혜 가운데 부활의 영광을 증거하는 장례가 되기를 바랍니다.

유족들에게 하나님의 위로와 소망이 넘쳐나기를 축원합니다.

〈일〉

24. 천국에 대한 소망
* 렘 29:11 *

성경을 보면 하나님과 사람 사이의 관계에 대해서 설명해주고 있습니다. 하나님께서는 인간을 창조하시고 우리 인간들이 하나님과의 원만한 교제를 통하여 풍성한 삶의 열매를 맺도록 우리 삶에 대한 아름다운 계획을 갖고 계십니다.

1. 하나님 나라에 대한 소망을 갖기 바랍니다

오늘 읽은 성경을 통해서 우리네 사람들을 향한 하나님의 생각은 재앙이 아니라 평안이요, 장래에 대한 소망이라고 말씀하고 계십니다. 그렇습니다. 하나님께서 우리에게 주시고자 하는 궁극적인 마음은 이 땅에서의 평안함이요, 죽음 너머에 있는 하나님 나라에 대한 소망입니다.

하나님께서는 죽음 너머에 우리를 위한 소망의 장소를 마련해 놓으셨습니다. 하나님과 더불어 왕 노릇 하는 천국이 바로 그곳입니다. 그 천국은 하나님의 아들을 믿는 믿음으로 우리에게 주어지는 하나님의 선물입니다. 하나님께서는 그 아들을 이 땅에 보내셔서 모든 죄악을 대신 감당하게 하시고, 십자가에 달려 돌아가신 후 사홀 만에 다시 살아나셔서서 모든 죽은 자들의 부활의 첫 증거가 되게 하셨습니다. 우리가 그분을 믿을 때, 우리도 부활의 소망을 품고 이 땅을 살아갈 수 있습니다.

2. 우리의 영원한 소망은 천국의 복된 삶입니다

오늘 함께 예배하는 유족 여러분, 그리고 믿음의 성도 여러분!

하나님께서는 오늘도 고통과 슬픔에 젖어 있는 우리에게 찾아오셔서 따듯한 위로로 우리의 두 손을 꼭 잡아주고 계십니다. 그분 앞에 우리 인생의 무거운 짐과 고통을 내려놓으시기 바랍니다. 이 땅에서의 삶과 이 땅 이후의 영원한 삶을 우리에게 허락해주셨습니다. 하나님을 믿는 그의 백성들은 우리 육신의 수가 다한 후에 하나님이 입혀주시는 신령한 몸을 덧입고 천국의 복된 삶을 살게 됩니다. 그것이 바로 우리에게 주시는 영원한 소망입니다.

아름다운 천국의 계획을 세우시고, 그 계획을 이루어 나가시는 하나님의 손길에 여러분의 삶을 맡기며 이 땅에서의 삶을 사시기 바랍니다.

사랑하는 유족 여러분! 하나님을 믿음으로 구원받아 영원한 생명을 누리시기 바랍니다. 오늘 이후로 영원토록 하나님의 인도하시며 위로하시는 은혜가 우리 유족들과 여기 모인 모든 분의 삶에 풍성히 임하기를 축원합니다. 〈일〉

25. 보혜사의 위로
* 요 14:25~27 *

하나님의 위로는 땅 위에서 구할 수 없는 신령한 위로이며 또 다른 사람을 위로하게 하는 위로가 됩니다. 이러한 위로를 충만히 받으시기를 바랍니다.

1. 보혜사를 보내리라

예수님은 자신이 하늘로 가면 다른 보혜사를 보내주시기로 약속하셨습니다. "내가 아버지께 구하겠으니 그가 또 다른 보혜사를 너희에게 주사 영원토록 너희와 함께 있게 하리니"(요 14:16).

다른 보혜사는 성령이십니다. '보혜사'란 위로하는 자, 권고하는 자라는 의미입니다. 하늘에서는 부활, 승천하셔서 하나님 보좌 우편에 계신 예수 그리스도가 중보자이십니다. 땅에서는 아버지가 보내신 성령이 보혜사로서 중보 사역을 하고 계십니다. 우리에게 오신 성령은 영원토록 믿는 자와 함께하십니다. 이 약속은 불변하며 하나님 자신마저도 폐기할 수 없는 영원한 약속입니다.

2. 보혜사가 하시는 일

주님은 "보혜사 곧 아버지께서 내 이름으로 보내실 성령 그가 너희에게 모든 것을 가르치고 내가 너희에게 말한 모든 것을 생각나게 하리라"(26절)고 하셨습니다.
　성령은 모든 것을 가르쳐주십니다. 성령은 진리의 영이시며 진리에 관한 모든 것을 가르쳐주십니다. 또 모든 것을 생각나게 하십니다. 주님이 일러주신 것들을 다 생각나게 해 주신다는 약속입니다. 우리 미래까지도 가르쳐주시는 성령의 인도를 받으시기 바랍니다. 진리를 가르쳐주실 때 순종으로 응답하며 살아가시기 바랍니다. 또한 염려할 필요가 없는 것은 성령께서 적절한 때에 생각나게 해 주실 것입니다. 성령은 위로하시는 보혜사이심을 믿으시기 바랍니다.

3. 평안의 영이시다

　주님은 "평안을 너희에게 끼치노니 곧 나의 평안을 너희에게 주노라. 내가 너희에게 주는 것은 세상이 주는 것과 같지 아니하니라. 너희는 마음에 근심하지도 말고 두려워하지도 말라"(27절)고 하셨습니다.
　성령은 평안을 주시는 보혜사입니다. 편안과 평안은 다릅니다. 세상 사람들은 그저 편안만을 추구합니다. 그러나 평안은 영적이요 영원한 위로와 만족을 말합니다. 육신적으로는 편안하면서도 영적으로 평안을 누리지 못하면 불행한 일입니다.
　보혜사 성령은 우리와 늘 함께하시는 위로자입니다. 믿음 안에서 성령이 주시는 평안을 풍성히 누리시기를 바랍니다.　　〈호〉

26. 마음에 근심하지 말라
* 요 14:1~3 *

예수께서 하나님 나라로 가시기 전에 제자들에게 일러주신 위로의 메시지가 있습니다. 제자들은 주께서 십자가를 지시고 고난당하신 일을 생각하면서 걱정과 근심을 떨쳐버리지 못하고 있습니다. 주님은 그들에게 의미 깊은 메시지를 주셨습니다.

1. 나를 믿으라

"너희는 마음에 근심하지 말라. 하나님을 믿으니 또 나를 믿으라"(1절). 예수 그리스도는 믿음의 주이시며, 믿는 자를 온전케 해 주시는 분이십니다.

주님은 하나님의 본체이시므로 그를 믿는 자는 하나님을 믿는 것입니다. 믿음은 걱정과 근심을 극복하는 능력이 됩니다. 믿음으로 하나님을 기쁘시게 할 수 있습니다. 야고보는 "믿음의 기도는 병든 자를 구원하리니 주께서 그를 일으키시리라 혹시 죄를 범하였을지라도 사하심을 받으리라"(약 5:15)고 했습니다.

믿어지는 것은 하나님의 은혜의 역사입니다. 믿지 못하고 있는 제자들에게 주님은 "나를 믿으라"고 하십니다.

2. 내 아버지 집

"내 아버지 집에 거할 곳이 많도다. 그렇지 않으면 너희에게 일렀으리라. 내가 너희를 위하여 거처를 예비하러 가노니"(2절).

내 아버지 집! 하나님 아버지께서는 그 집을 예비하사 자녀들에게 주시고자 하십니다. 완전한 거처가 확정되어 있다는 사실을 믿으면 소망스러운 마음이 충만해지는 것입니다. 고인도 '내 아버지 집'에 가셨습니다. 그곳에서 안식과 영광을 누리면서 어린양이신 만군의 왕을 뵈옵고 경배하며 찬양할 것입니다. 아버지 집은 곧 땅 위에 있는 우리의 집이요, 앞서간 성도들이 거하고 있는 소망의 집입니다.

3. 내가 다시 오리라

"가서 너희를 위하여 거처를 예비하면 내가 다시 와서 너희를 내게로 영접하여 나 있는 곳에 너희도 있게 하리라"(3절). 이는 가장 소망스러운 약속입니다. 이 땅의 역사를 완성하시려고 다시 오십니다. 그때 우리 믿음도 완성되며 구원도 완성되는 것입니다.

천국은 예수님이 계신 곳입니다. 그곳으로 우리를 데리고 가신다는 약속입니다. 앞서 부름 받은 고인은 바로 그곳에 가 계십니다. 다시 만날 기약이 있고 함께 누릴 영광이 있습니다. 하나님 나라는 은혜로 얻는 것이고 은혜로 가는 곳입니다. 아버지께서 예비한 집에 거하게 될 소망 안에서 위로를 얻으시기 바랍니다. 〈호〉

27. 하나님의 저울
* 고후 13:5 *

저울은 정확한 무게를 달아줍니다. 눈으로 볼 때는 어느 정도인지 몰라도 저울에 달아보면 수치가 나타납니다. 하나님은 저울을 가지고 인생의 무게를 달아보십니다. 바람에 나는 겨와 같은 인생이 있는가 하면 무게가 실린 값진 인생도 있는 것입니다.

1. 믿음에 있는가?

"너희는 믿음 안에 있는가 너희 자신을 시험하고 너희 자신을 확증하라"(5절).

인생은 하나의 건축과도 같습니다. 건축은 그 기초가 중요합니다. 인생의 기초는 하나님을 향한 믿음입니다. 그 믿음 위에 자기를 세워야 합니다. 즉 믿음 안에서 살아가는 인생이 되라는 말씀입니다.

"여호와를 경외하며 그의 계명을 크게 즐거워하는 자는 복이 있도다"(시 112:1)라고 했습니다. 여호와를 믿고 그 말씀에 순종하는 것은 인생의 근본적인 복입니다. 이 복이 있는가를 하나님의 저울에 측정해보아야 합니다.

지나간 고통과 오늘의 슬픔도 믿음으로 이겨야 합니다. '시험하라'는 것은 구체적으로 점수를 매기는 것입니다. 나의 생각과 행위,

가정생활과 사회생활, 가족관계와 그 외의 모든 인간관계에서 믿음의 의미가 나타나게 살아야 합니다.

예수 그리스도가 주인이 되게 하십시오. 그를 믿는 것은 내 생애 최고의 복이요 인생의 근본적인 해답입니다.

2. 너희 안에 계신 예수

오늘 읽은 성경에 "예수 그리스도께서 너희 안에 계신 줄을 너희가 스스로 알지 못하느냐 그렇지 않으면 너희는 버림받은 자니라" 말씀하셨습니다.

믿음이란 예수를 믿는 것입니다. 예수가 내 안에 계시도록 먼저 영접함으로써 믿음을 갖게 됩니다. 믿음은 은사요, 하나님이 주시는 선물입니다. 거저 받는 것입니다.

그러나 삶은 은사가 아니라 순종이요 훈련입니다. 시간과 몸을 드리며 사는 것이 믿음을 온전케 합니다. 믿음으로 살아야 합니다.

예수 그리스도가 내 마음에 계시는 것은 말씀과 영으로 계시는 것입니다. 하나님이 함께하심을 믿는 것은 신앙의 근본입니다. 지금 이 자리에 나와 함께하시는 하나님이십니다.

그런 하나님을 믿어야 지금 내가 하나님과 동떨어진 삶에서 회복이 가능한 것입니다. 많은 사람이 하나님께서 나와 함께하시는 것을 믿는다고 하면서 실제로 살아가는 모습은 하나님과 멀어져 있습니다. 진실로 하나님을 믿지 못하고 있기 때문입니다.

오늘부터 예수 그리스도가 온 가족 한 사람 한 사람에게 주가 되시는 은혜를 입으시기를 주님의 이름으로 축원합니다. 〈호〉

28. 이것을 네가 믿느냐
* 요 11:25~26 *

우리의 친애하는 고 000님(직분)은 이제 세상을 떠나서 영원한 하나님 나라로 가셨습니다. 우리는 육신의 정을 가진 사람인지라 지난날을 생각하면 복받치는 슬픔을 이길 수 없습니다. 슬픔이 지나치면 우리의 신앙에도 손상이 올 수 있습니다. 그래서 사도 바울은 데살로니가교회 성도들에게 소망 없는 다른 이와 같이 너무 슬퍼하지 말아야 한다고 충고합니다(살전 4:13).

"나는 부활이요 생명이니 나를 믿는 자는 죽어도 살겠고 무릇 살아서 나를 믿는 자는 영원히 죽지 아니하리니 이것을 네가 믿느냐"(25-26절)고 하신 예수님의 이 말씀이 오늘 상을 당하여 슬퍼하는 가족들과 믿음의 식구들에게 참된 위로가 되시기 바랍니다.

1. 부활하신 주님을 믿느냐

오늘의 본문 말씀은 지금 우리에게 무슨 의미로 들려오는 말씀입니까? 예수님은 하나님의 아들로 세상에 오셨습니다. 하나님의 아들로서 죄 없으신 분이 인간의 죄악과 나의 죄를 대신하여 십자가에 죽으시고 무덤에 장사된 지 사흘 만에 부활하셨습니다. 예수님의 부활은 무덤의 흑암과 절망을 깨뜨리신 일로서 생명이 사망을 삼킨 사건입니다.

제자들이 부활하신 예수님을 믿었으나 한 제자(도마)가 자기 손으로 만져보지 않으면 믿지 못하겠다고 했습니다. 주님께서 도마에게 나타나시고 손의 못 자국과 옆구리의 창 자국을 만져보라 하시니 도마가 그제야 "주는 나의 주, 나의 하나님이십니다"하며 고꾸라졌습니다.

오늘날도 그리스도인들이 예수님의 부활을 믿는다고 하면서 실제로는 도마와 같이 의심하는 사람들이 많습니다. 지금 여기 누우신 고 000님(직분)의 시신 앞에서 주님은 "네가 이것을 믿느냐?" 하고 물으십니다. "네가 예수님의 부활을 믿느냐?"의 뜻입니다.

2. 죽은 자도 부활할 줄 믿느냐

예수님은 누구든지 믿는 자는 영생을 얻으리라고 하셨습니다(요 3:16). 본문에서는 "나를 믿는 자는 죽어도 살겠고 무릇 살아서 나를 믿는 자는 영원히 죽지 아니하리니 이것을 네가 믿느냐" 하셨습니다. '죽어도 살겠고'의 뜻은 육신은 죽는다 해도 영원한 생명으로 하나님 나라에서 산다는 것입니다. '살아서 믿는 자는 영원히 죽지 아니하리라'는 말씀은 지금 고인과 함께 죽지는 못하고 살아있는 가족들도 마음속에 간직한 영원한 생명으로 육신의 죽음을 뛰어넘게 되니 영원히 죽지 않는다는 뜻이라 할 수 있습니다.

고인은 예수님을 잘 믿었으니 그날에 영원한 생명으로 부활하여 영생을 누릴 줄 믿으시기 바랍니다. 〈식〉

29. 다시는 눈물 없는 곳에
* 계 21:4~7 *

　지금은 사랑하는 고 000님(직분)을 하나님 나라로 먼저 떠나보낸 슬픔의 자리입니다. 사람의 말로 전혀 위로할 수가 없습니다.
　더구나 고인이 그동안 얼마나 (병으로) 고통을 당했으며 또 외로워했는지 생각해볼 때 무슨 말씀을 드려야 할지 모르겠습니다. 그러나 아무리 눈물이 앞을 가리고 슬픔이 극에 달할지라도 우리 신앙인들은 오직 하나님의 말씀 속에서 들려오는 위로의 음성을 들어야 할 것입니다.
　지금 고인은 사망과 눈물이 없고, 아픔이 다시 없는 나라로 가셨습니다. 아마도 지금은 주님께서 그 눈에서 눈물을 씻겨주시고 말할 수 없는 하늘의 위로를 베풀어주실 것입니다. 본문 말씀을 통해 위로가 되시기 바랍니다.

1. 고통이 없는 곳입니다

　사람의 일생은 고생의 연속입니다. 더구나 불치의 병에라도 걸리면 그 말기의 고통은 말할 수 없습니다. 신앙인이라 해도 병의 중세가 심하고 마지막이 가까우면 그 외로움과 고통을 주체하지 못해 유지하던 품위가 깨어집니다. 끝없는 진료와 약 먹는 일에 지치고 잠 못 이루는 밤이 고통스러웠습니다. 하나님께서 이제 그 영혼을 거두심으로 "사망이 없고 애통하는 것이나 곡하는 것이나 아픈 것이 다시 있지 아니하리니 처음 것들이 다 지나갔음이러라"(4절) 하신 그 나라로 고인의 영혼을 옮기셨습니다.

2. 눈물이 없는 곳입니다

  시편 90편에 보면 모세의 노래가 있습니다. 인생이 70세나 80세를 산다 해도 그 연수의 자랑은 수고와 슬픔뿐이라고 했습니다. '모든 눈물'을 주님이 씻기시고 위로해주십니다. 그 나라는 눈물이 없습니다. 애통하는 것이나 곡하는 것이 없습니다.
  '눈물이 없다' 함은 기쁨이 넘치는 곳이라는 뜻입니다. 천국은 무감동하고 무미건조한 곳이 아니라 슬픔은 사라지고 기쁨이 넘치며 감사와 찬양이 메아리치는 곳입니다.
  본문 7절을 보면 "이기는 자는 이것들을 상속으로 받으리라 나는 그의 하나님이 되고 그는 내 아들이 되리라" 하였습니다. 세상의 유업은 슬픔과 눈물과 고통입니다. 그러나 하나님 나라의 유업은 기쁨과 감사와 찬양입니다.
  지금 고 ○○○님(직분)은 고통이 없는 곳, 눈물이 없는 하나님 나라에 가셨으니 슬픔 중에도 위로가 되시기 바랍니다. 〈식〉

30. 돌아가는 인생
* 시 90:3~6 *

　세상에서 성공한 사람이나 실패한 사람이나 죽음 앞에서는 아무런 차이가 없습니다. 그가 과거에 그렇게 유명하여 온 세상이 우러러보았든지 아니면 무명의 필부였든지, 가만히 누워 아무 말도 하지 못하고 있다는 사실엔 차이가 없습니다. 그래서 솔로몬은 전도서에서 이렇게 탄식하고 있습니다. "지혜자도 우매자와 함께 영원하도록 기억함을 얻지 못하나니 후일에는 모두 다 잊어버린 지 오랠 것임이라. 오호라 지혜자의 죽음이 우매자의 죽음과 일반이로다"(전 2:16).
　그렇습니다. 사람의 죽음엔 선후가 없습니다. 어린아이도 죽고 노인도 죽습니다. 고인은 (　　)세를 사셨습니다. 더 오래 사신 분보다는 일찍 돌아가셨고, 더 일찍 돌아가신 분보다는 오래 사셨다고 할 수 있습니다.
　신약성경 히브리서 9장에 보면 사람이 한 번 죽는 것은 하나님의 정하신 것이라고 했습니다. 고인을 먼저 보내고 슬픔을 참을 길이 없는 가족 여러분이 하나님 말씀으로 위로받으시기 바랍니다.

1. 흙에서 와서 흙으로 돌아갑니다

구약성경 창세기에 보면 사람은 본래 하나님이 흙으로 빚어 만드셨다고 했습니다. 신약성경에서 사도 바울은 하나님을 토기장이로, 인간을 흙으로 빚어 만든 질그릇으로 비유했습니다.

토기장이는 질그릇을 만들 때 크게도 만들고 작게도 만듭니다. 모양도 마음대로 만들지만 질그릇이 토기장이에게 왜 나를 이 모양으로 만들었느냐고 항의하지 못한다는 것입니다. 질그릇은 일정 기간 사용되다가 땅에 버려지고 흙으로 돌아갑니다. 인생의 운명이 이와 같습니다. 흙에서 왔다가 흙으로 돌아갈 뿐입니다. "주께서 사람을 티끌로 돌아가게 하시고 말씀하시기를 너희 인생들은 돌아가라 하셨사오니"(3절).

2. 아침에 돋는 풀 같습니다

이렇게 허무한 것이 인생인데 우리는 그동안 너무 욕심을 부리고 살았습니다. 욕심 때문에 다른 사람을 미워하고 갈등했습니다. 하나님의 안목으로 인생을 내려다보면 정말 우스운 일이고, 쓸데없는 욕심 때문에 인생을 낭비한 것이 드러날 것입니다. 본문 5절에는 인생이 아침에 돋는 풀과 같다 하였고, 6절에서는 아침에 꽃이 피어 자라다가 저녁에는 벤 바 되어 마른다고 했습니다.

인생의 결국이 이토록 허무합니다. 여기서부터 우리 삶은 참 지혜를 얻게 되고, 하나님을 찾고 진리를 구하게 됩니다. 여러분의 슬픔이 인생의 참된 지혜와 구원의 길을 찾는 축복의 기회가 되기 바랍니다. 〈식〉

入棺

III 입관예배설교

31. 수고의 짐을 벗고
* 마 11:28 *

본문 말씀을 통해 예수께서는 우리에게 무엇을 가르치시려고 했을까요?

1. 인생을 산다는 것은 짐을 지고 가는 과정입니다

예수님은 우리를 "수고하고 무거운 짐진 자들"이라고 부르셨습니다. 어떤 사람은 큰 짐을 지고 어떤 사람은 작은 짐을 지지만 누구나 짐을 지는 수고로움이 있기는 마찬가지입니다. 아무리 이 땅에서 호의호식하는 사람도, 태생이 출중하고 천성이 훌륭해도 어쩔 수 없는 수고로움의 짐이 있습니다. 그렇습니다. 인생은 태어나면서부터 죽을 때까지 각자 나름의 짐을 지고 그 무게를 버거워하며 한 걸음 한 걸음 힘든 발걸음을 옮기는 존재입니다. 어느 누구도 짐을 지는 일에서 자유로울 수는 없는 것입니다.

2. 예수께서 이 무거운 짐 진 사람들을 부르십니다

"다 내게로 오라"고 주님이 우리를 부르십니다. 즉 주님께서 우리를 초대하고 계시는 것입니다. 누구의 초대를 받느냐가 그 사람의 품격과 지위를 나타냅니다. 이웃이나 친척의 초대를 받으면 편한 옷차림에 과일 한 바구니 준비해 가면 됩니다. 그러나 대통령의 초대를 받았다고 생각해보십시오. 거기에 맞는 품격을 갖추어야 하기 때문에 옷차림부터 달라집니다. 가장 좋은 옷을 입거나, 맘에 드는 옷이 없다면 당장 백화점으로 달려가 멋진 옷을 살 것입니다. 머리부터 발끝까지 잘 단장하고 초청받은 장소로 들어서게 될 것입니다.

그런데 주님께서 우리를 초대하십니다. 대통령과 비교할 수 있겠습니까? 주님은 세상의 주인이십니다. 우주의 창조자이시며, 만물의 하나님이십니다. 그러나 주님께서 초대한 자리에는 멋진 옷도 필요 없습니다. 미용실이나 이발소에서 머리를 해야 할 필요도 없습니다.

주님의 초대는 그저 믿음만 있으면 됩니다. 믿음의 초대장을 준비하면 됩니다. 그 믿음으로 초대 자리에 나아가는 것입니다.

3. 주님께서 우리를 쉬게 하십니다

세상은 그 어느 곳도 쉴만한 곳이 없습니다. 휴가가 되고 방학이 되어 산으로 들로 가보지만 세상은 여전히 수고로운 일이 가득 찬 곳입니다. 세상 어디를 가도 인생의 수고로운 짐을 잠시 잊을 수는 있겠으나 벗어놓고 쉴만한 곳은 없습니다.

요한복음 16장 33을 보면 "세상에서는 너희가 환난을 당하나 …"라고 말씀하셨습니다. 그렇습니다. 세상은 환난이 있는 곳입니다. 세상이라는 곳은 어려움과 수고로움으로 우리에게 참 쉼을 주지 못하는 곳입니다. 그러나 주님께서 계신 곳에는 참 쉼과 안식이 있습니다. 그곳에서 비로소 우리는 수고의 짐을 벗을 수 있기 때문입니다. 요한계시록 14장 13절에서 주님은 말씀하셨습니다. "또 내가 들으니 하늘에서 음성이 나서 이르되 기록하라 지금 이후로 주 안에서 죽는 자들은 복이 있도다 하시매 성령이 이르시되 그러하다 그들이 수고를 그치고 쉬리니 이는 그들의 행한 일이 따름이라 하시더라."

고 000님은 주님의 초대를 받아 하나님 나라로 가셨습니다. 기쁨과 평화로 가득 찬 이루 형언할 수 없는 아름다운 세계, 더 이상은 수고의 짐을 지지 않아도 되는 자리에 초대되셨습니다. 비록 우리 눈에는 수의를 걸치고 관에 누운 시신의 모습으로 보이지만, 그 영혼은 믿음의 초대장을 가졌으므로 하나님 나라 잔치 자리에 앉아 있을 것을 확신합니다. 거기서 인생의 수고로운 짐을 벗고 참된 안식을 누리고 계실 것입니다.

이 입관식이 끝나면 더 이상 고 000님의 얼굴을 볼 수 없을 것입니다. 그러나 믿음의 눈으로 하나님 나라 기쁨의 잔치 자리에 앉아 있는 고인을 바라보시기 바랍니다.

그러므로 이 입관 예배의 시간은 육체의 이별이 아쉬운 슬픔의 시간이기도 하지만 한편으로는 수고의 짐을 벗고 참된 안식을 누리는 하나님 나라를 바라보는 소망의 시간이 되어야 할 것입니다.

믿음의 눈으로 하나님 나라를 소망 가운데 바라보시는 유족과 여러분들이 되시기를 바랍니다. 〈순〉

32. 하나님 나라의 예복
* 마 22:11~14 *

보통 군인의 옷이라고 하면 푸른색 바탕에 얼룩무늬가 새겨진 전투복을 생각합니다. 전투복은 말 그대로 전투할 때나 작전 수행 중에 입는 옷입니다. 그래서 야전에 나가 있는 군인들이 주로 입습니다. 그러나 군인이라고 항상 전투복만 입는 것은 아닙니다. 경우에 따라서는 정복을 입기도 하고, 특별한 의식에 참여할 때는 예복을 입습니다.

특히 예복의 경우 군인의 옷이긴 하지만 화려하고 아름답고 격조 있게 만듭니다. 예복은 아무 때나 입는 옷이 아닙니다. 예를 들면 사관학교를 졸업할 때라든지, 결혼할 때, 파티가 있을 때 등 그 옷을 입어야 할 필요가 있는 장소에만 입고 갑니다. 왜냐하면 예복은 마음가짐을 뜻하기 때문입니다. 즉 예복을 입은 사람이 이 장소에 들어올 준비와 자격을 갖추었다는 의미가 되는 것입니다.

1. 합당한 예복이 준비되어야 합니다

본문은 예수님께서 천국에 대한 비유를 말씀하신 것입니다. 한 임금이 잔치 자리에 사람들을 초청했습니다. 누구나 다 참석할 수 있는 자리였습니다만 초청받은 사람이 지켜야 할 한 가지 조건이 있었습니다. 그것은 잔치 자리에 참석하는 사람으로서 합당한 예복을 입고 와야 한다는 것입니다.

이 말씀은 하나님의 초청을 받은 우리를 비유하고 있는 것입니다. 임금은 하나님이요, 초청받은 사람은 우리입니다. 그리고 우리가 천국 잔치에 참여하기 위해서는 그에 합당한 예복이 준비되어 있어야 한다는 것을 이 비유는 가르쳐주고 있습니다.

2. 하나님께서 원하시는 예복은 어떤 것일까요

하나님께서 원하시는 예복은 이 세상에서 구할 수 있는 것이 아닙니다. 돈으로 살 수 있는 것도 아닙니다. 유명한 디자이너가 디자인하고 시내의 큰 백화점 쇼윈도에서 화려한 조명을 받는 그런 옷이 아닙니다. 그 예복의 이름은 '믿음'이요, 상표는 '예수표'입니다. 그 예복은 오로지 하나님께서 신앙을 가진 사람들에게 무료로, 값없이 나누어주신 선물입니다.

에베소서 2장 8절을 보면 사도 바울은 "너희는 그 은혜에 의하여 믿음으로 말미암아 구원을 받았으니 이것이 너희에게서 난 것이 아니요 하나님의 선물이라"고 하였습니다. 우리가 구원받는 것, 즉 천국에 가는 것은 우리의 선행이나 우리의 의로 가는 것이 아닙니다. 그곳은 믿음으로 가는 곳입니다. 누구나 초청받았지만 믿음의 예복을 입은 사람만이 그 자리에 참여하게 되는 것입니다. 고 OOO님은 이미 이 사실을 잘 알고 계셨고, 이 세상에서 믿음 생활을 잘해 오셨습니다. 하나님 나라에 참여할 수 있는 예복을 하나님으로부터 선물로 받고, 천국 잔치에 참여할 준비가 되어 있었던 것입니다.

3. 고인은 믿음의 예복을 입으셨습니다

사랑하는 유족과 이 자리에 참석한 성도 여러분, 고 000님은 지금 수의를 입고 관에 누워 있습니다. 그러나 하나님을 믿는 믿음의 눈으로 보면 고인이 천국 잔치에 참여하기에 합당한 아름답고 격조 높은 예복을 갈아입고 하나님 나라의 잔치 자리에 앉아서 예수 그리스도와 함께 기뻐하고 계시는 모습을 보게 될 것입니다.

이 입관식 이후에는 더 이상 고인의 모습을 육체로는 볼 수 없게 됩니다. 그러나 믿음을 가진 우리는 지나치게 슬퍼하지 맙시다. 비록 육신의 모습은 더 이상 볼 수 없습니다만, 하나님 나라의 잔치 자리에 초대되어 믿음의 빛난 예복을 입고 주님과 함께 기뻐하시는 고인을 믿음으로 바라본다면, 다시 만날 소망을 갖게 될 것입니다.

고인은 구원받았습니다. 하나님 나라에 들어갈 믿음의 예복을 입으셨습니다. 이미 하나님 나라의 잔치 자리에 참여하여 기뻐하고 계십니다.

이 믿음으로 이별의 슬픔을 능히 이겨내시는 여러분들이 되시기 바랍니다. 〈순〉

33. 스데반의 죽음
* 행 7:55~60 *

"스데반이 성령 충만하여 하늘을 우러러 주목하여 하나님의 영광과 및 예수께서 하나님 우편에 서신 것을 보고 말하되 보라. 하늘이 열리고 인자가 하나님 우편에 서신 것을 보노라 한 대 그들이 큰 소리를 지르며 귀를 막고 일제히 그에게 달려들어 성 밖으로 내치고 돌로 칠세 증인들이 옷을 벗어 사울이라 하는 청년의 발 앞에 두니라. 그들이 돌로 스데반을 치니 스데반이 부르짖어 이르되 주 예수여 내 영혼을 받으시옵소서 하고 무릎을 꿇고 크게 불러 이르되 주여 이 죄를 그들에게 돌리지 마옵소서 이 말을 하고 자니라."

성경에 많은 죽음 기사가 있습니다. 그러나 그 중에서 가장 아름답고 본받고 싶은 죽음을 꼽으라면 오늘 본문에 등장하는 스데반의 죽음입니다. 성도는 누구보다 스데반처럼 죽어야 합니다.

1. 사명 감당하다 죽었습니다.

스데반은 밀알처럼 복음을 위해 썩어진 것입니다. 소금처럼 희생한 것이며, 파종 씨앗처럼 죽었습니다. 잘 아시는 것처럼 이 죽음을 목격했던 사울이라는 청년은 나중에 바울 사도가 됩니다. 가장 멋진 죽음은 사명을 감당하다 죽는 것입니다. 오늘도 내일도 주어진 사명을 감당하십시오. 그러다보면, 언젠가는 복된 죽음의 순간이 올 것입니다.

2. 영혼을 맡기고 죽었습니다.

59절에 그는 기도하기를 "내 영혼을 받으시옵소서"라고 했습니다. 예수님께서도 "아버지, 내 영혼을 아버지 손에 맡깁니다."(눅 23:46) 말씀을 남기시고 숨을 거두셨습니다. 살아있으면서 많은 사람이 오라하고 대접을 받았는데, 막상 죽은 후에는 오라는 곳이 없으면 어찌합니까? 사랑하는 주님은 우리에게 처소를 마련해 주셨습니다(요 14:3). 주님께 맡기고 죽어야 합니다.

3. 축복하고 죽었습니다.

돌에 맞아 죽는 그 처참한 고통의 순간에도 자기에게 돌 던지는 사람들을 용서합니다. 놀라운 사랑의 모습입니다. 그는 모든 것을 풀고 죽었으며, 이해하고 용서하고 죽었습니다. 우리도 스데반처럼 용서하고, 축복하며 죽어야 합니다. 나 같은 죄인도 용서하고 구원하셨는데, 구원받는 성도들은 죽을 때 용서하고 축복하는 것이 마땅합니다.

4. 오늘 고인을 생각합니다.

스데반 못지않게 충성하셨으며, 하나님께 맡기는 인생을 사셨습니다. 늘 기도하며 사셨고 다른 사람을 위해 평생을 바친 분이었습니다. 스데반처럼 가치 있는 죽음을 죽으셨다고 믿습니다. 사랑하는 가족들과 장례에 참여한 모든 이들이 스데반처럼 아름다운 인생으로 사시다가 주님께 부름받길 축원합니다. 〈종〉

34. 아브라함의 죽음
* 창 25:7~11 *

"아브라함의 향년이 백칠십오 세라. 그의 나이가 높고 늙어서 기운이 다하여 죽어 자기 열조에게로 돌아가매 그의 아들들인 이삭과 이스마엘이 그를 마므레 앞 헷 족속 소할의 아들 에브론의 밭에 있는 막벨라 굴에 장사하였으니 이것은 아브라함이 헷 족속에게서 산 밭이라. 아브라함과 그의 아내 사라가 거기 장사되니라. 아브라함이 죽은 후에 하나님이 그의 아들 이삭에게 복을 주셨고 이삭은 브엘라해로이 근처에 거주하였더라."

믿음의 조상 아브라함은 75세에 하나님의 부르심을 입은 후, 하나님을 섬기며 하나님께 헌신하며 동행하는 삶을 살다가 175세에 하나님의 부르심을 입어 죽었습니다. 히브리서에서 아브라함을 믿음의 사람, 순종의 사람, 축복의 사람으로 표현하고 있습니다(히 11:8-12). 그는 복된 죽음을 맞이한 사람이기도 합니다.

1. 일평생 순종하다 죽는 것입니다.

아브라함은 초기에 직업, 재산, 친척과 친구를 포기하고 보여주는 땅으로 가라는 말씀에 순종하였습니다(창 12:1). 그리고 사랑하는 독자 이삭을 하나님이 원하시자 번제물로 드리려고 했습니다(창 22:2). 신앙의 핵심은 순종입니다. 순종할 때 역사가 일어납니다. 아브라함이 받은 축복은 순종의 결과였습니다. 그렇게 순종하며 살다 죽었으니 복된 죽음입니다.

2. 자녀에게 신앙을 물려주었습니다.

본문 11절에 보면 아브라함이 죽은 후에 하나님이 그 아들 이삭에게 복을 주셨다고 하였습니다. 자신만 복을 받은 것이 아니라 자녀를 위한 축복의 통로가 된 것입니다. 신앙을 물려받은 이삭이 자기 아내가 될 여자를 기다릴 때 들에 나가 묵상하는 모습을 성경은 묘사합니다(창 24:63). 그는 아버지 아브라함을 통해 물질뿐 아니라 신앙을 유산으로 물려받은 것입니다. 돈이나 땅만을 유산으로 물려주면 자녀에게 약이 아니라 독이 될 수 있습니다. 믿음의 사람은 신앙을 유산으로 물려줍니다.

3. 그는 죽음을 미리 준비해 두었습니다.

창세기 23장 16~18절에 보면 아브라함이 에브론에게 은 400세겔을 주고 가족 묘지를 구입하여 이미 아내 사라를 장사하였습니다. 그러므로 9절과 같이 "그 아들 이삭과 이스마엘이 그(아브라함)를 마므레 앞 막벨라 굴에 장사하였다"고 했습니다. 믿는 자들은 하늘에 산 소망을 둔 자들이므로 영적인 준비를 먼저 하되, 또 육신을 입고 세상을 살아가는 자들이므로 육적인 준비도 해야 합니다. 아브라함처럼 묘지를 구입하거나 매장만을 고집할 필요는 없습니다. 얼마든지, 화장한 후에 자연장으로 모셔도 될 일입니다. 자연을 보호하고, 후손들을 배려하는 장례 방법들을 권하고 싶습니다. 다만, 아무런 준비 없이 죽음을 맞는 것은 후손들을 당황하게 만듭니다. 교회와 상의하고 신앙적으로 죽음을 준비해 두어야 합니다. 〈종〉

35. 피할 수 없는 죽음
* 히 9:27 *

"한 번 죽는 것은 사람에게 정해진 것이요 그 후에는 심판이 있으리니"

우리 모두 고인을 잃은 슬픔과 애통함 가운데 앉아 있습니다. 많은 말이 위로가 되지 않을 줄 압니다. 그러나 하나님의 말씀으로 권면 드리고 기도할 때, 세상의 위로가 아니라 하늘의 하나님께로부터 큰 위로를 얻으시기 바랍니다.

1. 한 번 죽는 것은 당연하다고 하십니다.

흔히 하는 말 중에 누구도 피할 수 없는 것 두 가지가 있는데, 하나는 세금이고, 다른 하나는 장의사라고 합니다. 때로 세금을 피해가는 사람들이 있을 수 있으나, 그들도 결국 장의사는 피하지 못할 것입니다. 인간은 누구나 피조물로 태어나 지내다 죽을 수밖에 없습니다. 바울은 인생을 질그릇 같다고 했으며(고후 4:7), 야고보 사도는 잠깐 보이다가 없어지는 안개라고 했습니다(약 4:14). 인간은 누구나 한 번은 죽습니다. 부자도 죽고 가난한 사람도 죽고 왕도 죽고 건강한 사람도 죽습니다. 반드시 찾아오는 죽음 앞에 아무도 피할 수 없습니다. 언젠가는 내게도 찾아오는 당연한 죽음으로 알고, 남은 때 하나님을 섬기며 주어진 사명에 최선을 다하여 살아야 하겠습니다.

2. 한 번 죽는 것입니다.

'한 번 죽는 것'이라고 말씀하셨습니다. 두 번 죽는 것이 아닙니다. 예수님을 구주로 믿고 영접한 사람들은 이 땅에서 한 번 죽고 그다음에는 천국에서 삽니다. 예수님께서 우리의 모든 죄를 지시고 십자가를 지심으로 우리 죄를 대속해 주셨기 때문입니다. 그러나 죄인들은 이 땅에서 죽고, 지옥에서 영원히 죽음보다 더 큰 고통을 경험하게 됩니다. 반대로 성도는 이 땅에서 한 번 죽음으로 더 이상 죽음을 경험하지 않습니다. 오히려 천국에서 영원히 사는 것입니다. 어차피 누구에게나 오는 죽음을 피할 수 없습니다. 열심히 살다가 죽음의 순간이 오면 반갑게 천국을 맞이할 수 있기를 바랍니다.

3. 심판이 있다고 합니다.

"그 후에는 심판이 있으리니"라고 하셨습니다. 로마서에서 바울 사도는 "하나님께서는 각 사람에게 그 행한 대로 보응하신다"고 했습니다(롬 2:6). 심판에는 두 가지가 있습니다. 정죄의 심판과 상급의 심판입니다. 불신자는 죽어 정죄의 심판을 받게 됩니다. 그러나 믿는 자는 상급의 심판이 있습니다. 성도에게는 죽음이 도리어 복이 됩니다. 고통의 땅을 벗어나 행복한 하늘나라에 입성하는 때이기 때문입니다. 하늘에서 상급을 받고 평안히 쉴 것입니다. 사랑하는 유족들과 성도 여러분, 오늘 귀한 분의 죽음 앞에서 결심하십시오. 누구도 피할 수 없는 죽음 앞에서 허송세월하지 않고 예수 믿다가 천국에서 고인을 만나리라! 아멘. 〈종〉

36. 하늘에 있는 영원한 집
* 고후 5:1~10 *

1. 육신의 장막과 영원한 집

바울 사도가 살던 시대에 장막 사용은 로마 사람들 사이에서도 보편화되어 있었습니다. 바울은 장막 만드는 일에 익숙했습니다. 그의 직업이었기 때문입니다. 장막은 새것으로 세운다고 할지라도 그것은 무너지기 쉬운 건축물입니다. 견고한 집과는 거리가 멉니다. 이 점에 있어서 장막은 질병에 쉽게 무너져 내리는 연약한 우리 육신의 조직과 매우 흡사합니다.

견고한 석조 건물이라면 무너뜨리는 것이 쉽지 않습니다. 그러나 장막이라면 쉽게 뒤집고 황폐케 할 수 있습니다. 바울은 자신의 육신이 장막처럼 부서지기 쉬운 것을 알았기 때문에 이 땅에 있는 그의 장막 집이 무너질 때를 예상했던 것입니다. 여기서 무너진다고 함은 죽음을 의미합니다. 인간은 누구나 죽기 마련입니다. 사람에게 있어서 최대의 문제는 곧 죽음의 문제입니다.

사도 바울은 본문에서 "만일 땅에 있는 우리의 장막 집이 무너지면 하나님께서 지으신 집 곧 손으로 지은 것이 아니요. 하늘에 있는 영원한 집이 우리에게 있는 줄 아느니라"(1절)라고 했습니다.

2. 죽음 이후의 영원한 집

죽음이란 마침표가 아닙니다. 죽음 이후에는 하나님께서 통치하시는 천국이 있습니다. 이 하늘에 있는 집이 죽음의 문제를 해결했습니다. 그래서 본문 2절에서도 "참으로 우리가 여기 있어 탄식하며 하늘로부터 오는 우리 처소로 덧입기를 간절히 사모하노라" 했습니다. 그리스도인은 죽음을 두려워하지 않습니다. 영원한 집이 우리에게 있다는 것을 믿는 그리스도인은 이 땅에 살면서도 항상 천국을 사모하며 살아야 된다는 것입니다.

"곧 이것을 우리에게 이루게 하시고 보증으로 성령을 우리에게 주신 이는 하나님이시니라"(5절). 이 말씀은 천국 신앙은 성령으로 보증을 받는다는 것입니다. '이것을 우리에게 이루게 하셨다'는 것은 영원한 집을 우리에게 주셨다는 말씀입니다.

천국에 대한 확실한 보증은 성령이십니다. 우리가 무너질 장막에서 불안하고 괴로워하고 낙심할 때 성령께서 즉시 이 몸에서 탄식이 일어나게 하고 천국이 더 귀하고 더 만족하다는 것을 가르쳐주십니다. 그러므로 성령은 천국의 보증수표입니다. 스데반은 이 충만한 성령의 보증 속에서 얼굴이 천사와 같이 빛났습니다. 그리고 충만한 성령의 지원 가운데서 원수를 위하여 기도할 수 있었습니다.

"그러므로 우리가 항상 담대하여 몸으로 있을 때에는 주와 따로 있는 줄을 아노니"(6절). 앞에 있는 죽음에 대해서 담대합니다. 이 세상에서 오래 살아야만 복이 아닙니다.

"지금 이후로 주 안에서 죽는 자들은 복이 있도다 하시매 성령이 이르시되 그러하다 그들이 수고를 그치고 쉬리니 이는 그들의 행한 일이 따름이라"(계 14:13). 주 안에서 죽는 것은 복이라고 성경은 말씀합니다. 죽음을 복이라고 말하는 곳은 기독교밖에 없습니다.

"우리가 담대하여 원하는 바는 차라리 몸을 떠나 주와 함께 있는 그것이라"(8절). 바울의 천국관은 이처럼 확고부동했습니다. 인생의 길이 비록 거칠고 힘겨울지라도 오히려 말할 수 없는 기쁨으로 이길 수 있는 비결은 우리에게 영원한 집이 예비되어 있기 때문입니다.

"그런즉 우리는 몸으로 있든지 떠나든지 주를 기쁘시게 하는 자가 되기를 힘쓰노라"(9절). 우리 삶의 목표는 하나님을 기쁘시게 하는 데 있습니다. 이제는 삶의 주체가 내가 아니라 예수 그리스도께서 내 삶의 주체요, 주인이 되는 것입니다. 그래서 사도 바울은 로마서 14장 8절에서 "우리가 살아도 주를 위하여 살고 죽어도 주를 위하여 죽나니 그러므로 사나 죽으나 우리가 주의 것이로다"라고 고백합니다.

오늘 고인의 죽음은 참으로 복된 죽음입니다. 고인은 예비된 영원한 천국을 소유했기 때문입니다. 이제 비록 고인의 장막이 무너져 우리와 함께할 수는 없지만 천국에서 주님과 더불어 영원토록 살게 되었습니다.

우리도 고인과 마찬가지로 영원한 집이 우리를 위하여 예비되었음을 확신하며 신실한 믿음의 삶을 이어감으로 육신의 장막을 떠나는 그날, 주님과 함께 영원히 거하는 청지기가 되시기를 축원합니다.

〈남〉

37. 하나님 영광을 위한 죽음
* 요 11:1~4 *

　나사로가 죽은 지 나흘째 되던 날에 예수님께서 베다니 촌 나사로의 집에 도착하셨습니다. 많은 사람에게는 이해할 수 없는 일이었지만 예수님의 시각과 사람들의 시각에는 엄청난 차이가 있었습니다. 나사로의 죽음을 보고 사람들은 죽음을 생각했으나 예수님은 하나님의 아들인 자신의 능력으로 죽은 나사로를 살리심으로써 궁극적으로는 하나님께 영광을 돌리게 될 것임을 내다보셨습니다. 사람들은 죽음을 인생의 끝으로 보고 절망했지만, 주님은 오히려 그 절망을 믿음을 갖게 되는 좋은 계기로 보셨습니다. 사람들은 나사로의 죽음을 보면서 슬피 울었습니다. 그러나 주님은 믿음이 없는 사람들의 마음을 보시면서 우셨습니다.
　고인의 죽음은 복된 죽음이요, 오늘 이 입관 예배는 하나님께 영광이 됨을 확신합니다.

1. 죽음은 종말이 아닙니다

　죽음은 끝이 아니라 시작이며, 종착지가 아니라 시발점입니다. 그리스도인들에게 있어서 죽음은 곧 삶입니다. 생명은 죽지 않습니다. 우리의 신체는 부활 때까지 잠을 자지만 우리 영혼은 모든 영의 아버지시며, 영을 주신 하나님께 돌아갑니다. 어느 형편에 있든지 신자는 그리스도와 함께 있습니다. 다만 그 주위의 사정만 바뀔 뿐입니다.

오늘 관 속에 고이 잠든 우리의 사랑하는 성도는 부패하고 죄악이 관영한 흠집투성이의 이 땅을 살면서 진정한 평안과 안식을 바라고 소망한 분이셨습니다. 성경 말씀에서 마르다는 "주께서 여기 계셨더라면 내 오라버니가 죽지 아니하였겠나이다"(요 11:21)라고 말합니다. 이때 예수님께서는 "예수께서 이르시되 나는 부활이요 생명이니 나를 믿는 자는 죽어도 살겠고 무릇 살아서 나를 믿는 자는 영원히 죽지 아니하리니 이것을 네가 믿느냐"(요 11:25-26)라고 말씀하셨습니다.

2. 죽음은 손실이 아닙니다

죽음은 그리스도 예수 안에서는 손실이 아니라 유익입니다. 이 땅의 모든 것은 덧없고 무상합니다. 그러나 천국에서는 모든 것이 영구불변합니다. 땅 위에서 우리가 알고 있는 것은 추측에 불과합니다. 그러나 천국에서는 우리가 하나님의 계시를 받아 모든 것을 소유하게 됩니다.

고린도후서 5장 1절에서 바울 사도는 "만일 땅에 있는 우리의 장막 집이 무너지면 하나님께서 지으신 집 곧 손으로 지은 것이 아니요 하늘에 있는 영원한 집이 우리에게 있는 줄 아느니라"라고 고백했습니다. 성경은 모든 것이 선하다고는 말하지 않습니다. 다만 믿음으로 순종하는 자에게는 모든 것이 우리 삶 속에서 유익이 된다고 말씀하신 바, 오늘 고인의 죽음도 주 안에서 복된 죽음임을 확신합니다.

3. 죽음은 패배가 아닙니다

죽음은 패배가 아닌 승리입니다. "사망아 너의 승리가 어디 있느냐 사망아 네가 쏘는 것이 어디 있느냐"(고전 15:55)라고 말씀합니다. 예수님께서 자는 자들의 첫 열매가 되신 이래 승리는 신약성경의 개선가가 되었습니다. 우리는 죽음이 우리 몸을 영영 포로 삼지 못하리라는 것을 확신합니다.

우리는 "주께서 호령과 천사장의 소리와 하나님의 나팔 소리로 친히 하늘로부터 강림하시리니 그리스도 안에서 죽은 자들이 먼저 일어나고"(살전 4:16)라는 말씀을 듣습니다. 그리고 이 여러 가지 말로 서로 위로하라는 권면의 말씀도 듣습니다. 우리의 사랑하는 자가 이미 그리스도와 함께 있다면 죽음은 더 이상 우리를 사로잡지 못합니다.

우리 육신이 하나님이 주시는 천상의 선물을 받기 위해 누워 있다면 그것은 분명 승리입니다. 우리는 주님이 나타나실 때 우리도 그와 같을 것을 믿습니다. 이는 우리가 그의 계신 그대로 볼 것이기 때문입니다. 이것이 우리의 승리요, 우리 믿음입니다. 우리 주 예수 그리스도로 말미암아 우리에게 이김을 주시는 하나님께 영광을 돌립니다. 〈남〉

38. 천국과 지옥의 확실성
* 눅 16:19~31 *

1. 두 종류의 인생이 있습니다

본문에는 두 종류의 인생이 그려져 있습니다. 부자와 나사로의 인생이 그것입니다. 부자는 그의 전 생애가 육을 위해서 존재하였으나 거지 나사로는 내세의 영광, 영생의 삶을 소망했습니다.

본문에 등장한 부자는 자기가 소유하고 있는 세상의 재물이야말로 유일한 우상이요, 생의 문제를 해결하는 열쇠라고 생각하는 사람이었습니다. 값진 인생이나 영혼에 대해서는 관심이 없었던 철저한 현실주의자였습니다. 또한 부자는 자기 집 앞에서 거지 나사로가 헐벗고 굶주리며, 온몸에 헌데를 앓고 고통 가운데 지냈지만 무관심하여 오직 자기의 육체적 쾌락을 추구하며 살았습니다. 그의 전 생애가 육을 위해서 존재했습니다.

그가 재물을 가지고 있어 잘 입고 잘 먹음이 잘못되었다는 것이 아니라, 다만 그 재물 자체가 하나님으로부터 온 것인 줄 알지 못했던 것입니다. 그 은혜의 선물을 향락만을 위해서 사용했음이 문제였습니다.

부자는 하나님에 대해 무관심했습니다. 심판이나 내세에 대해서도 무관심했고 오직 육신의 쾌락만 추구하면서 살았습니다. 한마디로 쾌락에 심취하여 세상과 짝하고 하나님과 원수 된 자였습니다.

그러나 나사로는 비록 가난한 삶을 살았으나 삶의 자세는 완전히 반대였음을 볼 수 있습니다. 나사로는 하나님을 중심으로 그의 모든 우주관, 역사관, 내세관을 전개했습니다. 하나님을 믿고 의지했으며 내세의 영광, 영생의 삶을 바라보았습니다.

가진 것은 몸에 걸치고 있는 누더기 같은 옷 외에는 아무것도 없었으며 부잣집 문 앞에서 구걸하며 생을 연명하는 비참한 인생이었습니다. 말 그대로 거지였습니다. 게다가 부잣집 개가 몸의 헌데를 핥을 정도로 심한 병에 시달리고 있었습니다. 두 사람이 동시대에 가까운 곳에서 함께 살았음에도 불구하고 두 사람의 현실적인 삶은 너무나 대조적이고 뚜렷한 차이가 있었습니다.

2. 죽음 후에는 심판이 있습니다

그런데 두 사람에게 똑같이 죽음이 찾아왔습니다. 22절에 "그 거지가 죽어"라고 했고, 또한 "부자도 죽어"라고 했습니다. 이처럼 죽음이란 누구에게나 똑같이 찾아옵니다. 사람으로 태어났으면 죽음을 면할 자는 아무도 없습니다.

"한 번 죽는 것은 사람에게 정해진 것이요 그 후에는 심판이 있으리니"(히 9:27).

오늘 우리가 사는 이 세상의 삶은 죽음으로 끝나는 것이 아니라 우리 육체는 썩어도 영혼은 영원히 살게 된다는 것을 기억해야 합니다. 요한복음 5장 29절에 "선한 일을 행한 자는 생명의 부활로, 악한 일을 행한 자는 심판의 부활로 나오리라"고 기록되었습니다. 생은 이 세상에서 끝나는 것이 아닙니다. 이 세상에서 어떻게 살았느냐에 따라서 심판이 적용되는 것입니다. 그리고 또 새로운 생이 시작되는 것입니다. 이런 의미에서 죽음은 생의 종착이 아니라 생의 시작이 되는 것입니다.

부자와 거지는 현실 생활이 다르고 삶의 태도가 달랐을 뿐 아니라 죽은 후의 내세가 달랐습니다. 나사로는 죽어 천사들에게 받들려 그 영혼이 아브라함의 품에 들어가 최후의 승리를 얻었음을 보여줍니다.

그러나 반대로 부자의 경우를 보십시오. 물론 그의 장례식은 만인이 부러워했습니다. 많은 호상꾼과 조문객이 장례식 연도에 늘어섰을 것입니다. 그러나 땅에서 호화로운 장례식이 거행되던 그 시간에 그의 영혼은 지옥의 불 못에서 고통을 당했습니다.

3. 천국과 지옥은 반드시 있습니다

천국과 지옥은 반드시 있다는 것입니다. "그 거지가 죽어 천사들에게 받들려 아브라함의 품에 들어가고"(22절). 여기 아브라함의 품은 천국의 표상입니다. 그리고 뒤이어 "부자도 죽어 장사되매 그가 음부에서 고통 중에 눈을 들어"라고 말씀합니다. 부자는 지옥으로 떨어져서 활활 타오르는 불꽃 속에서 말할 수 없는 고통을 당했습니다. 이것은 내세가 분명히 실존하는 세계라는 사실을 가르쳐줍니다. 내세는 행복과 형벌의 실존입니다.

사랑하는 교우 여러분, 그리고 유가족 여러분! 천국은 실제적이며 영화롭고 즐겁고 만족한 곳입니다. 지옥도 실제적이며 영원한 고통의 장소입니다. 내세는 재기의 기회란 있을 수 없다는 것을 알려줍니다.

음부에 있던 부자의 또 다른 소원은 나사로를 이 세상에 다시 보내어 아직도 하나님을 모르고 죄 속에 살고 있는 자기의 다섯 형제가 이 고통받는 곳에 오지 않게 해 달라고 탄원합니다. 그는 생각하기를 죽은 자가 다시 살아나서 전도하면 회개할 줄로 생각했습니다. 그러나 아브라함은 안 된다고 거절합니다. 모세와 선지자의 말을 듣지 않는 사람은 죽은 자가 다시 살아서 전도하여도 권함을 받지 아니할 것이라고 했습니다.

　이제 무엇을 선택하시겠습니까? 만약 인생에서 영생을 준비하기에 실패한다면 다른 모든 것이 성공한다 할지라도 그의 인생은 실패한 것입니다. 천국과 지옥, 영생과 영벌 이 두 가지 실존이 우리 앞에 있습니다. 지옥이 아닌 천국, 영벌이 아닌 영광을 선택하십시오. 그 길은 우리를 위해 십자가에서 죽어주신 예수 그리스도를 영접하는 길 외에 다른 길은 없습니다.　　　　　　　　　　〈남〉

39. 영원한 집
* 고후 5:1~5 *

1. 누구도 거스를 수 없습니다

사람의 몸은 흙으로 지으심을 받았습니다. 흙으로 지음받은 사람은 흙으로 돌아가야 한다는 것을 뜻합니다. 사람의 생명이 칠십이요 강건하면 팔십이라고 했습니다. 참으로 우리의 날이 한번 불어 흔적마저도 없어지는 바람 같고, 공중에 쏘아서 금방 보이지 않게 되는 화살과도 같습니다.

그러나 이것은 하나님께서 정하신 것이므로 가야 합니다. 성경은 "한 번 죽는 것은 사람에게 정해진 것이요 그 후에는 심판이 있으리니(히 9:27)"라고 했습니다. 죽음의 길을 아무도 거스를 수 없는 것은 바로 창조주 하나님께서 그같이 정하셨기 때문에 그렇습니다.

아무도 하나님을 거스를 수는 없습니다. 그리고 죽음으로 우리의 생이 완전히 끝나는 것이 아니라 선악 간에 하나님의 심판을 받아야 합니다. 부활의 심판이나 영벌의 심판을 받아야 하는 것입니다.

2. 영원한 집으로 가셨습니다

오늘 입관하시는 고인은 이제 괴로운 육신 장막의 생활을 벗어버리고 영원한 집으로 가셨습니다. 고인은 세상에서 육신의 무거운 짐, 슬픔과 괴로움을 내려놓고 당신의 육체를 조용히 눕히고 계십니다. 하나님께서는 '네 육체는 흙에서 왔으니 흙으로 돌아갈 것이나 네 영혼은 내가 준 것이니 나에게로 오라'고 하십니다. 이제 귀한 고인의 영혼은 영원한 하나님 나라, 아버지 집에서 세상에서 누려보지 못한 평안과 안식을 누리고 계십니다. 하나님께서 모든 눈물을 씻어주시고 위로해주시며 함께하십니다.

바라건대 사랑하는 유족과 친지들 그리고 모든 이웃에게도 지금 바로 이 위로가 함께하기를 바랍니다. 우리에게는 영원한 집이 있습니다. 하나님께서는 죽음이라는 형벌 대신에 영원히 행복하게 살 수 있는 천국 집을 준비해 놓으셨습니다. 이것은 하나님께서 당신의 사랑하는 자녀를 위해서 마련해주신 것입니다.

그러므로 오직 예수 그리스도 안에 있는 믿음의 사람만이 이 나라에 갈 수 있습니다. 그런데 사랑하는 고인은 참으로 감사하게도 믿음을 따라 사셨으니 이제 하나님의 약속대로 영원한 천국에서 안식하시는 것입니다.

3. 영원한 천국에서 다시 만날 것입니다

사람마다 자기 집을 짓는다고 합니다. 어떤 사람은 명예로 집을 짓고, 어떤 이는 돈으로 집을 짓습니다. 어떤 이는 힘으로 집을 짓습니다. 그러나 이런 것으로 지은 집은 육체가 죽는 그 순간에 함께 무너져버리고 맙니다.

하나님께서는 말씀하십니다. "우리가 세상에 아무것도 가지고 온 것이 없으매 또한 아무것도 가지고 가지 못하리니"(딤전 6:7). 이 모든 것은 헛되고 헛된 것입니다. 어떤 사람은 돈이 넉넉해져 이제 잘 살아보려 할 때, 어떤 사람은 세상 명예를 얻어 놓고 난 뒤에 죽음을 맞이하게 됩니다. 그러나 오직 믿음으로 지은 집은 영원합니다.

　이제 사랑하는 고인은 육신의 장막은 무너졌으나 믿음으로 말미암아 하나님께서 예비해 놓으신 영원한 천국, 눈물과 슬픔이 없고 고통과 죽음이 없는 곳으로 가셨습니다. 이제 사랑하는 유족들과 성도들에게 영원한 천국에서 다시 만나게 되는 은혜가 있기를 주님의 이름으로 축원합니다.　　　　　　　　　　　　　　　〈일〉

40. 행복한 죽음
* 요 14:1~6 *

　모든 사람은 언젠가는 죽음을 맞게 되어 있습니다. 그래서 사람들은 죽음을 맞이할 때에 그동안 살면서 무엇을 하다가 죽었느냐를 중요하게 생각합니다. 선량하게 살다가 죽으면 행복한데 선한 일을 행하지 못한 경우에는 안타까워하기도 합니다. 그런데 우리에게 무엇보다도 중요한 것은 예수 믿고 주 안에서 죽은 자는 복되다고 하는 것입니다.

1. 하나님은 성도의 죽는 것을 귀중히 보십니다

　오늘 본문 1절 말씀에 보면 "너희는 마음에 근심하지 말라 하나님을 믿으니 또 나를 믿으라"고 했습니다. 사람으로 태어나서 창조주를 기억하고 그를 섬기는 것은 인간의 본분을 다하는 것이고 성도의 도리를 다하는 것입니다.
　사도 요한은 말하기를 "또 내가 들으니 하늘에서 음성이 나서 이르되 기록하라 지금 이후로 주 안에서 죽는 자들은 복이 있도다 하시매 성령이 이르시되 그러하다 그들이 수고를 그치고 쉬리니 이는 그들의 행한 일이 따름이라 하시더라"(계 14:13)고 하셨습니다. 이 세상에서 살아갈 때 믿음을 지키며 하나님께로 나아가는 것은 하나님 보시기에 복되다고 하는 것입니다.

2. 하나님은 고인을 아버지 집에 거하도록 하십니다

오늘 말씀 2~4절의 말씀을 보면 "내 아버지 집에 거할 곳이 많도다. 그렇지 않으면 너희에게 일렀으리라. 내가 너희를 위하여 거처를 예비하러 가노니 가서 너희를 위하여 거처를 예비하면 내가 다시 와서 너희를 내게로 영접하여 나 있는 곳에 너희도 있게 하리라. 내가 어디로 가는지 그 길을 너희가 아느니라"고 했습니다.

예수님께서 우리를 위하여 처소를 예비하러 가신다는 것입니다. 즉 주님께서는 믿음을 따라 살다가 천국을 바라보며 주님 앞에 나아가는 사람을 아버지 집에 거하도록 하신다는 것입니다. 그러므로 주 안에서 죽는 자들은 복되다는 것입니다.

비록 오늘 입관하신 고인의 그 육신은 지금 차가운 곳에 거하지만 하나님께서는 고인을 아버지 집으로 인도하여주실 것입니다. 믿음으로 하나님의 집에 거할 자격을 얻었으므로 고인의 죽음은 복된 것입니다.

3. 성도의 죽음은 생명이신 하나님과 영원토록 거하는 것입니다

오늘 말씀 5~6절을 보겠습니다. "도마가 이르되 주여 주께서 어디로 가시는지 우리가 알지 못하거늘 그 길을 어찌 알겠사옵나이까. 예수께서 이르시되 내가 곧 길이요 진리요 생명이니 나로 말미암지 않고는 아버지께로 올 자가 없느니라."

예수님이라는 길을 따라 진리로 무장하여 하나님께 나아가는 것은, 생명 되신 하나님과 함께 영원토록 거하는 것이기 때문에 우리의 죽음은 두려운 것이 아닙니다. 우리 몸은 죽을 몸이지만 세상

사는 동안에 예수 그리스도를 믿고 내세의 구원을 받아 죽음이 두렵지 않습니다. 또한 죽음 가운데에서 생명이신 하나님을 바라볼 수 있기에 주 안에서 죽는 자들은 복이 있는 것입니다.

　믿는 사람은 하나님 나라에서 아름답게 살며, 영원히 죽지 않고 주님과 동행하며 살기 때문에 복이 되는 것입니다. 고인은 생전에 믿음을 따라 사시며 하나님과 동행하는 귀한 삶을 사셨기에 그 죽음이 복되다 할 수 있습니다.

　지금은 비록 육신의 장막이 무너졌지만 영원한 하나님의 집에서 주님과 동행하며 영생할 줄로 믿습니다. 이러한 소망으로 위로를 받으시고 주님 앞에 서실 수 있기를 주님의 이름으로 간절히 축원합니다.　　　　　　　　　　　　　　　　　　　　　　　〈일〉

41. 믿음으로 가는 나라
* 요 3:16~17 *

하나님께서 고인을 부르시니 이제 이 땅의 모든 수고를 벗어 놓으셨습니다. 그런데 참으로 안타까운 것은 고인께서는 믿음을 갖지 못하고 하나님의 부름을 받았다는 것입니다. 이것은 참으로 안타까운 일입니다.

여기에서 한 가지 분명히 말씀드릴 수 있는 것은, 천국에 들어가는 것은 오직 예수 그리스도를 나의 구주로 믿을 때에만 가능하다는 것입니다.

간절히 바라옵기는 사랑하는 유족들은 한 사람도 빠짐없이 이 놀라운 그리스도의 은혜에 동참하게 되기를 바랍니다. 사랑하는 유족들이 믿음의 눈을 갖고 우리 앞에 열리게 될 '새 하늘과 새 땅'을 보게 되기를 바랍니다.

1. 천국은 믿음으로 들어갑니다

요한계시록 21장 1~8절까지의 말씀을 보면 사도 요한은 하나님의 인도하심 속에서 마지막 때에 이루어질 일에 대한 비전을 계속 보았습니다. 이제 그는 마지막으로 새 하늘과 새 땅, 곧 새 예루살렘에 대한 계시를 봅니다. 그것은 바로 영원한 나라에 대한 비전이라고 할 수 있습니다. 영원한 나라란 궁극적으로 천국을 말합니다.

어떤 사람에게 이 천국이 예비되어 있습니까?

예수님의 통치를 받아들이고 그분에게 복종하는 사람 가운데는 주님이 다스릴 때 반드시 나타나게 되어 있는 의와 평강과 같은 질서가 이루어져 갑니다.

사랑하는 유족들에게 저는 감히 묻고 싶습니다. 여러분들은 "천국에 갈 확신이 있습니까?"라고 말입니다. 천국은 우리의 공로나 노력으로 가는 곳이 아닙니다. 혹시 "아무렇게나 살다가 죽으면 그만이지…"라고 생각할 수도 있습니다.

그러나 성경은 우리에게 분명하게 가르쳐줍니다. 사람에게 한 번 죽는 것은 하나님의 정하신 바요 그리고 사후에는 반드시 하나님의 심판이 있다고 말입니다. 이 심판에서 우리가 하나님 앞에 온전히 설 수 있기 위해서는 오늘 말씀에 있는 것처럼 하나님의 독생자 예수 그리스도를 믿어야만 합니다. 예수 그리스도를 믿어 영생을 소유하는 가운데 천국에서 하나님과 동행하는 것입니다.

간절히 바라기는 오늘 이 자리에 참석한 유족 가운데 어느 한 사람도 이 놀라운 은총에서 제외되는 분이 없어야 하겠습니다. 우리는 날마다 하나님의 놀라운 능력 가운데서 하나님의 의가 되시는 예수 그리스도를 믿음으로 하나님이 기뻐하시는 천국의 열매를 맺는 믿음의 삶을 사시기 바랍니다.

2. 천국에는 우리를 사랑하는 분이 계십니다

우리는 모두 그리스도께서 재림하시고 우리 성도들의 모습이 하나님의 은혜로 영광스럽게 변화되어 새로워진 새 하늘과 새 땅에서 다시 만나는 날을 소망합시다.

우리가 천국을 사모해야 할 가장 중요한 이유는 그곳에는 우리를 사랑하는 분이 계시기 때문입니다. 그것은 마치 이국땅에 사는 사람이 조국을 그리워하는 가장 큰 이유가 그곳에 두고 온 가족과 친지 때문인 것과 같습니다. 천국이 중요한 것은 하나님이, 예수님이 계시기 때문입니다.

우리는 이 땅에서도 하나님의 임재를 부분적으로 경험합니다. 그러나 그것은 문자 그대로 부분적이며 하나님의 임재를 완전히 충분하게 그리고 영광스럽게 경험할 수 없습니다. 왜냐하면 죄와 저주와 사탄의 음모가 있기 때문입니다. 주님이 재림하셔서 사탄이 심판받고 처벌되어 더 이상 영향을 끼치지 못하게 되고 죄와 부패와 저주가 완전히 사라지게 될 때, 우리는 하나님의 완전한 임재를 경험하게 될 것입니다. 그날까지 하나님이 기뻐하시는 믿음의 자녀들이 다 되시기를 주님의 이름으로 간절히 축원합니다.　〈일〉

42. 하나님이 옮기심
* 히 11:5 *

오늘의 입관 예배를 통하여 하나님의 평강과 위로가 충만하기를 바랍니다. 입관이란 고인의 시신을 관에 모시는 성스러운 일입니다. 이 엄숙한 시간에 에녹의 생애를 통하여 깊은 은혜를 나누고 인생의 소중한 교훈을 얻는 시간이 되시기를 바랍니다.

1. 특이한 생애

에녹은 그 직업이 예언자로 소개되고 있습니다. "아담의 칠대 손 에녹이 이 사람들에 대하여도 예언하여 이르되 보라 주께서 그 수만의 거룩한 자와 함께 임하셨나니 이는 뭇사람을 심판하사 모든 경건하지 않은 자가 경건하지 않게 행한 모든 경건하지 않은 일과 또 경건하지 않은 죄인들이 주를 거슬러 한 모든 완악한 말로 말미암아 그들을 정죄하려 하심이라 하였느니라"(유 1:14-15)고 했습니다.

에녹은 예언자입니다. 그는 홍수 심판을 예언한 사람입니다. 홍수 심판은 노아 때 있었지만 그 심판에 대한 예언은 에녹이 한 것입니다. 그 시대에 에녹은 경건하게 살았고 특이한 생애를 살았습니다.

본문 말씀에 "믿음으로 에녹은 죽음을 보지 않고 옮겨졌으니"라고 했습니다. 살아서 하나님 나라로 옮겨졌습니다. 그러나 "다시 보이지 아니하였느니라"고 했습니다. 즉 에녹은 하나님 나라로 갔으나 다시 이 땅에 돌아오지 않았습니다. 의미상으로는 에녹도 죽음을 경험한 사람과 같은 것입니다. 죽어서 하나님 나라에 가는 경우와 죽지 않고 옮겨지는 것은 하나님 편에서는 차이가 없는 것입니다. 고인은 에녹이 간 하나님 나라에 갔습니다.

2. 증거가 있는 사람

에녹은 "옮겨지기 전에 하나님을 기쁘시게 하는 자라 하는 증거를 받았느니라"고 했습니다. 에녹은 증거를 받은 생애를 살았습니다. 신앙생활은 옮겨지기 전의 일입니다. 생전에 증거를 남기기에 봉사와 헌신의 삶을 살아야 하는 것입니다.

고인은 평소에 헌신 된 삶을 보여준 아름다운 증거가 있는 신앙인이었습니다. 이는 하나님 앞에서 아름다운 찬양이요, 영광입니다. 증거라는 것은 남들이 내게 해주는 것일 때 무게가 있습니다. 나아가 역사가 나를 증거해줄 때 권위가 있는 사실로 드러날 것입니다. 고인의 삶 속에는 아름다운 간증이 많은 줄 압니다. 고인은 여러모로 모범된 섬김을 보여준 청지기 중의 한 사람입니다.

증거는 종말론적인 삶에 교훈을 줍니다. 오늘 여기서 하나님을 기쁘시게 하는 증거를 남기고 살아야 합니다. 사실 하나님을 기쁘시게 해 드릴 시간이 많지 않습니다.

그날이 오기 전에 힘써 섬기고 일해야 합니다. 고인의 입관은 우리에게 더욱 힘써 살라는 메시지를 던져주는 살아있는 설교입니다.

3. 에녹의 가정생활

창세기 5장 22절에 에녹은 "므두셀라를 낳은 후 삼백 년을 하나님과 동행하며 자녀들을 낳았으며"라고 기록했습니다. 이는 에녹이 가정생활 역시 충실했음을 증언하는 말씀입니다. 가정에서는 자녀를 낳고 양육하는 일이 가장 중요한 일입니다.

입관 예배는 남아 있는 유족들이 다시 한번 하나님 중심으로 결속하면서 하나님을 기쁘시게 하는 삶을 다짐하는 시간입니다. 고인은 에녹처럼 가정에 충실했던 신앙의 남편이요, 아버지였습니다. 온 가족이 하나님을 경외하는 복된 가정이 되어야겠습니다. 고인이 살고 간 자리에 예수 그리스도가 주가 되시고 아버지가 되심으로서 더욱 영적으로 견고히 서는 믿음의 가정이 되시기를 바랍니다.

에녹이 살던 그 시대에는 보통 구백 세 이상을 사는 시대였습니다. 그러나 에녹은 365세를 살았습니다. 그 당시로 보면 청년기에 하나님 나라로 부름 받은 것입니다. 고인은 아직도 더 살아야 할 사람이지만 에녹처럼 착실히 살고 갔습니다.

죽음의 사건은 일상 속의 일입니다. 내 가정에도 있고 또 언젠가는 나 자신이 주인공이 되어 입관될 날이 올 것입니다. 우리는 그 날이 오기 전에 하나님을 기쁘시게 하는 일에 집중된 삶을 살고 주 앞에 서야 합니다. 오늘이 나의 생애 마지막 날인 것처럼 항상 깨어서 살아야 할 것입니다. 〈호〉

43. 성도의 죽음은 귀중하다
* 시 116:12~19 *

성도는 하나님의 자녀로 구별된 백성입니다. 불신자는 아직도 하나님의 자녀로 구별되지 못하고 있는 무리들입니다.

신자나 불신자나 다 죽음에 직면하는 문제지만 성도는 죽음까지도 구별성을 갖습니다.

1. 하나님께서 귀중히 보심

"그의 경건한 자들의 죽음은 여호와께서 보시기에 귀중한 것이로다"(15절). 성도가 죽는 것은 하나님의 통치하에서 이루어지는 하나님의 일입니다. 여호와께서 귀중히 보시기 때문에 성도의 죽음에는 불변의 가치가 있는 것입니다.

죽음이란 인생고의 모든 결박에서 풀려나는 것입니다.

"여호와여 나는 진실로 주의 종이요 주의 여종의 아들 곧 주의 종이라. 주께서 나의 결박을 푸셨나이다"(16절). 주 하나님은 인간이 겪고 있는 모든 결박을 푸시는 분이십니다. 그중에 가장 무거운 멍에가 죽음입니다. 그 멍에를 푸십니다.

입관은 고인의 시신을 관 속에 모시는 일입니다. 어떻게 보면 관 속에 묶어 두는 것처럼 보입니다. 그러나 그것은 영적으로 모든 결박에서 풀려나는 자리에 이른 것입니다. 참으로 죽음이란 완전한 해방이요 완전한 치유입니다.

하나님께서 귀중히 보시는 죽음은 복된 죽음이요 영광스러운 일입니다. 그것은 죽음 자체보다는 살아서 존귀한 성도였기 때문에 그의 죽음은 영광스러운 것이요 여호와가 귀중히 보시는 죽음이 되는 것입니다.

2. 내게 주신 모든 은혜

"내게 주신 모든 은혜를 내가 여호와께 무엇으로 보답할까"(12절). 이는 감격에 찬 성도의 충만한 기쁨입니다. 하나님의 은혜는 갚을 수 없는 은혜입니다. 그러나 갚고자 하는 자세로 섬기며 살아야 합니다.

우리가 입은 은혜 중 최고의 은혜는 구원입니다. "내가 구원의 잔을 들고 여호와의 이름을 부르며"(13절). 이는 구원의 은혜에 대한 찬미입니다. 나아가 거룩한 예배자의 모습이기도 합니다.

"여호와의 모든 백성 앞에서 나는 나의 서원을 여호와께 갚으리로다"(14절). 구원의 은혜는 성스러운 의무가 있습니다. 즉 모든 백성 앞에서 서원을 갚는 의무와 책임이 있습니다. 책임감을 느끼는 것만으로는 아무 일도 일어나지 않습니다. 즉 책임완수를 해야만 하나님의 뜻이 이루어지는 것입니다. 고인이야말로 신령한 측면에서 책임을 완수한 생애를 살았습니다. 그는 평소에 열심히 섬기면서 봉사하는 사람이었습니다. 구원의 사실을 사람들에게 전한 증거의 생애였습니다.

3. 갚아 드리는 삶

죽음이란 한 사람의 생애를 갚아 드리는 일이라 할 수 있습니다. 무엇에 대한 갚음입니까? 18절에 "내가 여호와께 서원한 것을 그의 모든 백성이 보는 앞에서 내가 지키리로다"라고 했습니다.

여러분, 고인의 죽음은 애석하고 슬픈 일이지만 깊이 생각해보면 하나님의 존전에 우리의 전 생애에 대한 서원을 갚아 드리는 일입니다. 대단히 엄숙한 순간입니다.

성도의 죽음은 하나님께 갚아 드리는 제물의 봉헌이기도 합니다. 하나님께 의롭게 바쳐지는 제물로서의 봉헌이요, 삶의 결산입니다. 이는 하나님 나라 전체에 나타나는 아름다운 갚음입니다. "예루살렘아, 네 한가운데에서 곧 여호와의 성전 뜰에서 지키리로다. 할렐루야"(19절)라고 했습니다.

성도의 생애는 교회 안에서 의롭게 바쳐지는 제물입니다. 친척이나 이웃들에게도 알려지는 사실입니다. 성도의 죽음이 당사자에게는 사명이었습니다. "내가 갚으리로다"라고 했기 때문입니다.

성도의 죽음은 인간 편에서는 슬픈 일이지만 하나님 편에서는 귀중히 여기시는 일입니다. 고인을 입관하는 이 시간이 얼굴을 보는 마지막 순간이지만 하나님께 바쳐 드리는 서원의 갚음입니다.

이제 완전한 치유를 입고 성결한 모습으로 하나님 아버지 집으로 가신 고인은 영원한 안식과 영광을 누리는 줄 믿습니다. 〈호〉

44. 두 가지 사실
* 히 11:6 *

사실보다 더 힘이 있는 게 없습니다. 일천 가지 거짓보다 한 가지 사실이 더 강하며 거짓을 능히 이기게 됩니다.

성경은 사실의 책입니다. 그 사실을 사실대로 믿는 것이 믿음입니다. 하나님께서는 사실을 엮어서 역사를 만들어가며, 인간을 다스리십니다.

1. 하나님은 살아계십니다

사람이 하나님을 인정하지 않고 살 때가 많이 있습니다. 그의 존재를 인정하지 않으며 그의 하시는 일을 받아들이지 않는 경우가 있습니다.

하나님은 반드시 살아계십니다. 그의 존재를 믿는 것이 곧 믿음입니다. 하나님은 스스로 계신 분이기 때문에 사람이 안 계신다고 부정해도 여전히 살아계시는 분입니다. 하나님이 살아계신다는 것을 분명히 설명할 수 있습니다.

첫째로, 인간의 양심에 살아계십니다. 본성적으로 인간은 하나님을 두려워하는 마음이 있으나 그것이 전부 하나님을 아는 것은 아닙니다. 하나님은 사람에게 영원을 사모하는 마음을 주셨습니다. 아무리 부인해도 인간의 양심은 하나님의 존재를 의식하고 있습니다.

둘째로, 자연의 만물은 하나님의 존재를 나타내고 있습니다. 자연신론자들은 하나님이 만물을 지으셨으나 다스리지는 않는다고 생각합니다. 그러나 참새 한 마리가 팔리는 것까지 하나님은 알고 계시며 그 생명을 주관하고 계시는 분입니다. 봄, 여름, 가을, 겨울의 이치와 바다와 해, 달, 별의 운행이나 들의 풀 한 포기까지 하나님의 존재를 증거해주고 있습니다.

셋째로, 하나님이 계신다는 증거는 역사 속에 나타나 있습니다. 사람의 행위가 사람의 눈은 속여도 역사를 속이지 못하는 경우가 너무나 많습니다. 숨겨진 사실들이 역사 속에서 증언되고 있습니다. 비록 오늘의 역사가 침묵해도 내일의 역사 속에서 사실이 드러나 진실이 승리하는 수가 많이 있습니다. 이는 역사의 주인이 하나님이시기 때문입니다.

넷째로, 하나님이 계신다는 증거는 마지막 종말에 확인될 것입니다. 인간의 양심을 속이고, 사람의 눈을 속이고, 역사를 속일지라도 절대 속일 수 없는 사실은 하나님의 심판입니다. 인간의 모든 행위를 쫓아 심판하시는 하나님은 공의의 하나님이십니다. 그때에는 아무도 하나님을 부인할 수 없을 것입니다.

2. 하나님은 상 주시는 분이십니다

본문에 설명하기를 하나님이 반드시 계신 것을 믿으며 "상 주시는 이심을 믿어야 할지니라"고 했습니다.

하나님은 상 주시는 분이십니다. 상은 상 받을 업적이 있는 사람에게 주는 것입니다. 하나님께서는 상 주시는 분이시며 만민에게 공평하게 상을 베푸시는 분입니다.

모든 사람이 자기 인생의 경주를 하며 살아갑니다. 즉 인생은 자신만이 달려가야 할 인생의 코스가 있습니다. 아무도 대행할 수 없는 홀로 가는 길입니다. 사도 바울은 운동장에서 달음질하는 자들이 상을 얻도록 달리는 것처럼 너희도 이와 같이 상을 얻도록 달음질하라고 했습니다.

　인생은 모두가 일등이 될 수 있습니다. 내 인생의 경주에서 최선의 경주가 가능한 것입니다. 스스로의 게임은 이기는 자가 있고 지는 자가 있습니다. 그러나 인생의 게임은 너는 지고 나는 이기자의 게임이 아닙니다. 모든 사람이 다 각자의 인생에서 승리하는 게임을 살아야 합니다.

　고인도 자기 나름대로 인생의 경주를 한 사람입니다. 일찍 일어나고 늦게 눕는 수고의 생애를 살았습니다. 인생은 헛수고하는 경주를 해서는 안 됩니다. 하나님 앞에서 당당히 상 받는 인생을 살아야 합니다.

　인간이 하나님으로부터 받는 상 중에 최고의 상은 영생입니다. 죽음은 상 받으러 가는 길입니다. 우리가 상 받는 삶을 살 때 다른 사람에게도 상 받게 되는 복을 누리게 합니다. 하나님이 살아계시는 것과 상 주는 분이심을 믿으시기 바랍니다. 〈호〉

45. 이사 가셨습니다
* 고후 5:1~5 *

사람은 한평생 사는 동안 적어도 몇 번을 이사하게 됩니다. 직업에 따라서는 여러 번 이사하는 사람도 있습니다. 점점 안정되고 성공하는 사람은 더 좋고 더 넓은 집으로 이사 갑니다. 그러나 실패한 사람은 비좁고 누추한 집으로 이사 갑니다. 사람들에게는 이사에 얽힌 갖가지 사연이 있을 겁니다. 그리고 누구나 마지막 이사가 있습니다. 특히 모든 믿는 사람에게 있어서 죽음은 이 세상의 좁고 누추한 집에서 저 하나님 나라의 넓고 큰 집으로 이사 가는 것이라고 했습니다.

오늘 이 시간 고 000님(직분)께서 세상에서 살던 육체라는 집을 남겨 놓고, 저 하나님 나라에 있는 아름다운 집으로 이사하셨습니다. 이제 우리는 영혼이 살던 집을 관 속에 남겨 두고 떠나신 그분을 생각하며 하나님께 예배합니다. 여러분도 고인의 죽음 앞에서 우리는 장차 어떤 모습으로 이사 갈 것인가를 점검하는 시간이 되어야 할 것입니다.

1. 장막 집이 무너졌습니다

이스라엘의 조상은 유목민이어서 장막 집에 대한 추억이나 실제 모습을 잘 알고 있습니다. 말하자면 텐트 안에 사는 것으로써, 장막은 처음에 팽팽하지만 얼마간 지나면 무너집니다. 인생도 젊은 시절에 누구나 팽팽하고 아름답습니다. 그러나 세월이 지나면서 늙고, 몸은 허약해져서 볼품없이 병들게 됩니다. 그러다가 급기야는 그 장막이 무너짐 같이 인간의 수명은 끝나버리고 맙니다.

"만일 땅에 있는 우리의 장막 집이 무너지면 하나님께서 지으신 집 곧 손으로 지은 것이 아니요 하늘에 있는 영원한 집이 우리에게 있는 줄 아느니라"(1절). 인간의 육체는 장막 집입니다. 이 장막 집이 무너지면 사람의 손으로 지은 집이 아니고 하나님이 지으신 집, 하늘에 있는 영원한 집으로 이사 간다는 것입니다.

그러므로 고 000님(직분)은 지금 낡고 병든 옛날 집을 여기 관 속에 두고 하나님이 지으신 넓고 아름다운 좋은 집으로 이사 가셨다는 사실을 믿으시기 바랍니다.

2. 죽을 것이 생명에게 삼킨 바 되었습니다

사도 바울의 관점에서 보면 죽지 않고 살아있는 우리가 오히려 무너질 장막에 있으면서 무거운 짐을 진 것같이 탄식하고 있다는 것입니다. 사람들은 생각하기를 생명을 사망이 삼켰다고 하지만 오히려 세상의 탄식과 슬픔과 썩을 것과 죽을 것이 참 생명이신 예수 그리스도에게 정복당한 것입니다. "참으로 이 장막에 있는 우리가 짐 진 것 같이 탄식하는 것은 벗고자 함이 아니요 오히려 덧입고자 함이니 죽을 것이 생명에 삼킨 바 되게 하려 함이라"(4절).

사망이 생명을 정복한 것이 아니라 참 생명이 사망을 정복했다는 것입니다. 세상에 있는 성도의 탄식은, 우리도 언젠가는 이 썩을 것과 낡은 것들이 영원한 것과 새 것들에게 삼킨 바 되는 날이 올 것을 간절히 소원하고 있음을 의미합니다.

　예수님이 말씀하시기를 "나는 길이요 진리요 생명이라"고 하셨습니다. 고인은 지금 길 되시는 예수님을 따라 이사 가셨습니다. 이 천국행 이사는 예수 그리스도의 구속 은총이라는 진리의 차를 타고만 갈 수 있습니다.

　여기 남아 있는 시신은 빈집일 뿐입니다. 그 영혼은 예수 그리스도의 부활 생명과 연합하여 이미 여기에 있지 않습니다. 여기 남은 고인의 육체는 생명이신 주님께 정복당하고 남은 흔적일 뿐입니다.

　그러므로 사랑하는 유족과 이 자리에 참여하신 여러분, 우리는 고인의 주검 앞에서 그분이 더 좋은 집으로 이사 가심을 믿으시기 바랍니다. 그분은 사망과 싸우다가 패배하신 것이 아니라 우리 주님의 부활 생명과 연합하여 모든 썩어질 것들을 이기고 승리하신 줄 믿으시기 바랍니다.　　　　　　　　　　　　　　　〈식〉

46. 사망아 네가 어디 있느냐
* 고전 15:54~58 *

지금 우리는 친애하는 고 000님(직분)의 시신을 입관하고 지상에서 다시는 뵐 수 없게 됨을 슬퍼하며 이 자리에 모였습니다. 슬퍼하는 유족들은 성령님께서 위로해주시기를 빌면서 하나님의 말씀을 전하려고 합니다.

인간의 과학 기술 발전은 사람의 평균 수명을 연장했습니다. 눈부신 의술의 발달과 함께 지금은 생명공학의 시대가 되어서 전에는 죽을 수밖에 없었던 질병이 완치되기도 합니다. 그러나 이 모든 노력에도 불구하고 인간의 과학 기술이 죽음을 정복할 수는 없습니다. 죽음은 언제나 높은 장벽입니다.

지금 고인의 시신은 이곳에 있습니다. 그러나 고 000님(직분)은 사실상 이곳에 계시지 않습니다. 예수님은 말씀하시기를 "예수께서 이르시되 나는 부활이요 생명이니 나를 믿는 자는 죽어도 살겠고 무릇 살아서 나를 믿는 자는 영원히 죽지 아니하리니"(요 11:25-26)라고 하심으로 사망 자체를 거부하셨습니다. 그래서 예수님은 죽은 사람 앞에서 죽은 것이 아니라 자는 것이라고 몇 번씩이나 말씀하셨습니다.

1. 사망은 없습니다

본문 55절에 보면 "사망아 너의 승리가 어디 있느냐 사망아 네가 쏘는 것이 어디 있느냐" 하였습니다. 이는 몰라서 묻는 질문이 아닙니다. 사망에 대한 부정이요, 거부입니다. 우리가 표면적으로 관찰하면 여기에 입관하신 고 000님의 시신 위에 사망이 앉아 있는 것으로 보입니다. 그러나 그분은 이미 예수 그리스도의 생명에 접붙임을 받아 새 생명을 얻었습니다. 그분이 받은 새 생명은 영원히 죽지 않는 생명입니다. 그러므로 사망의 세력이 감히 넘보지 못합니다. 사망은 이미 주님의 십자가에 못 박혀 버렸고, 주님이 부활하심으로 사망 권세는 사라져 버렸습니다. 더 이상 사망이 고인을 이기지 못하고, 더 이상 사망이 그를 쏘지 못합니다. 지금은 우리 주님 계시는 곳, 아름다운 낙원에서 생명의 기쁨을 누리고 계실 것을 믿으시기 바랍니다.

2. 그러므로 흔들리지 말아야 합니다

사랑하는 가족을 먼저 보내고 슬픔에 젖어 있는 유족들에게 권합니다. 고인은 조금 먼저 그 나라에 가셨습니다. 죽은 것이 아니라 영원히 썩지 않는 생명을 취하신 것입니다. 본문 58절 말씀을 보세요. "그러므로 내 사랑하는 형제들아 건실하며 흔들리지 말고 항상 주의 일에 더욱 힘쓰는 자들이 되라. 이는 너희 수고가 주 안에서 헛되지 않은 줄 앎이라."

이제까지 믿음 생활을 잘해 오신 여러분, 이 일로 인하여 흔들리지 마십시오. 고인의 죽음 때문에 하나님을 원망하거나 불신앙에

빠지지 않기를 바랍니다. 더욱 굳세게 믿음 위에 서서 주님만 의지하십시오.

3. 주의 일에 더욱 힘쓰시기 바랍니다

우리도 언젠가는 고인과 같이 우리의 껍데기인 육신은 나무로 짠 관에 남겨 놓고 하나님 나라로 이사 갈 것입니다. 우리가 세상에서 애쓰고 노력하던 일들이 다 헛되고 바람을 잡는 것 같다고 솔로몬은 전도서에서 가르쳐줍니다. 그러나 오직 한 가지 주님의 일에 힘쓰는 것은 헛되지 않습니다. 주님의 일은 곧 죽어도 죽지 않는 영생의 복음을 땅끝까지 전하는 일입니다.

우리의 남은 인생이 얼마나 되겠습니까? 지금부터 시간을 쪼개어 주의 일에 힘쓴다 해도 얼마나 많은 일을 할 수 있을지 알 수 없습니다.

사랑하는 유족과 형제자매 여러분, 믿는 자에게는 결코 사망이 없습니다. 주의 약속하신 영생의 복음을 믿고 고인은 구원을 받았으니 이로 인하여 믿음에 흔들림이 없어야 합니다. 그리고 우리도 하나님 나라에 이사하기 전에 이 세상에서 우리에게 맡기신 일을 전보다 더 많이 해야겠다는 결단이 있기를 바랍니다.　　〈식〉

47. 지혜의 마음을 얻게 하소서
* 시 90:10~12 *

 오늘은 인생사에 있어서 가장 슬픈 날입니다. 고인이 살아온 생애 동안에 가족과 친지들을 육신으로 만났고, 사랑하며 교제했던 일이 영원히 과거로 사라지고 다시는 세상에서 만나지 못하게 되었습니다. 이제 그의 시신이 관 속에 안치되었으니 우리의 아쉬움과 안타까움을 금할 길이 없습니다. 이 자리를 통하여 하나님께서 우리에게 인생의 참된 지혜를 주시고, 우리가 모두 옷깃을 바로 할 수 있게 되기를 바랍니다.

1. 세월은 신속히 갑니다

 인생은 한 번밖에 주어지지 않습니다. 어떤 종교와 사상은 가르치기를 윤회전생 하여 다음 세상에 다시 태어난다고 합니다. 그러나 그것은 현재의 삶을 무책임하게 하고 현재 불행의 원인을 전생에 돌리며 모든 불만을 내생에서 찾으려는 인간의 기대에서 나온 것입니다.
 성경은 가르치기를 인생은 누구에게나 한 번밖에 주어지지 않았으며 사람으로나 동물로도 다시 태어나지 않는다고 합니다. 어떤 이는 인생을 80년 산다고 해도 절반은 잠을 자기 때문에 남은 세월은 40년이고, 그 40년의 절반은 공부하느라고 보내니 20년이 남고,

20년 중에서 절반은 방황하니 10년이 남고, 열심히 노력한 세월이 10년이라도 그 절반은 배반당하고 실패하여 슬픔과 분노로 지내니, 실상 5년밖에는 좋은 날이 없다고 계산했습니다.

본문 10절 말씀에 보면 "우리의 연수가 칠십이요 강건하면 팔십이라도 그 연수의 자랑은 수고와 슬픔뿐이요 신속히 가니 우리가 날아가나이다"라고 했습니다.

2. 죽음은 인간의 한계입니다

한동안 우리 신앙의 선배들이 많이 불렀던 '허사가'라는 노래가 있습니다. 특히 유명한 부흥 강사이셨던 이성봉 목사님이 그 우렁찬 목소리로 애창하셨는데 4절에 이런 가사가 있습니다.

홍안소년 미인들아 자랑치 말고
영웅호걸 열사들아 뽐내지 마라
유수 같은 세월은 널 재촉하고
저 적막한 공동묘지 널 기다린다.

아무리 부정하려고 해도 이것은 사실입니다. 이럴 줄 알았으면 우리가 좀 더 사랑하면서 살고 쓸데없이 원한을 맺지 않았을 것입니다. 이렇게 관 속에 눕는 날이 속히 올 줄 알았다면 무리하지 않고 욕심내지 않았을 것입니다. 우리 가운데 아마 50년 후에는 여기 살아남아 있을 사람이 얼마 없을 것입니다. 우리는 모두 고인처럼 어느 날 갑자기 입관하게 될 것입니다. 지금 우리가 고인을 위해 할 수 있는 것은 아무것도 없습니다. 죽음은 인간의 한계입니다. 생사화복을 주장하시는 분은 하나님이십니다. 이제 우리 모두 하나님의 손에 우리 생명을 의탁하지 않을 수 없습니다.

3. 지혜의 마음을 알게 하소서

여러분, 고 000님은 우리 곁을 떠났습니다. 그의 육신은 아직 우리 곁에 입관되어 있으나 그분은 이미 우리 능력의 한계를 떠났습니다. 남은 일은 무엇입니까? 살아있는 가족들이 남은 인생을 잘 살기 위해 노력하고 생각하는 지혜가 필요합니다.

"우리에게 우리 날 계수함을 가르치사 지혜로운 마음을 얻게 하소서"(12절). 먼저 인생의 한계를 깨닫고 남은 인생을 최대한 낭비하지 않는 지혜를 얻기 위하여 하나님께 기도해야 할 것입니다. 그뿐만 아니라 남은 가족들이 짧은 인생을 후회하지 않고 살기 위해 서로 분쟁하지 말고 사랑해야 합니다. 그래야 고인도 기뻐하실 것입니다.

그리고 지금 내가 집착하고 있는 일들 중에서 무가치한 일은 줄이고 가치 있고 보람 있는 일에 힘쓰는 지혜가 필요합니다. 시간이 없습니다. 우리의 남은 날을 계산하고 값있게 살아서 하나님과 사람에게 칭찬받고 자기 자신도 보람과 기쁨을 누리는 행복한 인생이 되시기를 축원합니다. 〈식〉

48. 순간과 영원
* 사 40:6~8 *

옛날 우리 조상들은 십장생이라 하여 해·산·물·돌·솔·구름·불로초·거북·학·사슴의 열 가지를 그린 그림을 병풍으로 사용하거나 벽과 창문에 장식하는 그림으로 그려 넣음으로 오래오래 살게 되기를 기원해왔습니다. 십장생들은 영원히 없어지지 않거나 적어도 수천수만 년은 산다고 믿었기 때문입니다. 조선시대의 내전인 경복궁 자경전의 굴뚝을 보면 벽면에 이러한 십장생도를 부조로 만들어 놓은 것을 볼 수 있습니다. 임금과 왕실이 천대 만대 영원토록 이르기를 바라는 마음으로 만들어 놓았을 것입니다.

그러나 과연 이 세상에 영원한 것이 있겠습니까? 영원토록 존재하는 것이 있겠습니까?

1. 세상 모든 것은 꽃과 풀처럼 마르고 시들어버릴 것들입니다

세상의 것은 유한한 것이요, 결국 사라지고 없어질 것들이라고 가르쳐주고 있습니다. 즉 세상에 있는 모든 것은 어느 순간에만 존재하고 없어질 것들입니다.

그러나 성경은 영원한 것이 있다고 가르쳐줍니다. 그 영원한 것이 무엇입니까? 오늘 읽은 말씀 8절을 보면 "풀은 마르고 꽃은 시드나 우리 하나님의 말씀은 영영히 서리라 하라"고 말씀하고 있습니다. 영원한 것, 그것은 하나님의 말씀이요 말씀으로 존재하시는 하나님만이 오로지 영원한 존재이십니다.

2. 세상의 것은 순간으로만 존재하는 것들입니다

　세상의 것은 영원한 것이 없습니다. 있다가 사라질 것들입니다. 물질로 존재하는 것들은 결국에는 모두 없어지고 말 것입니다. 그런데 우리는 어리석게도 눈에 보이는 것들을 의지하며 삽니다. 눈에 보이는 돈을 의지하고, 눈에 보이는 권력을 의지하고, 눈에 보이는 관계를 의지하며 삽니다. 그러나 분명한 것은 세상의 그 어느 것도 우리의 영원한 의지가 되지 못한다는 것입니다. 왜 그렇습니까? 순간으로만 존재하고 영원하지 못하기 때문입니다.

　그런데 중요한 것은 순간으로만 존재하는 것들을 의지하고 살면, 우리가 의지했던 그것이 사라질 때 우리 존재도 같이 사라져버리고 만다는 것입니다. 돈을 의지하고 살던 사람은 그 돈이 없어질 때 자기의 존재 가치 또한 잃어버리게 됩니다. 명예를 위해 평생을 살았던 사람은 자기의 명예가 사라지면 인생의 존재 가치 역시 사라져버리고 맙니다. 사랑받는 것을 추구하며 살던 사람이 그 사랑에 배신당하면 자기 존재 이유가 깨져버리고 맙니다.

3. 우리는 영원한 것을 의지하면서 살아야 합니다

　순간으로만 존재하고 사라질 것들을 의지하고 살면, 그것이 없어질 때 우리도 함께 사라지지만 영원한 것을 의지하고 살면, 우리도 영원한 존재가 되기 때문입니다.

그렇다면 우리가 영원한 것을 의지하고 살아가는 방법은 무엇입니까?

요한복음 3장 16절에서 예수께서는 "하나님이 세상을 이처럼 사랑하사 독생자를 주셨으니 이는 그를 믿는 자마다 멸망하지 않고 영생을 얻게 하려 하심이라"고 하셨습니다. 하나님을 믿고, 그의 아들 예수 그리스도를 구주로 영접하는 자에게 하나님께서는 영생의 길을 열어주십니다. 이 사실을 믿고 고백하는 그 순간 우리는 하나님의 자녀가 되고, 순간의 존재에서 영생의 존재로 변화되는 것입니다.

하나님 나라는 목사나 자식이나 부모가 보내드리는 것이 아닙니다. 하나님만이 그 문을 열기도 하고 닫기도 하십니다.

바라기는 이 땅에서 살아나가는 동안 유한한 것만을 추구하지 말고 영원한 것을 추구하며, 영원한 것을 바람으로 영원한 생명을 소유하게 되는 여러분이 되시기를 바랍니다. 〈순〉

發引

IV

발인예배설교

49. 예비된 집
* 요 14:1~4 *

사람이 살아가면서 가장 기본적으로 필요한 것이 의(衣), 식(食), 주(住)라는 사실을 우리는 잘 알고 있습니다. 이 세상에서 우리가 살 동안에 추구하는 대부분의 것이 이에 속한다고 봐도 무리는 없을 겁니다. 누구나 좋은 옷 입기를 원하며, 맛있는 음식 먹는 것을 원하며, 크고 아름다운 집에 살기를 원합니다. 이 중에서 가장 큰 관심을 갖게 만드는 것은 주(住)의 문제일 것입니다. 땅덩어리는 좁고 사람은 많다 보니 땅값과 집값이 다른 나라에 비해 비쌉니다. 그래서 보통 소시민이라면 십수 년을 고생해야 겨우 집 한 채 마련할 정도로 힘이 듭니다. 평생 집 한 채 마련하지 못하는 경우도 많습니다.

그러나 예수를 구주로 믿고 영접한 사람들에게는 집 한 채가 거저 주어집니다. 주택청약 예금을 할 필요도 없고, 적금을 부을 필요도 없습니다. 수십 년간 준비할 필요도 없습니다. 그 집은 바로 하나님 나라의 집입니다.

오늘 말씀을 보면 그 집의 특징을 가르쳐주고 있습니다.

1. 그 집은 믿음으로 얻는 집입니다

1절을 보면 "하나님을 믿으니 또 나를 믿으라"고 말씀했습니다. 하나님 나라의 집은 믿음으로 얻고, 믿음으로 입주하는 권리가 생기는 집입니다. 복음송 중에 '돈으로도 못 가요'라는 노래가 있습니다. "돈으로도 못 가요 하나님 나라, 힘으로도 못 가요 하나님 나라, 거듭나면 가는 나라 하나님 나라, 믿음으로 가는 나라 하나님 나라" 가사가 간단한 노래이지만 하나님 나라에 들어가는 방법에 대해 매우 정확하게 가르쳐주는 가사입니다. 그렇습니다. 하나님 나라에 있는 집은 돈으로 살 수 있는 것이 아닙니다. 능력이 있고 돈이 있어서 들어가는 곳도 아닙니다.

요한계시록은 천국을 묘사할 때, 기초석은 각색 보석으로 꾸며져 있고, 열두 개의 성문은 진주로 만들어져 있고, 길은 맑은 유리 같은 정금으로 꾸며져 있다고 하였습니다. 이 말씀의 뜻은 천국의 화려함과 아름다움을 뜻하는 것이기도 하지만, 한편으로는 인간의 재물로는 도저히 살 수 없는 곳임을 가르쳐주는 말씀이기도 합니다. 그곳은 오로지 믿음으로 가는 곳입니다. 예수를 믿음으로 하나님께서 우리에게 선물로 주시는 집입니다.

2. 그 집은 주님께서 예비해 두신 집입니다

2절에서 "너희를 위하여 거처를 예비하러 가노니"라고 말씀하셨습니다. 예비하고 준비하는 것은 좋은 것을 마련했음을 뜻합니다. 우리 집에 아주 귀한 손님이 오셔서 묵고 가신다고 하면 어떻게 해야 합니까? 평소에 먹던 음식과는 다른 음식을 준비할 것이고, 묵으실 방의 이불은 새것을 준비하거나 가장 좋은 것을 골라 세탁하여 최상의 상태로 준비할 것입니다. 그러므로 준비하고 예비한다는 것은 최상의 것이라는 의미가 있습니다. 오늘 본문에서 우리를 위하여 머물게 될 곳을 예비해 두시겠다고 말씀합니다. 주님께서 준비하신 집이니 이 세상 것과는 비교도 할 수 없는 최상의 것이며, 우리의 상상으로는 가늠할 수 없을 정도로 만들어진 집입니다.

3. 그 집으로 가는 길은 믿음을 가진 사람이 이미 알고 있습니다

4절을 보면 "내가 어디로 가는지 그 길을 너희가 아느니라"고 하셨습니다. 고 000님은 믿음을 가지고 있었으므로 이미 천국으로 가는 길을 알고 계셨습니다. 그리고 지금 그 길을 따라 그곳에 가 계십니다. 고인은 천국에 이르는 그 길을 따라 하나님 나라에 가서 우리를 바라보고 계실 것입니다. 우리는 이 시간 고인이 걸으셨던 길을 우리도 함께 걸을 것임을 다짐해야 할 것입니다.

육신의 이별 가운데 슬프기는 하지만 한편 하나님 나라로 환송하는 시간이라는 것을 기억하시고, 믿음으로 슬픔을 이기는 유족들이 되시기를 바랍니다.   〈순〉

50. 달려갈 길을 마치고
딤후 4:6~8

 인생을 마라톤에 비유하는 것을 종종 볼 수 있습니다. 선수들이 골인 지점을 향해 최선을 다해 달리듯, 고 000님도 주어진 인생의 여정에 최선을 다하셨습니다. 그리고 이제는 인생의 목적지에 도착하셨습니다.

1. 죽음은 인생이라는 마라톤 코스의 도착점입니다

 본문을 보면 바울 선생도 자기 인생을 마라톤에 비유하고 있습니다. 사도 바울은 본문 7~8절에서 내가 달려갈 길을 마쳤으니 이제 예비된 면류관을 쓰게 될 것이라고 말하고 있습니다.
 이 말씀을 통해 우리는 세상 사람이 보는 인생의 관점과 믿음을 가진 사람이 보는 인생의 관점이 다르다는 것을 알 수 있습니다. 이 세상 사람들은 달려갈 길을 다 가면, 인생은 끝나는 것이라고 생각합니다. 죽음을 인생의 종착역으로 생각합니다. 더 이상 갈 곳이 없이 끝나버리는 것으로 생각합니다. 그래서 거기 도착하는 것을 싫어하고, 가지 않으려고 애쓰고, 발버둥 칩니다. 장례식을 영결식이라고도 하는데 교회에서는 이 말을 쓰지 않습니다. 영결식이라는 것은 영원히 결별한다는 뜻입니다. 다시는 못 본다는 뜻이고, 다시는 만나지 못한다는 의미입니다. 죽음이 어떤 의미인지를 잘 보여주는 말입니다.

그러나 예수님을 믿는 사람에게 있어서 죽음은 무엇입니까? 그곳은 우리가 가야 할 곳이고, 다다라야 할 곳입니다. 오늘 말씀을 보면 죽음을 앞둔 사도 바울은 사랑하는 제자 디모데에게 "나의 달려갈 길을 마치고"(7절)라고 자기의 죽음을 비유적으로 표현하고 있습니다. 사도 바울에게 있어서 죽음은 곧 인생이라는 마라톤 코스의 도착점이었던 것입니다. 그곳은 끝나는 곳이 아니라 도착해야 할 곳이라고 말하는 것입니다.

2. 인생이 도착해야 할 그곳은 상급이 준비되어 있습니다

모든 신앙인은 죽음이 끝이 아니라는 것을 잘 압니다. 그곳은 끝나는 곳이 아니라 우리가 우리를 보내신 하나님 아버지를 만나서 새로운 삶을 살게 되는 곳입니다. 히브리서 11장 16절을 보면 "그들이 이제는 더 나은 본향을 사모하니 곧 하늘에 있는 것이라"고 했습니다. 즉 성경은 죽음 이후 우리가 가야 할 곳을 본향이라고 표현하고 있는 것입니다. 이 세상에서 육신의 삶을 끝내면 우리는 우리의 본향으로 돌아갑니다. 그곳이 우리 인생의 목적지입니다. 그러므로 우리가 이 세상에 사는 이유는 우리 본향인 하나님 나라를 가기 위함인 것입니다.

또한 그곳은 우리에게 상급이 주어지는 곳입니다. 8절에서 바울은 이렇게 말합니다.

"이제 후로는 나를 위하여 의의 면류관이 예비되었으므로…" 우리 인생의 도착점은 어떤 곳입니까? 의의 면류관이 준비된 곳입니다. 상급이 있는 곳입니다. 골인 지점에 도착한 마라토너에게 승리의 관을 씌어주고 메달과 상품을 내리듯이, 우리가 목적지에 다다르면 대회장이신 하나님께서 우리를 맞아주시고 영화롭게 하시며, 우리를 위하여 준비된 상급을 내리실 것입니다.

고 000님은 인생의 마라톤 코스를 완주하시고 도착점에 다다르셨습니다. 천국에서는 이미 그곳에 도착한 선배 성도들과 예수 그리스도의 환영과 축하를 받고 계실 것입니다. 대회장이신 하나님께서 아름다운 면류관과 빛나는 새 옷을 입히시며 이 땅에서의 수고에 대해 보상해주고 계실 것입니다.

이 자리에 참여한 우리 모두도 마라톤에 참여하고 있는 사람들입니다. 우리도 언젠가는 도착점에 이르게 될 것이고, 또한 그 도착점에서 먼저 이 길을 완주하신 고 000님과 앞서가신 믿음의 선배들을 만나 뵙게 될 것입니다. 그 만남이 부끄럽지 않도록 우리도 이 땅에서의 삶에 최선을 다합시다.

고인의 시신을 운구하여 장지에 이르게 될 것입니다. 육신으로서의 마지막 이동이 될 것입니다. 그러나 너무 슬퍼하지 마십시오. 이미 고인은 인생의 도착점에서 우리를 바라보고 계시며, 우리를 격려하고 계십니다. 모든 장례의 절차가 마쳐질 때까지 이 사실을 믿음의 눈으로 바라보시고 소망 가운데 위로받으시기를 바랍니다.

〈순〉

51. 나그네 인생
창 47:9

오래전 유행했던 대중가요 중에 '하숙생'이라는 노래가 있습니다. 최희준씨가 불러서 히트했던 노래입니다. 그 가사 내용을 보면 우리 인생을 나그넷길로 비유하고 있습니다. "인생은 나그네 길 어디서 왔다가 어디로 가는가 … 구름이 흘러가듯 정처 없이 흘러서 간다. 인생은 벌거숭이 빈손으로 왔다가 빈손으로 가는가 … 강물이 흘러가듯 소리 없이 흘러서 간다."

한낱 유행가 가사이지만 잘 표현했다고 생각합니다. 이 노래의 가사처럼 인생은 정말 나그네 길 같습니다. 목적지도 없이 어디로 가는지도 모르는 채, 구름처럼 강물처럼 정처 없이 다니는 그런 나그네와 같은 삶이 우리의 모습이 아닙니까?

1. 인생은 나그네와 같습니다

오늘 읽은 성경 말씀에도 우리 인생을 나그네로 표현하고 있습니다. 오늘 성경 말씀의 주인공은 야곱이라는 인물입니다. 그는 한마디로 자신의 삶을 '나그네의 길'이었고 '험악한 세월'이었다고 회고하고 있습니다.

많은 사람이 나름대로 행복을 추구합니다. 돈을 많이 벌면 행복할 것 같아서 밤낮을 가리지 않고 열심히 일합니다. 어떤 사람은 명예를 차지하는 것이 행복인 줄 알고 그것을 위해 평생을 바칩니다. 또 어떤 사람은 자식이 잘되는 것이 최고의 행복인 줄 알고 자기는 못 먹고 못 입는 희생을 감당해가며 자식들을 뒷바라지합니다. 그러나 그 어떤 일을 해도 인생은 '나그넷길'입니다. 다 이룬 것 같은데 막상 뒤돌아보면 험악한 세월을 보냈을 뿐입니다. 돈은 벌었는데 이제 나는 어디로 가야 하는지, 명예로운 삶을 산 것 같은데 무엇을 이루었는지 알 수 없습니다. 자녀들은 다 성공한 것 같은데 내게 남은 것은 무엇인지… 허탈할 뿐입니다.

2. 인생은 허무하나 예수를 믿을 때 분명한 길이 있습니다

인생은 이렇게 허무한 것이란 말입니까? 그렇습니다. 나그네같이 떠돌다가 어디로 어떻게 사라져버리는지도 모르게 없어지는 것이 인생입니다. 그러나 성경은 그렇지 않게 되는 방법을 우리에게 가르쳐줍니다. 그 방법은 무엇입니까? 요한복음 14장 6절에서는 "예수께서 이르시되 내가 곧 길이요 진리요 생명이니 나로 말미암지 않고는 아버지께로 올 자가 없느니라"고 말씀하셨습니다.

예수를 믿으면 분명한 길과 목표가 생기게 됩니다. 나그네처럼 우왕좌왕하는 길, 어디로 가야 하는지 모르는 불분명하고 허망한 길이 아니라 예수의 길, 목표가 분명하고 영원한 생명의 길, 그 길로 인도함을 받게 되는 것입니다.

3. 예수를 믿고 의지해야 참된 길을 갈 수 있습니다

고인은 이 세상의 무거운 짐을 벗어버리셨습니다. 이 시간 만약 고인이 다시 깨어나서 잠시 우리에게 말씀을 할 수 있게 된다면 어떤 말씀을 하시겠습니까? 모르긴 해도 그 말씀은 "돈 많이 벌어라, 명예를 위해 살아라, 자식들 잘 키워라." 하는 말씀은 아닐 것입니다. 분명히 "너희는 나그네 인생이 되지 말아라." 하고 우리에게 부탁할 것입니다.

 그러므로 우리는 예수를 믿고 그분을 의지해야 합니다. 우리를 참된 길과 생명으로 인도하실 그분에게 우리의 인생길을 맡기십시오. 예수님만이 우리의 길과 진리와 생명이 되십니다. 그분만이 우리를 나그넷길에서 천국의 길로 인도하십니다. 〈순〉

52. 성도의 죽음
* 계 14:13 *

1. 소망의 죽음

성도의 죽음은 멸절이 아니라 영원한 생명으로의 관문입니다. 그러나 아무리 소망이 있음을 안다고 해도 사랑하는 사람과의 사별을 슬퍼하는 것은 인지상정입니다. 위대한 믿음의 조상 아브라함도 그 아내 사라의 죽음 앞에서 슬퍼하며 애통하였습니다(창 23:2). 예수님께서도 나사로의 죽음 앞에서 눈물을 흘리심으로 사별의 슬픔은 인간에게 있어서 자연스러운 것이라는 것을 보여주셨습니다(요 11:35). 그러므로 사랑하는 자의 죽음에 슬퍼하는 자를 가리켜 장래에 대한 소망이 부족한 사람이라고 비난할 수는 없습니다.

그러나 의지하고 사랑하는 자의 죽음이 세상이 무너질 것 같은 슬픔을 안겨준다 할지라도 모든 슬픔을 이미 체험하신 주님께서 우리를 위로해주시도록 간구해야 합니다.

성도에게 있어서 죽음이란 결코 슬픈 것이거나 두려운 것일 수 없습니다. 그러므로 우리는 사랑하는 사람들의 죽음 앞에서는 물론, 우리가 맞이할 죽음 앞에서도 영광의 나라를 소망함으로써 오히려 하나님께 감사할 수 있어야 합니다.

2. 복된 죽음

본문은 성도의 죽음을 주 안에서의 복된 것으로 말씀합니다. 하나님께서 성도의 죽음을 귀하게 보신다는 말씀입니다. 성도의 죽음은 곧 하나님의 위대한 계획과 관련이 있기 때문입니다. 하나님께서는 이루고자 하시는 은혜로운 목적이 가장 잘 이루어질 수 있도록 하는 환경과 때와 방법을 따라 죽음을 허락하십니다.

하나님은 성도의 죽음을 급하게 서두르시거나 최상의 명분 없이 결정하지 않으십니다. 오늘 고인의 죽음은 하나님의 때에, 하나님의 방법대로, 하나님의 품에 안아주신 고귀한 죽음입니다. 그러기에 더욱 복되고 가치 있는 죽음입니다.

성도에게 있어서 죽음이란 무엇입니까? 구속받은 사람 중에 또 한 사람을 그의 영광의 세계로 옮기시는 일이라고 정의할 수 있습니다. 성도에게 있어 죽음은 구속 사역의 새로운 승리가 되는 것입니다. 성도는 하나님의 자녀입니다. 그러므로 성도의 구속은 금이나 은같이 부패될 것으로 아니하고 예수 그리스도의 보배로운 피로 값 주고 사신 바 된 것입니다.

고인은 이제 하나님 나라의 영원한 시민이 되셨습니다. 고인의 몸은 비록 땅속에 가만히 누워서 부활의 아침에 울릴 하나님의 나팔 소리를 기다리고 있지만, 그의 영은 그 영을 주신 하나님 아버지의 품에 안겨 있기에 더욱 복 되고 귀한 것입니다.

3. 천국의 소망

우리는 오늘 사랑하는 고인을 떠나보내며 슬픔 가운데 발인 예배를 드리고 있습니다. 우리는 슬퍼하지만 슬픔에 사로잡히지는 않습니다. 우리는 이별과 슬픔이 더 이상 존재하지 않는 영원한 천국에서 주님과 고인의 영광스러운 모습을 다시 보게 될 것을 기대하며 소망 중에 거하기 때문입니다.

우리는 주님 앞에 서게 될 때에 우리를 죄로부터 구원해주신 주님께서 우리의 허물과 연약한 것까지도 다 용납해주실 것을 확신하며 이로 말미암아 더욱 큰 소망을 갖게 됩니다. 주님께서 우리 행위대로 보응하신다면 주님 앞에 설 자는 아무도 없을 것입니다. 그러나 은혜로써 모든 것을 용납해주시는 하나님께서 슬픔이 있지만 슬픔을 믿음과 소망으로 이기게 하시어 승리하는 삶을 이어가도록 역사하시리라 믿습니다.

4. 돌아갈 인생

우리 말 중에는 죽음에 대해 별세, 운명, 소천, 서거 등 여러 가지 말로 표현하고 있으나 그중에 '돌아가셨다'라는 용어가 성경에 가까운 말이 아닐까 싶습니다. 하나님께로부터 왔으니 하나님께로 돌아가는 것이요, 본향에서 왔으니 본향으로 돌아가는 것이며, 흙에서 왔으니 흙으로 돌아가는 것입니다. 이렇게 누구나 한 번은 돌아갈 인생의 삶을 우리는 어떻게 살아야 합니까?

오늘 여기 누워 계신 고인은 살아가는 동안 돌아가실 이날을 잘 준비하신 분입니다. 믿음의 삶을 사셨고, 정직하고 신실한 삶을 사심으로 하나님 앞에 서실 날을 준비하셨습니다. 우리도 사는 날 동안 돌아갈 그때를 잘 준비함으로써 고인처럼 잘했다 칭찬받고, 영광의 면류관을 받는 생이 되시기를 축원합니다. 〈남〉

53. 영광의 빛
* 고후 12:2~4 *

1. 영광의 면류관

성경은 영광의 면류관에 대하여 누차 언급합니다. 잠언 16장 31절은 "백발은 영화의 면류관이라 공의로운 길에서 얻으리라"는 것을 우리에게 상기시켜줍니다. 고인은 참으로 하나님 앞에 신실한 분이셨습니다. 몸 된 교회와 모든 성도의 자랑이며 기쁨이셨습니다. 하나님께서는 "늙을 때에 나를 버리지 마시며 내 힘이 쇠약할 때에 나를 떠나지 마소서"(시 71:9)라는 시편 기자의 기도를 들으셨듯이 고인의 생전의 기도와 믿음의 삶을 기쁘게 받으셨음을 확신합니다. 하나님께서는 자기 백성을 절대로 떠나지 않으시겠다고 약속하셨습니다.

또한 이사야 선지자는 하나님의 영감으로 이렇게 고백했습니다. "너희가 노년에 이르기까지 내가 그리하겠고 백발이 되기까지 내가 너희를 품을 것이라. 내가 지었은즉 내가 업을 것이요 내가 품고 구하여 내리라"(사 46:4).

오늘 고인은 육신적으로 우리와 더 이상 함께하지 못하지만 착하고 충성된 종이라 인정받으시며 주님의 즐거움에 참여함으로써 오히려 그 믿음을 증거하고 있습니다. 진실로 이것은 고인이 받으실 영광의 상급입니다. 충성은 우리에게 영광의 면류관이 됩니다. 그 이유는 주님께서 '내가 올 때까지' 면류관을 쟁취하라고 권면하시기 때문입니다.

우리의 사랑하는 고인은 또한 사도 바울처럼 자기 직분에 충실한 분이었고, 신실한 그리스도인이셨습니다. 바울 사도는 로마의 어두운 감옥 속에서 자기 심중을 토로할 때 바로 이 영광의 면류관을 동경했고, 자신의 죽음에 받을 찬사를 준비했던 것입니다.

2. 영광의 자리

우리는 몸을 떠나는 것이 주님과 함께 있는 것임을 확신합니다. 하나님의 영원한 처소에 있다는 것은 참으로 영원한 영광일 것입니다.

세상 권세자들의 처소에 한 번 갔다 오는 것도 영광이요, 자랑스러운 일이 되는데 하물며 하나님이 계신 천국에 거하는 것이야말로 얼마나 큰 자랑이요 영광이겠습니까? 하나님께서는 저희 눈에서 모든 눈물을 씻기실 것입니다. 그래서 다시는 사망도 없을 것이며 슬픔도, 애곡도 없고 더 이상 고통도 없을 것입니다. 이전 것은 모두 지나갔기 때문입니다. 더불어 어두움도 없을 것입니다. 주님께서 친히 빛이 되시기 때문입니다.

앞으로 우리는, 그리고 지금 고인은 더 이상 시험과 시련을 당하지 않을 것이며 곤란과 고통을 겪지 않을 것이고 피로함과 곤비함을 당하지도 않을 것입니다. 거기에는 하나님의 백성에게 안식할 때가 남아 있기 때문입니다(히 4:9).

3. 영광의 소망

바울 사도는 "형제들아 자는 자들에 관하여는 너희가 알지 못함을 우리가 원하지 아니하노니 이는 소망 없는 다른 이와 같이 슬퍼하지 않게 하려 함이라"(살전 4:13)고 권면했습니다. 우리의 소망은 우리 구주되신 주 예수 그리스도께 있습니다. 영광에 대한 소망은 주님께 대한 믿음에 있습니다. 우리는 오래전부터 사랑하는 고인이 자신을 주님께 의탁한 진실한 믿음을 알기에 오늘 발인 예배에 모여 고인을 보내는 이 슬픈 순간에도 믿음의 새로운 확신을 얻습니다.

고인은 영광에 대한 그의 소망을 항상 변함없이 증거했습니다. 바울 사도가 "내가 또 이 고난을 받되 부끄러워하지 아니함은 내가 믿는 자를 내가 알고 또한 내가 의탁한 것을 그날까지 그가 능히 지키실 줄을 확신함이라"(딤후 1:12)고 고백한 것처럼 고인의 삶을 통해 증거했습니다.

이 시간도 주님의 영이 임재하심으로 우리를 위로하실 것입니다. 그 임재는 우리 안에 계신 예수 그리스도, 곧 영광과 소망의 구주이십니다.

사랑하는 고인은 주님의 영광을 바라보며 시므온처럼, "주재여 이제는 말씀하신 대로 종을 평안히 놓아주시는도다. 내 눈이 주의 구원을 보았사오니"(눅 2:29-30)라고 확실히 고백하며 천사의 영접을 받아 주님의 품에 안기셨음을 확신합니다. 〈남〉

54. 천국에 있는 것과 없는 것
* 요 14:1~3 *

혹자는 현실의 시대를 '불확실성의 시대'라고 말합니다. 안정되지 못한 가운데 목표와 방향 없이 유리방황하다가 절망 가운데 죽어가는 현실을 두고 지적하는 말일 것입니다. 그러나 우리 그리스도인에게는 확실한 삶의 목표와 소망이 있는바, 그것은 천국입니다.

오늘, 일평생 주어진 믿음에 최선을 다하였으며 깨끗하고 청결한 삶을 사셨던 고인께서 하나님의 품에 안김으로 발인 예배를 드립니다. 고인은 잠깐 동안인 이 세상의 삶을 승리로 장식하셨습니다. 참으로 귀하고 복된 죽음을 맞으신 것입니다.

이 세상의 삶은 잠깐입니다. 성도가 죽는다고 하는 것은 꿈에서 깨어나서 주님과 더불어 영원토록 사는 것입니다. 그럼에도 불구하고 이 땅에서의 삶이 전부인 줄 알고 천국을 부인하며 유리방황하는 인생들이 있습니다. 참으로 어리석은 일입니다. 성경은 천국이 분명히 있음과 또한 그곳에 '있는 것'과 '없는 것'을 말씀합니다.

1. 천국을 부인하는 이유

(1) 천국이 눈에 보이지 않기 때문입니다.

천국이 눈에 당장 보이면 믿을 텐데 눈에 보이지 않으니 "누가 천국에 가봤나?" 하는 분이 많습니다. 그러나 부인할지라도 천국은 있습니다. 부인하는 것은 자유이지만 아무리 부인해도 천국은 여전히 존재합니다. 하나님의 말씀이 천국을 증명해주고 있습니다.

(2) 천국이 너무도 아름답기 때문에 부인합니다.

인간의 지혜라고 하는 것은 한계가 있습니다. 자신이 생각하는 범주 외에는 생각을 못 합니다. 그래서 천국을 부인합니다. 천국은 모두 '천사들과 같다'라고 했습니다. 시공간을 초월하여 자유로우며 황금과 찬란하게 빛나는 아름다운 보석이 있음을 말씀합니다. 그런데 이 모든 것이 사람의 생각으로는 이해가 안 갑니다. 그렇기에 믿지 못하는 것입니다.

2. 천국에 없는 것과 있는 것

- 밤이 없습니다. "다시 밤이 없겠고 등불과 햇빛이 쓸데없으니 이는 주 하나님이 그들에게 비치심이라"(계 22:5)고 했습니다.
- 고통이 없습니다. 이 세상에 고통 없는 사람은 없습니다. 질병, 각종 사건과 사고 등 그 고통은 대단합니다. 또한 우리는 우리 미래를 보장할 수가 없습니다. 내일 무슨 일이 생길지 모릅니다. 그러나 우리의 참 미래와 소망은 천국뿐입니다.
- 슬픔과 근심, 걱정이 없습니다. 아마 성도라도 죽고 싶은 정도의 답답한 상황을 당해 봤을 것입니다. 이 세상에서는 근심이 끝날 만하면 다른 근심이, 슬픔이 끝날 만하면 다른 슬픔이 찾아옵니다.
- 광풍의 바다가 없습니다. 환난과 시련이 없다는 말씀입니다. 바다는 불안정을 의미합니다. 이 세상은 불안정하지만 천국은 늘 안정된 가운데 휴식하면서 살아갈 수가 있습니다.
- 죄와 죽음이 없습니다. 그곳에는 오직 기쁨과 영광뿐입니다.

그런데 이와는 반대로 천국에는 있는 것이 있습니다.

- 의식이 있습니다. 지금은 희미하게 보지만 그때는 얼굴과 얼굴을 대하여 본다고 말씀합니다. 모든 것을 밝히 보며 기쁨과 감격의 대화를 나누게 될 것입니다.
- 성이 있습니다. "내가 너희를 위하여 거처를 예비하러 가노니"(요 14:2). 거처는 성이요, 집입니다. 성이 둘러싸여 있고 우리가 거할 황금보석 집이 있다고 말씀했습니다.
- 행복이 있습니다. 이 세상에 있던 염려, 근심, 고통, 불안, 질병, 탄식이 다 없어지고 천국에서 늘 기쁨과 평강이 넘치는 가운데 행복하게 삽니다. 그 아름다운 천국을 기대하며 소망 가운데 우리는 고인을 보내며 위로를 얻을 수 있습니다.
- 예수님이 계십니다. 지금은 우리가 말씀을 통해서, 믿음을 통해서 예수님을 만납니다. 예수님이 계시기에 천국이 좋은 것입니다.

이 예수님 품에 고인이 안겨 계십니다. 이 세상의 고달프고 힘겨운 인생길을 고인은 승리로 살아오셨기에 지금 천국의 복락을 누리고 계십니다. 확신하기는 우리에게도 천국이 예비되어 있다는 사실입니다. 슬프고 마음 아플 때 위를 바라보십시오.

오늘 우리가 고인의 삶처럼 성령의 능력에 의지하여 소망을 가지고 믿음으로 승리, 또 승리하여 천국을 소유하는 삶이 되시기를 축원합니다. 〈남〉

55. 요셉의 죽음
* 창 50:22~26 *

"요셉이 그의 아버지의 가족과 함께 애굽에 거주하여 백십 세를 살며 에브라임의 자손 삼대를 보았으며 므낫세의 아들 마길의 아들들도 요셉의 슬하에서 양육되었더라. 요셉이 그의 형제들에게 이르되 나는 죽을 것이나 하나님이 당신들을 돌보시고 당신들을 이 땅에서 인도하여 내사 아브라함과 이삭과 야곱에게 맹세하신 땅에 이르게 하시리라 하고 요셉이 또 이스라엘 자손에게 맹세시켜 이르기를 하나님이 반드시 당신들을 돌보시리니 당신들은 여기서 내 해골을 메고 올라가겠다 하라 하였더라. 요셉이 백십 세에 죽으매 그들이 그의 몸에 향 재료를 넣고 애굽에서 입관하였더라."

요셉은 야곱의 아들로 애굽에 팔려 와 종노릇 하였고, 억울하게 감옥에 갇히기도 했으며, 드디어 애굽의 총리로 살다 110세를 일기로 애굽에서 죽었습니다. 그는 꿈꾸는 비전의 사람이었고, 고난을 이긴 승리의 인물이었으며, 이민자로 타국의 총리까지 올랐던 성공자였습니다. 그런 요셉의 마지막을 통해 교훈을 받습니다.

1. 마지막 순간까지 가족을 돌보았습니다.

요셉은 어릴 때 가족으로부터 배척받은 사람입니다. 형제들에게 팔려 애굽에서 종이 된 사람입니다. 훗날 총리가 되어 명예도 얻고 권력도, 부도 얻었습니다. 총리가 된 후에 찾아온 형제들에게 얼마든지 복수할 수 있었습니다. 그럼에도 그는 형들을 용서해 주었고,

자신의 목숨이 다할 때까지 가족을 돌봅니다. 사랑하는 고인이 가족을 얼마나 사랑했는지 가족들이 증인입니다. 요셉처럼 우리 남은 사람들도 가족을 끝까지 사랑합시다.

2. 마지막 순간에도 하나님을 인정하고 의지합니다.

24절을 보면 요셉은 그 형제들에게 유언합니다. 30세에 국무총리가(창 41:46) 되었고, 80년 동안 장수와 부귀영화와 권세를 누리며 살았습니다. 그럼에도 마지막 그의 유언적인 고백을 들어보십시오. "나는 죽을 것이나 하나님이 당신들을 돌보시고… 인도하여… 맹세하신 땅에 이르게 하시리라"고 합니다. 사랑하는 가족들의 미래를 하나님이 책임져주실 것이라는 신앙고백을 남긴 것입니다. 우리도 요셉처럼 마지막 순간까지 하나님을 인정하고 의지해야 마땅합니다.

3. 마지막 순간에 가나안 천국을 소망하며 죽었습니다.

요셉은 죽음의 순간에 하나님을 생각하며 약속의 땅에 대한 소망을 갖습니다. 그리고 그 땅에 자신의 시신을 안장해 달라고 부탁합니다. 애굽에서 평생 살았고 부귀영화가 보장된 땅이었으나 그는 그곳에 안주하지 않았습니다. 그는 장사되고 유골이라도 가나안에 들어가기를 희망했습니다. 영적으로 하늘나라를 소망한 것입니다. 사도 바울은 빌립보 교인들에게 "차라리 세상을 떠나 그리스도와 함께 있는 것이 더 좋은 일이라"고 고백했습니다(빌 1:23). 우리도 고인처럼 하늘나라를 소망하며 세상을 떠납시다. 〈종〉

56. 베다니 나사로의 죽음
* 요 11:11~15 *

"이 말씀을 하신 후에 또 이르시되 우리 친구 나사로가 잠들었도다. 그러나 내가 깨우러 가노라. 제자들이 이르되 주여 잠들었으면 낫겠나이다 하더라. 예수는 그의 죽음을 가리켜 말씀하신 것이나 그들은 잠들어 쉬는 것을 가리켜 말씀하심인 줄 생각하는지라. 이에 예수께서 밝히 이르시되 나사로가 죽었느니라. 내가 거기 있지 아니한 것을 너희를 위하여 기뻐하노니 이는 너희로 믿게 하려 함이라. 그러나 그에게로 가자 하시니"

성경은 인생을 아침 안개와 같다고 하였습니다. 육체가 풀과 같다고 했습니다(벧전 1:24). 피었다가 사라지는 인생인 것입니다. 나사로는 죽었다가 살아난 인물입니다. 잠깐이었지만 그의 죽음의 순간을 통해 배우는 교훈이 있습니다.

1. 잠들었다고 합니다(11절).

그러므로 깨우러 가노라고 하십니다. 죽음은 고달픈 세상에서 열심히 살다가 긴 잠에 들어가는 것입니다. 마태복음 9장 24절에 보면 야이로의 딸이 죽었을 때도 "소녀가 죽은 것 아니라 잔다"고 하셨습니다. 잔다는 말은 일어난다, 깨어난다는 말을 전제하고 있습니다. 성도는 죽어도 영원히 사라지는 것이 아닙니다. 잠시 자고 일어나면 하늘나라에 있는 것을 발견하실 것입니다.

2. 믿음을 주기 위함이라고 하십니다(15절).

나사로가 병들었다는 소식을 듣고도 주님은 빨리 가지 않으셨습니다. 그 결과 나사로는 죽었던 것입니다. 그러나 예수님은 의도를 갖고 늦추신 듯합니다. "너희로 믿게 하려 함이라." 주님은 나사로의 죽음을 통해 제자들에게 믿음을 갖도록 훈련하셨습니다. 사랑하는 성도의 죽음은 가족들에게 치명적인 아픔이 있습니다. 그러나 성도의 죽음은 그냥 무의미하게 지나는 것이 아닙니다. 누군가에게 교훈을 주고, 믿음을 갖게 합니다. 순교한 스데반의 죽음의 순간을 지켜본 사울은 훗날 주님의 제자로 쓰임 받은 것을 알지 않습니까? 그는 스데반을 통해 죽음 이후를 새롭게 생각하는 기회를 만들었습니다.

3. 부활을 보여주시기 위함입니다(25절).

"나는 부활이요 생명이니 나를 믿는 자는 죽어도 살겠고" 하셨습니다. 주를 믿는 자는 죽어도 산다는 진리를 보여주시려고 나사로가 죽은 후에 찾으신 것입니다. 나사로는 죽었으나 아주 죽은 것이 아니고 잠들었습니다. 그리고 주님이 찾아오자 부활한 것입니다. 우리 성도에게는 부활의 소망이 있지 않습니까? 성도의 죽음의 현장에서 우리가 눈물을 흘려도 됩니다. 애통해 하는 것이 당연합니다. 가족들도 매우 슬픈 시간을 보내실 것입니다. 그러나 성도의 죽음은 부활이 이어집니다. 당장에는 슬프지만, 부활의 소망을 갖고 애통하는 마음을 넉넉하게 이기시기 바랍니다. 〈끝〉

57. 영원한 집
고후 5:1~2

"만일 땅에 있는 우리의 장막 집이 무너지면 하나님께서 지으신 집 곧 손으로 지은 것이 아니요 하늘에 있는 영원한 집이 우리에게 있는 줄 아느니라. 참으로 우리가 여기 있어 탄식하며 하늘로부터 오는 우리 처소로 덧입기를 간절히 사모하노라"

이 시간은 참으로 가슴 아픈 순간이 아닐 수 없습니다. 그러나 성도는 영원한 하늘나라를 소망하며 사는 자입니다. 예수님께서는 요한복음에서 이것을 분명하게 가르치셨습니다. "너희는 마음에 근심하지 말라. 하나님을 믿으니 또 나를 믿으라. 내 아버지 집에 거할 곳이 많도다. 그렇지 않으면 너희에게 일렀으리라. 내가 너희를 위하여 거처를 예비하러 가노니 가서 너희를 위하여 거처를 예비하면 내가 다시 와서 너희를 내게로 영접하여 나 있는 곳에 너희도 있게 하리라"(요 14:1-3).

1. 육신은 이 땅의 장막 집입니다.

본문 1절을 보면 "만일 땅에 있는 우리의 장막 집이 무너지면 하나님께서 지으신 집 곧 손으로 지은 것이 아니요. 하늘에 있는 영원한 집이 우리에게 있는 줄 아느니라" 하였습니다. 땅에 있는 장막 집이란 성도의 육신을 말합니다. 육신 장막 집은 육체의 나약성과 임시성 및 무가치성을 보여주는 말입니다. 육신을 위해 많이 입고, 먹고, 치장합니다. 그러나 결국은 사라지는 것입니다.

2. 무너진다는 것은 죽음을 의미합니다.

인간은 누구나 죽기 마련입니다. 사람에게 있어 최대의 문제는 아마 죽음일 것입니다. 영원한 이별이기에 모두 두려운 것입니다. 아무리 싫어도 결국 누구나 죽음의 순간을 맞게 됩니다. 사람이 만든 장막이 언젠가는 무너지듯 죽음의 순간에 고인의 육신도 무너졌습니다. 세상에서는 슬픔이며, 사탄은 자신이 승리한 것으로 착각합니다. 그러나 성도에게는 죽음이 마지막이 아닙니다. 부활의 소망이 있습니다.

3. 영원한 집이 있습니다.

이 땅의 장막이 없어지면 서운해 하고, 아쉬워하나 실은 하늘에 영원한 집이 마련되어 있다고 합니다. 고인의 육신의 장막은 무너졌으나 믿음으로 말미암아 하나님이 예비해 놓으신 영원한 천국, 눈물과 슬픔이 없고 고통과 죽음이 없는 곳으로 가셨습니다. 영원한 집 천국에 가면 몇 가지 놀라게 됩니다. 첫째는 천국이 거져 주시는 선물이라는 것에 놀랍니다. 둘째로 천국에서 하나님이 친히 눈물을 닦아주시는 것을 보고 놀랍니다. 셋째로 하나님을 직접 만나는 것을 보고 놀랍니다. 넷째로 천국이 예상보다 크고 화려한 것을 보고 놀랍니다. 다섯째로 천국에서 많은 성도들이 풍요롭게 지내는 것을 보고 놀랍니다. 그 놀라운 장소 천국에서 고인을 만나게 될 것입니다. 고인처럼 우리도 육신의 장막이 무너지는 그때 영원한 천국에서 주님과 더불어 영원토록 살게 될 것입니다.

〈끝〉

58. 믿는 자의 가는 길
* 왕상 2:1~3 *

1. 인간은 죽음 앞에서 아무것도 할 수 없습니다

　사람은 이 땅을 살아갈 때 누구나 이상과 꿈을 가지고 삽니다. 행복과 평안과 기쁨만이 있는 보랏빛 인생을 꿈꿉니다. 그러나 인간의 한계는 자신의 미래에 어떤 일이 다가올지 모른다는 사실입니다. 즉 자신의 내일을 알지 못합니다.
　어떤 사람은 아무리 좋은 이상과 꿈을 가졌다 할지라도 현실이 그렇지 않음으로 인해 갈등과 고뇌를 되풀이합니다. 그래도 살아가는 것이 지금은 비록 힘들지만 나중은 괜찮을 것이며 행복할 것이라는 기대를 품고 살아갑니다.
　그러나 이 모든 것도 일순간에 무너져 버릴 때가 있습니다. 자신의 부푼 꿈과 장밋빛 이상이 물거품처럼 되는 날이 있습니다. 바로 죽음의 순간입니다. 우리가 꿈을 꾸는 것, 기대를 갖는 것도 사실상 생명이 있을 때 가능한 것이지, 죽음 앞에서는 아무것도 할 수가 없습니다.
　전도서 1장 2절에서 보면 "헛되고 헛되며 헛되고 헛되니 모든 것이 헛되도다"고 했습니다. 인간은 죽음 앞에서 아무 일도 할 수 없는 무기력한 존재입니다. 사람들은 언제까지고 살 것처럼 생각합니다. 누구나 영원히 살 것 같은 착각 속에서 살고 있습니다. 그러나 이 착각에서 깨는 날이 바로 죽음을 맞이하는 순간입니다.

여러분의 생명은 하나님께 달려 있습니다. 하나님의 존재를 까맣게 잊어버리고, 자신만만하게 살다가 비로소 죽음을 바라보면서 자신의 어리석은 삶에 대해 통곡하며 후회합니다.

죽음을 앞둔 환자들을 심방해보면 그들은 한결같이 자신의 지나간 삶에 대해서 후회하며 눈물을 글썽거립니다. 또한 장례를 집례하다 보면 가족들이 한결같이 생각하는 내용이 있습니다. 고인을 생각하며 좀 더 잘해드릴 걸, 좀 더 효도할 걸, 좀 더 평안히 모실 걸. 그러나 그때는 이미 후회해보았자 소용이 없습니다. 지혜 있는 자녀는 어떠한 자입니까? 살아있을 때 그것을 실천하는 자녀입니다.

2. 믿는 자의 가는 길은 믿지 아니한 자와 다릅니다

여러분, 우리의 문제는 죽음이 끝이 아니라는 사실입니다. 죽음은 또 다른 시작이라는 것입니다. 그리고 이 시작을 어떻게 맞이할 것인가는 그가 이 땅에서 어떠한 삶을 살았느냐에 따라서 결정됩니다.

오늘 본문은 이스라엘 역사 가운데 가장 존경과 위엄을 떨쳤던 다윗왕이 자신이 떠나야 할 마지막 순간 그 사랑하는 아들에게 자신의 인생을 정리합니다. 그리고 그 인생에서 깨달은 사실을 말합니다. 2절에 보면 "내가 이제 세상 모든 사람이 가는 길로 가게 되었노니…"라고 말합니다. 이것은 죽음의 길에는 누구나 예외가 없다는 것입니다. 온갖 위험이 도사리고 있는 수많은 전쟁터에서 살아남았던 다윗도 결국은 인간이므로 갈 수밖에 없는 길이었습니다. 남자나 여자, 늙은이나 젊은이, 부한 자나 가난한 자, 귀한 자나 천한 자 할 것 없이 모두가 가는 길입니다. 예수를 믿는 자도 갑니다. 믿지 않은 자도 갑니다.

이렇게 죽는다는 것은 동일하지만, 죽음 이후의 삶은 다릅니다. 무엇입니까? 하나님을 믿는 신앙을 갖고 산 사람은 하나님 나라, 천국에 갈 수 있지만 그렇지 않은 자들은 멸망의 길로 간다는 것입니다.

다윗이 마지막으로 유언한 3절의 내용을 요약하면 '네가 하나님을 믿고 그를 경외하면 네가 하는 모든 일이 형통할 것'을 말씀해주고 있습니다. 즉 우리 인생을 잡고 계신 분이 있는데 그분이 바로 하나님이시라는 것을 다윗은 자기 삶을 통해서 증거하고 있습니다.

고인을 먼저 떠나보내고 슬픔 가운데 있는 유족 여러분, 그리고 성도 여러분, 이제 우리는 한 인생의 죽음을 통해서, 우리 삶을 바라보아야 합니다. 언젠가는 우리도 가야 할 길입니다. 오늘 고인이 그 길을 먼저 간 것뿐입니다.

그리고 죽음 이후에는 또 다른 세계가 있습니다. 그것은 우리가 이 땅에서 어떠한 삶을 살았느냐에 따라 결정됩니다. 아무쪼록 하나님을 경외하고 믿음 생활하는 지혜로운 삶을 살아 우리가 모두 하나님 나라에 들어가고, 사랑하는 고인과 더 이상 이별의 눈물과 사망의 아픔이 없는 천국에서 함께 만날 날을 소망하며 살아가는 여러분들이 되시기를 간절히 축원합니다. 〈일〉

59. 영광스러운 천국
* 요 11:25~27 *

일반적으로 사랑하는 사람과 이별하는 것은 10톤 트럭에 부딪힌 충격이라고 합니다. 그런고로 사랑하는 사람을 먼저 떠나보내고, 큰 슬픔 가운데 있는 유가족 여러분에게 하나님의 위로가 있기를 빕니다.

1. 죽음은 끝이 아닙니다

우리 인생에 있어서 풀기 어려운 몇 가지 과제가 있습니다. 그 가운데 하나가 바로 생(生) 사(死)의 문제, 곧 삶과 죽음의 문제입니다. 정말 산다는 것은 무엇을 의미하고 죽음 이후의 삶이 있을까 하는 문제입니다. 남녀노소, 빈부귀천을 가리지 않고 사람들이 가장 두려워하는 것이 있다면 바로 이 죽음의 문제입니다.

그렇다면 사람들이 죽음을 두려워하는 가장 큰 이유가 무엇입니까? 죽음이 끝이 아니기 때문입니다. 죽음이 끝이면 남이야 어찌 되든지 간에 내 마음대로, 내 생각대로 살다가 죽으면 됩니다.

그러나 문제는 우리 삶이 죽음으로 끝나지 않는다는 것입니다. 죽음이 또 다른 시작을 가져오기 때문에 문제입니다. 그러므로 인간이 죽음을 두려워하는 큰 이유는 우리가 무의식적으로 가진 문제, 즉 죽음이 끝이 아니라는 사실을 잘 알기 때문이라는 것입니다.

그러면 죽음 저편의 생명은 어떤 모습으로 있을까요? 성경은 "한 번 죽는 것은 사람에게 정해진 것이요 그 후에는 심판이 있으리니"(히 9:27)라고 말합니다. 그렇습니다. 죽음은 이 땅에서 호흡하며 살아가는 모든 인간에게 정해진 것입니다. 그리고 그것으로 끝이 아니라, 그다음 하나님의 심판이 우리를 기다리고 있다고 말합니다. 내 인생의 마지막 성적표가 개봉되는 날이 있다는 것입니다.

그렇다면 여러분, 우리는 이때를 준비하며 살아야 합니다. 왜냐하면 죽음 이후의 삶은 우리가 이 땅에서 어떠한 삶을 살았느냐에 따라서 결정되기 때문입니다.

우리에게 이 죽음이라는 것은 무슨 뜻일까요? 성경에서 죽음은 존재의 중단이라는 뜻이 아니라 분리라는 뜻으로 우리에게 설명됩니다. 어느 날 모두 '끝났다'가 아니고, '분리되었다'입니다. 즉 영혼과 육체가 분리된 상태를 죽음이라고 말합니다. 그리고 이것이 우리 주님이 이 땅에 오시는 날 다시 하나로 합해진다고 성경은 우리에게 말씀하고 있습니다. 이것은 인간의 죽음 이후에 또 다른 삶이 있다는 것이 분명하다는 것을 증거하는 사실입니다.

2. 우리는 모두 언젠가 한 번은 죽습니다

여러분, 이 시간 우리는 한 성도를 먼저 떠나보내면서 우리 삶을 다시 한번 점검해보는 시간이 되었으면 합니다. 이 죽음의 문제를 피해 갈 사람은 아무도 없습니다. 권력이 있어도 죽습니다. 재물이 많아 억만장자가 되어도 죽습니다. 건강하다 해도 결국 죽음을 피할 수가 없습니다. 인류 역사상 이 죽음을 피하려고 노력한 사람은 많지만, 정작 이 죽음을 피한 사람은 아무도 없었습니다. 그 누구도 피할 수 없는 불가피한 것임을 증거해줍니다. 언젠가는 이 땅에서 사랑하는 사람과 헤어져야 될 날이 반드시 옵니다. 이별의 땅에서 한 번은 이별합니다. 그 깊은 좌절과 고통을 겪습니다.

그러면 이 피할 수 없는 죽음의 문제 앞에서 가장 지혜로운 사람은 어떤 사람입니까? 날마다 이때를 준비하는 자입니다. 죽음을 준비하는 자는 어떤 자입니까? 오늘 본문 말씀 25~26절에 보면 "예수께서 이르시되 나는 부활이요 생명이니 나를 믿는 자는 죽어도 살겠고 무릇 살아서 나를 믿는 자는 영원히 죽지 아니하리니 이것을 네가 믿느냐"라고 묻습니다. 이 질문에 "아멘, 예 믿습니다"라고 고백하는 모든 자에게 주님께서는 영원한 천국을 예비해주십니다.

고인을 먼저 떠나보내고 슬픔 가운데 있는 유족 여러분 그리고 성도 여러분, 오늘의 이 말씀을 기억하십시오. 기쁜 때나 괴로울 때 언제나 이 죽음의 질문에 귀를 기울이십시오. 그래서 우리 주님께서 말씀하시는 "네가 나를 믿느냐?"라는 이 질문에 우리 모두가 "아멘"이라고 대답함으로써 하나님께서 예비해 놓으신 영광스러운 천국에 다 들어가는 여러분이 되시기를 바랍니다. 〈일〉

60. 참된 행복의 길
* 딤후 4:1~8 *

우리가 잘 아는 "맹모삼천지교"라는 이야기가 있습니다. 맹자의 어머니가 맹자를 데리고 장의사 집 옆에 살았더니 아이가 장의사 흉내를 냅니다. 그래서 시장 바닥으로 이사했더니 장사꾼 흉내를 냅니다. 그래서 다시 학교 근처로 이사 갔더니 공부하게 되었다는 것입니다. 이것으로 인해 맹자의 어머니는 현모의 대명사가 되었습니다.

그런데 근자에 와서 이 맹모삼천지교에 대한 새로운 해석이 나왔습니다. 맹자의 어머니가 맹자에게 먼저 인생의 죽음을 가르치기 위해 장의사 집 옆으로 갔다는 것입니다. 매일 장의사를 통해 이루어지는 장례식을 보면서 인생이 언젠가는 끝난다는 사실을 가르쳤다는 것입니다. 그다음에 시장 바닥으로 이사한 것은 죽음을 알고 난 이후, 이제 생존의 현장을 바르게 인식하기 위함이었다는 것입니다. 마지막에 학교 옆으로 데리고 간 것은 생과 사를 분명히 아는 자만이 그 속에 참된 교육을 담을 수 있다는 사실을 가르치기 위함이었다는 것입니다.

그렇습니다. 우리가 진정 행복하고 의미 있는 삶을 살기 위해서는 인간이 죽는 존재라는 사실을 인식해야 합니다. 그러할 때 우리는 일평생 사람답게 살아갈 수 있습니다.

오늘 우리는 고인을 떠나보내는 예식을 거행하고 있습니다. 창세기 3장 19절에 하나님은 범죄한 아담에게 말씀하셨습니다. "너는 흙이니 흙으로 돌아갈 것이니라" 이것이 우리 운명입니다. 시편 90

편 10절에서 시편 기자는 "우리의 연수가 칠십이요 강건하면 팔십이라도 그 연수의 자랑은 수고와 슬픔뿐이요 신속히 가니 우리가 날아가나이다"라고 했습니다. 이것이 우리의 인생입니다. 그러면 이러한 인생 속에 어떻게 하면 진정 행복하고 보람된 삶을 살 수 있을까요?

1. 하나님을 경외하는 믿음을 가져야 합니다

어떤 부자가 죽으면서 자기 자식들에게 유언하기를 내가 죽거든 관 옆에 구멍을 내고 양손을 드러내 놓으라고 했답니다. 이유인즉 자신은 지금까지 너무 물질에 급급한 나머지 돈이 되는 것이라면 무슨 일이든지 했다는 것입니다. 그것을 위해 우정을 버렸고 사랑을 잃었으며 급기야는 하나님도 버렸다는 것입니다.

이제 마지막 떠나는 순간, 소유하기를 원했던 그 모든 것이 자신에게 있어서 부질없는 것임을 깨달았습니다. 그래서 이제 자기 죽음을 통해 어리석은 삶을 살지 말 것을 보여 주기 위해서 그렇게 했다는 것입니다. 그렇습니다. 죽음의 순간에는 우리가 가졌던 모든 것을 내려놓을 수밖에 없습니다. 영원한 내 것은 없습니다. 그러나 예수 믿는 자들은 이 땅을 떠날 때 예수 믿는 그 믿음을 가지고 갑니다. 이 믿음이 우리를 천국으로 인도해 줄 것입니다.

2. 천국에 대한 소망을 간직하며 살아야 합니다

예수님을 구주로 모시고 살아가는 자들에게는 이 땅이 끝이 아니라 하나님 나라에서 다시 만납니다.

어떤 어머니가 임종하면서 아들 삼 형제에게 인사합니다.

첫째 아들에게 "애야, 후일 천국에서 다시 만나자." 둘째 아들에게도 "애야, 천국에서 다시 만나자." 마지막 셋째 아들에게는 "애야, 잘 있거라." 하더랍니다. 셋째 아들이 이상해서 묻습니다. "아니 어머니, 왜 형들에게는 '다시 만나자' 하시면서 저에게는 '잘 있거라'고 말씀하십니까?" 그때 어머니가 말하기를 형들은 예수를 믿으니 후일 천국에서 다시 만날 수 있지만 너는 내가 그렇게 타일러도 예수를 믿지 않으니, 이제 너와 내가 가는 길이 달라 여기서 작별 인사를 한다는 것입니다. 이 말을 들은 셋째 아들이 "어머니 안 됩니다. 그렇다면 저도 예수 믿고 어머님 가시는 곳에 가겠습니다." 하고는 그 자리에서 예수를 영접했다고 합니다.

그렇습니다. 예수님을 믿는 자들은 여기가 끝이 아닙니다. 이곳보다 더 좋은 영광스러운 천국이 예비되어 있습니다.

3. 후회 없는 삶을 살아야 합니다

우리의 인생은 다시 고쳐 쓸 수 없다는 것을 기억해야 합니다. 그러므로 우리에게 주어진 이 인생이라는 시간을 후회 없이 살아야 합니다.

고인을 먼저 보내고 슬픔 가운데 있는 여러분, 한 인생의 죽음을 보면서 우리 삶을 한번 되돌아봅시다. 무엇이 우리 삶을 의미 있게 만들어줍니까? 하나님을 믿는 믿음을 견지하여 우리가 모두 하나님께서 친히 예비하신 영원한 천국에 다 들어갈 수 있게 되기를 바랍니다.

〈일〉

61. 돌아오지 못할 길
* 욥 16:22 *

욥은 자신의 생애를 보면서 "수년이 지나면 나는 돌아오지 못할 길로 갈 것임이니라"고 했습니다. 욥의 신앙고백은 사실적이면서 깊은 의미를 담고 있는 진리입니다. 죽음에 대한 문학적인 표현 중에 욥의 고백만큼 뛰어난 표현이 없는 줄 압니다.

1. 신중히 살아야 할 인생입니다

죽음은 다시 돌아오지 못하는 길이기 때문에 신중히 살아야 합니다. 다시 수정하거나 반복할 수 없기에 어떤 일보다 삶을 신중하게 살아야 합니다.

먼저 인간은 인생의 주인 되신 하나님을 알고 살아야 합니다. 길을 잃은 미아는 부모를 만나야만 모든 문제가 해결이 됩니다. 미아는 부모 외에는 어떤 것으로도 만족할 수 없습니다.

우리를 이 땅에 보내시고 우리 생애를 보장하시며, 죽음을 주장하시는 주권자가 반드시 계신다는 사실을 우리는 믿고 살아야 합니다. 인간은 어느 누구도 자기 스스로 나고 싶을 때 나서 살고 싶은 대로 살다가 자신이 죽고 싶을 때 죽을 수는 없습니다. 창조주 하나님만이 인간의 생사를 주관하시는 주인이십니다.

그러므로 인간이 하나님을 알고 순종하며 사는 것은 당연한 의무입니다. 지극히 정당한 삶의 길입니다. 가축도 주인을 알아봅니다. 하물며 하나님의 형상대로 지음받은 인간이 지으신 주인을 몰라보는 것은 용서받을 수 없는 죄가 되는 것입니다.

로레언 뵈트너는 "한 번 죽는 것보다 더 확실한 일이 없고 언제 죽을는지 그것보다 더 불확실한 일도 없다"고 했습니다. 그러므로 죽음의 의미는 오늘의 삶 속에서 항상 살아 있어야 합니다. 항상 인간의 주인 앞에 서는 자세로 살아야 합니다.

학문적으로는 종말론적인 신앙관을 갖고 살아야 합니다. 오늘이 내 생애의 마지막이라고 생각하고 깨어 살라는 의미입니다. 무슨 일을 하든지 지금 내가 여기서 하는 일에 당당하라는 것입니다.

죽음은 이 세상의 일에서는 끝나지만 하나님 나라에서 새로 시작한 일에 참여하는 것이기 때문에 소망스러운 일입니다.

2. 돌아오지 못하나 영생의 길입니다

죽음의 길은 결코 다시 돌아오지 못하는 길이지만 그 길이 영생에 이르는 길입니다. 그러므로 죽음은 가장 소망스럽고 영광스러운 사건입니다. 육신에 속한 우리에게는 죽음의 사실이 슬픈 일이요, 두려운 일이지만 이제 고인은 이 영광스러운 영생에 참여하는 은혜를 입었습니다.

성경은 믿는 자에게 영생을 약속하고 있습니다. "또 증거는 이것이니 하나님이 우리에게 영생을 주신 것과 이 생명이 그의 아들 안에 있는 그것이니라. 아들이 있는 자에게는 생명이 있고 하나님의 아들이 없는 자에게는 생명이 없느니라"(요일 5:11-12).

고인은 예수를 믿으며 예수를 위해 살았습니다. 그리고 예수 그리스도 안에서 하나님의 부르심을 받았습니다. 그에게는 영생이 상급으로 주어졌습니다.

　이 길은 예수 그리스도만이 안내하는 길입니다, "예수께서 이르시되 내가 곧 길이요 진리요 생명이니 나로 말미암지 않고는 아버지께로 올 자가 없느니라"(요 14:6). 예수가 그 길입니다. 예수 외에는 그 길이 없습니다. 죽음 자체는 결코 아름다운 형태가 아닙니다. 그러나 영생에 이르는 길이기에 영광스러운 것입니다.

　고인을 보내는 발인 예배는 가장 엄숙하고 슬픈 시간일 수도 있습니다. 고인은 다시 돌아오지 못하는 길로 갔습니다. 어떤 의미로는 다시 이 추한 세상에 올 이유도 없습니다.

　고인은 하나님 아버지가 예비하신 그 집에서 안식과 영광을 누리고 계십니다. 고인이 가신 그곳은 곧 우리가 갈 아버지의 집입니다. 주 안에서 위로받기 바랍니다.　　　　　　　　　　〈호〉

62. 내 아버지의 집
* 요 14:1~6 *

죽음은 아무리 미화해도 그 자체는 끔찍한 사실입니다. 죽음은 두려움의 극을 보여주는 사건이요, 또 우리를 가장 슬프게 하는 사건입니다.

성도의 죽음은 이 세상 모든 사람의 죽음과 똑같은 형태이지만 성경에는 여호와께서 귀중히 보신다고 했습니다.

1. 나를 믿으라

"너희는 마음에 근심하지 말라 하나님을 믿으니 또 나를 믿으라"(1절)고 하셨습니다. 믿음은 예수 그리스도를 믿는 것입니다. 믿음이란 그 대상이 아주 중요합니다. 즉 누구를 믿느냐에 따라 신앙의 성격이 결정됩니다.

예수 그리스도가 누구인가? 베드로는 "주는 그리스도시요 살아 계신 하나님의 아들이시니이다"(마 16:16)라고 고백합니다. 바로 알고 믿어야 합니다. 이 진리를 믿는 자마다 구원에 이르며 영생을 누리는 것입니다. 겁에 질려 있는 제자들에게 주께서 주신 첫 번째 당부는 "나를 믿으라"는 것이었습니다.

고인이 된 성도는 하나님 나라에 들어가셨지만 땅 위에 남아 있는 유족들은 두려움과 근심이 있습니다. 이러한 때에 우리는 하나님의 음성을 들어야 합니다. 그리고 하나님의 살아계심을 믿어야 합니다. 즉 그의 주권적 행사를 믿고, 그의 손안에서 인생이 나고 죽는 사실을 믿으며, 우리 생명과 가정의 미래까지도 다 맡기는 것입니다.

예수 그리스도를 믿는 자는 두려움을 이깁니다. 죽음의 공포와 슬픔을 이기게 하며 하나님의 평강을 누리게 합니다.

2. 고인의 간 곳

고인은 과연 어디로 간 것일까요? "내 아버지 집에 거할 곳이 많도다"(2절)라고 했습니다. 하나님께서 예비해 놓으신 새집으로 가셨습니다. 하나님 나라에는 눈물이 없고 질병이 없으며, 죽음이 없고 곡하는 것이 없으며, 이별이 없고 밤도 없습니다. 해와 달이 필요 없는 영광의 빛으로 충만한 곳입니다.

지상에 살아있는 우리는 이 발인 예배의 자리에서 세 가지 질문을 자신에게 던져볼 필요가 있습니다.

첫째로, 나는 죽어서 어디로 갈 것인가? 이 질문에 답을 갖고 살아야 합니다. 주님이 계신 하나님 나라, 아버지 집으로 가는 확신 안에서 사시기 바랍니다.

둘째로, 나는 언제 죽을 것인가? 우리 미래는 알고 가는 길이 아닙니다. 하나님께 맡기고 가는 길입니다. 언제 죽을지는 하나님만이 아시는 일이기에 맡기고 열심히 살아야 합니다.

셋째로, 나는 무엇을 하다가 갈 것인가? 인간은 살고 간 자리에 흔적이 남습니다. 최선을 다해 살다가 값진 모범을 남기고 가야 할 것입니다. 내가 살고 간 자리에 예수 그리스도의 향기가 남아야 복된 인생이 될 것입니다.

3. 천국에 이르는 길

천국에는 길이 있습니다. 고인은 천국에 갔습니다. 그가 간 길이 있습니다. "내가 곧 길이요"라고 했습니다. 예수 그리스도는 자신이 아버지께로 가는 길이라고 했습니다. 예수 그리스도는 하나님의 아들이시오, 이 땅에 오신 메시아이십니다. 그분은 하나님과 사람 사이의 중보가 되십니다. 그는 하나님께로 통하며 인간에게도 통하는 중보자이십니다.

그분은 하나님과 사람 사이에 막힌 담을 다 허물었습니다. 자기 몸을 죽여 흘리신 피로 화목하게 하셨습니다. 진실로 주 예수님은 하나님과 죄인을 십자가로 하나 되게 하신 길이십니다.

예수님 외에는 길이 없습니다. 고인은 그 참된 길이 되신 예수그리스도 안에서 천국에 이른 줄 확신합니다.

고인이 가신 아버지의 집은 소망의 나라입니다. 먼저 가신 아쉬움이 있으나 주 안에서 위로와 용기를 얻으시기 바랍니다. 〈호〉

63. 영생을 아는 인생
* 요 17:3 *

고인의 발인 예배를 드리는 이 시간에 '영생을 아는 인생'이란 제목으로 교훈을 받고자 합니다. 죽음은 모든 인간에게 공평합니다. 아무도 거역할 수 없이 맞이해야만 하는 원수가 죽음입니다. 이 땅 위에 어떤 문필가가 죽음을 미화하여 설명할지라도 흉하고 무서운 일입니다.

1. 영생을 모르는 인생은 무효다

인간은 누구나 그 일생을 힘겹게 살아갑니다. 보람을 느끼고, 가치를 추구하면서 살아갑니다. 또 누구나 행복한 인생으로 살고자 하지만 결과는 불행한 인생으로 끝나는 경우도 많습니다.

인생이 무효가 될 수 있는가? 성경에는 인생의 무효 선언이 나타나 있습니다. 예수님께서 가룟 유다를 가리켜 이렇게 평가하셨습니다. "인자를 파는 그 사람에게는 화가 있으리로다. 그 사람은 차라리 태어나지 아니하였더라면 제게 좋을 뻔하였느니라"(마 26:24). 차라리 태어나지 않는 것이 좋을 뻔한 사람은 분명코 무효

인생과 같습니다. 이러한 유형의 인간이 되지 말아야 합니다.

또 예수께서 이런 말씀을 하십니다. "그때에 내가 그들에게 밝히 말하되 내가 너희를 도무지 알지 못하니 불법을 행하는 자들아 내게서 떠나가라 하리라"(마 7:23). 하나님 아버지의 뜻대로 살지 못한 자들에게 하나님은 그들을 알지 못한다고 거부하시며 '내게서 떠나가라'고 하십니다. 곧 하나님 앞에서 쫓겨나는 무효인생의 모습입니다.

2. 하나님을 아는 것이 인간의 근본이라

인간이 하나님을 알 수는 없습니다. 사실은 하나님께서 인간에게 자신을 알게 해주심으로 인간이 알게 되는 것입니다. 하나님께서는 성경에 자신을 나타내주셨습니다. 성경이 말하는 하나님을 그대로 받아들임으로써 알게 됩니다.

일반적으로 인간은 하나님을 두려워하는 심리가 있습니다. 그 양심의 소리를 따라 하나님을 찾게 될 수 있습니다. 또한 자연 속에 하나님의 솜씨가 나타나 있기도 합니다. 천체의 운행이나 만물의 조화에는 하나님의 다스리심이 나타나 있는 것을 봅니다.

성경에는 "태초에 하나님이 천지를 창조하시니라"(창 1:1)고 했습니다. "여호와를 경외하는 것이 지식의 근본"(잠 1:7)이라고도 했습니다. 하나님은 인간의 주인이십니다. 주인을 알고 믿으며 순종하는 것이 인간의 정도요, 가장 복된 길입니다. 주인을 몰라보는 죄는 곧 심판을 받습니다. 나의 생명을 주신 분으로서 하나님을 알고, 나의 생명을 거두어 가시는 주인으로서 하나님을 의지하며 순종하고 일하면서 그를 섬겨야 합니다.

3. 예수가 영생의 길이라

예수님의 기도에서 "영생은 곧 유일하신 참 하나님과 그의 보내신 자 예수 그리스도를 아는 것이니이다"(3절)라고 했습니다.

예수 그리스도는 하나님께서 이 땅에 보내신 메시아입니다. 그가 우리 인간의 죄를 속죄하기 위하여 십자가를 지고 희생하셨습니다. 곧 내가 죗값으로 죽어야 할 죽음을 대신 당하신 것입니다. 예수의 죽음은 곧 나의 죽음입니다.

인간이 그 예수를 자신의 구주로 영접하고 믿을 때 하나님의 자녀가 되며 영생을 선물로 받는 것입니다. 그리스도는 영생의 길입니다. 그 길 외에는 다른 길이 없습니다. 인간은 구원의 길이 유일하다는 점을 믿어야 합니다. 어느 종교를 믿든 영생에 이른다는 사상은 성경적인 진리가 아닙니다. 성경은, '구원의 길은 오직 예수그리스도'라고 선언합니다. 예수 그리스도는 천국에 이르는 유일한 길이요 문입니다.

하나님과 사람 사이에 중보자는 예수 그리스도이십니다. 어떤 사람도 하나님과 인간을 연결하는 중보자가 될 수 없습니다. 예수는 하나님이시오, 참 인간으로서 양편을 연결하는 구원의 길이십니다. 영생을 아는 인생은 유효합니다. 인간이 갖춘 행복의 조건이 무리 화려할지라도 영생을 얻지 못한다면 무효인생이 되고 맙니다.

고인을 잃은 슬픔을 딛고 모든 유가족이 예수님을 영접하고 믿으면서 영생의 은혜를 입으시길 바랍니다. 〈호〉

64. 주 안에서 죽는 자의 복
* 계 14:13 *

지금 우리는 친애하는 OOO님(직분)을 하나님께서 영원한 나라로 부르셨으므로 고별의 예배를 드리게 되었습니다. 이 시간 위로의 성령님이 오셔서 유가족 여러분 위에 임하심으로 슬픈 가운데서도 은혜가 되기 원합니다. 또 이 자리에 오셔서 고인을 마지막으로 보내는 예식에 동참해주신 성도와 친지 여러분들에게 슬퍼하는 자와 함께하는 자에게 주시는 상급이 하늘로부터 임하시기를 빕니다.

사람마다 한 번 죽는 것은 정한 이치지만 죽는 모습은 다양합니다. 어떤 생명은 세상의 빛도 보지 못하고 모태 안에서 죽는 수도 있으며, 어떤 경우는 꽃다운 나이에 진학 문제로 자살하는 젊은이도 있는가 하면, 어떤 분은 치매로 불행한 최후를 맞이하기도 합니다. 그런데 불행 중 다행히 고 OOO님(직분)은 (　)의 이유로 인생의 최후를 맞게 되었습니다. 무슨 말로 위로가 되겠습니까? 이 시간 하나님의 말씀이 유족과 우리 모두에게 참된 위로와 소망이 되기를 기원합니다.

1. 하늘에서 들리는 음성

지난 사흘 동안에 문상하신 분들이 많았을 것입니다. 그분들이 여러 가지로 슬픔에 빠진 유족들을 위로하려 했지만 실상은 위로가 될 수 없었습니다. 이런 경우에 인간의 언어는 한계가 있음을 뼈저리게 느끼게 됩니다. 하늘에서 들려오는 하나님의 음성만이 참다운 위로가 될 수 있으리라 믿습니다.

"또 내가 들으니 하늘에서 음성이 나서 이르되." 본문 말씀은 이렇게 시작하고 있습니다. 죽음의 문제에 직면한 인생들에게 하나님의 음성이 들려왔다는 것입니다. 오늘 고인을 먼저 보내면서 슬퍼하는 모든 이들에게 '하늘에서 들려오는 음성'이 있습니다.

하나님의 말씀만이 유족들과 고인을 사랑하는 모든 이들에게 진정한 위로가 됩니다. 이 시간 하늘에서 들려오는 주님의 음성을 듣고 여러분 마음에 평안과 소망이 넘치게 되기를 바랍니다.

2. 주 안에서 죽는 자

오늘 성경 말씀에 의하면 죽는 사람이 아무리 많아도 두 가지 종류의 죽음으로 분류할 수 있을 것입니다. 그 한 가지는 주 안에서 죽는 것이고, 또 한 가지 죽음은 주 밖에서 죽는 죽음입니다.

"기록하라 지금 이후로 주 안에서 죽는 자들은 복이 있도다."

그렇습니다. 고 000님(직분)은 신앙으로 살았으며, 주님을 의지하고 교회를 섬기다가 주 안에서 최후의 순간을 맞이하셨습니다. 예수님이 두 강도의 틈에서 십자가를 지고 돌아가시기 전에 한편의 강도에게 "오늘 네가 나와 함께 낙원에 있으리라"(눅 23:43) 하신 것은 그가 최후의 순간에 예수님을 믿었기 때문입니다. 즉 주 안에서 죽었기 때문입니다.

우리가 너무나 잘 아는 말씀 요한복음에서는 "누구든지 믿는 자마다 영생을 얻는다"고 하셨고 예수를 구주로 "영접하는 자는 하나님의 자녀가 되는 권세를 주셨다"고 하였습니다. 주 안에서 죽는 자는 다시는 눈물이 없고 아픈 것이 없는 하나님 나라에서 영생을 누리게 될 줄 믿으시기 바랍니다.

3. 성령이 가라사대

하나님 나라에서 안식을 누리는 일은 누가 보증합니까? 성령님이 보증하십니다. 고린도후서 5장 5절에 "이것을 우리에게 이루게 하시고 보증으로 성령을 우리에게 주신 이는 하나님이시니라" 하셨습니다. 본문 말씀에서는 "성령이 이르시되 그러하다 그들이 수고를 그치고 쉬리니 이는 그들의 행한 일이 따름이라" 하셨습니다.

성령님께서 그의 신앙을 인정하며, 수고와 행한 일도 다 알고 계신다는 것입니다. 그러므로 주께서 모든 수고와 고통의 날수대로 계수하셔서 다함이 없는 평안과 안식을 고인에게 허락하실 줄 믿습니다. 이제 그분은 이 죄 많고 고통 많은 세상을 떠났으나 저 나라에서는 놀라운 환영 행사가 열리게 될 것입니다. 〈식〉

65. 인생은 나그네
* 벧전 2:11 *

 오늘 우리는 친애하는 고 OOO님(직분)께서 인생의 나그넷길을 다 마치고 영원한 고향 집으로 돌아가시게 된 시간 앞에 서 있습니다. 정말 인생은 덧없는 나그넷길입니다. 길 떠난 나그네는 길 가는 동안 여러 사람을 만나 관계를 맺고 그 안에서 즐거워하거나 슬퍼하기도 합니다. 그러나 때가 되면 떠나고 또 떠나는 것을 반복하다가 끝내는 나그넷길을 다 마치고 고향으로 돌아가서 편히 쉬는 것입니다.
 고인은 세상에 사는 동안 나그넷길을 잘 살아오셨습니다. 또한 OOO님(직분)을 만나서 가정을 이루고 자녀들을 훌륭하게 양육하셨습니다. 그뿐만 아니라 교회에서도 신실하고 모범적인 믿음 생활을 하심으로 그를 아는 모든 사람에게 존경받으셨습니다. 한때 사업상 위기를 겪었으나 그로 인하여 더욱 주님 제단에 나아와 기도 생활에 힘쓰셨습니다.
 하나님께서는 이제 그만 수고를 그치고 쉬게 하시려고 고인을 부르셨으며, 고인은 나그네 인생길을 마치고 영원한 하늘나라 아버지의 집으로 돌아가셨습니다. 그래서 오늘의 본문 말씀 서두에 보면, "사랑하는 자들아 거류민과 나그네 같은 너희를 권하노니" 하셨습니다. 인생살이가 누구나 나그네와 행인 같다는 것입니다.

1. 외로운 나그네

구약성경 창세기에 보면 이스라엘 민족의 조상, 야곱이 나옵니다. 그는 형, 에서의 분노를 피하여 괴나리봇짐을 메고 나그넷길에 올랐습니다. 해가 져서 들에서 돌베개를 하고 잠들었습니다. 꿈에 땅에서 하늘로 닿는 사닥다리가 보였는데 하나님의 사자가 거기서 오르락내리락하였습니다. 또한 야곱은 여호와 하나님의 음성을 들었으니 "내가 너와 함께 있어 네가 어디로 가든지 너를 지키리라" 하셨습니다. 야곱은 외로운 나그넷길에서 하나님을 만났습니다.

마찬가지로 OOO님(직분)은 인생길에서 방황하다가 예수님을 영접했습니다. 그 후 고인은 예수님과 동행했습니다. 에녹이 하나님과 함께 기쁨과 감사로 동행하니 외로움도 슬픔도 다 사라지고 죽음이 그를 넘보지 못했던 것같이 고인의 생애는 주님과 동행하는 삶이었습니다. 그러므로 고인은 지금 죽은 것이 아니라 영원한 아버지의 집으로 가신 것입니다.

2. 광야 40년 인생

구약의 출애굽기에 보면 이스라엘 백성의 광야 40년 유랑생활이 기록되어 있습니다. 민족적인 나그네 생활이었습니다. 하나님께서 약속하신 가나안 땅을 향해 가는 과정에는 참으로 어려운 일이 많았습니다. 어떤 때는 마실 물이 없었고, 어떤 때는 먹을 양식이 없었습니다. 그때 하나님은 반석에서 물이 솟아나게 하시고 메추라기와 만나로 일용할 양식을 주셨습니다.

마찬가지로 고 OOO님(직분)의 한평생을 되돌아보면 참으로 어려운 일이 많았지만 그때마다 하나님께서 기적적으로 도와주셨습니다. 낮에는 구름기둥으로, 밤에는 불기둥으로 앞서서 인도하심 같이 언제나 우리 주님께서 고인의 삶을 앞서서 인도하셨습니다.

그래서 시편 기자는 노래했습니다. "여호와는 나의 목자시니 내게 부족함이 없으리로다." 시편 23편의 찬송시는 인생의 젊은 때로부터 늙은 때까지 동행하시는 여호와를 찬양하는 것 같습니다.

3. 자기와의 싸움도 끝났습니다

나그넷길에는 여러 가지 유혹도 많습니다. 육체의 정욕이 영혼의 길을 거스르도록 유혹합니다. 그래서 바울은 그 치열한 싸움을, 내 속에 두 가지 법이 있어 싸운다고 했습니다. "오호라 나는 곤고한 사람이로다. 이 사망의 몸에서 누가 나를 건져내랴!"(롬 7:24). 하나님은 고인의 이러한 영적 싸움을 항상 성령으로 도와주시다가 이제는 아주 쉬도록 그 영혼을 부르셨습니다. 이제는 자기와의 싸움도 끝났습니다.

사랑하는 성도 여러분, 여러분도 고인과 함께 나그네 인생길에 주님을 만나시고 육체의 소욕과 싸워 이기시다가 주님 앞에 서시기를 축원합니다. 〈식〉

66. 사람의 결국이 이와 같다
* 전 7:1~4 *

　성경 말씀은 매우 이상한 이야기를 전해주고 있습니다. 사람은 누구나 죽는 것보다 사는 것을 좋아합니다. 마땅히 자녀를 출생하는 날 기뻐하고, 가족 가운데 세상을 떠나는 장례의 날은 슬퍼하는 게 인지상정입니다.
　그런데 오늘의 본문 말씀을 보면 "죽는 날이 출생하는 날보다 나으며 초상집에 가는 것이 잔칫집에 가는 것보다 나으니"(1-2절)라고 하셨습니다. 이것은 무슨 뜻으로 하신 말씀이겠습니까? 사람이 잔칫집에 있으면 인생을 즐기는 일에 빠져서 먹고 마시느라 깊이 생각하지 않습니다.
　오늘 고 000님을 잃고 슬픔에 젖어 있는 유가족 여러분에게 하나님의 말씀이 위로가 되시기 바랍니다.

1. 사람은 누구나 죽습니다

　사람은 인생이 참으로 어리석은 존재여서 수많은 사람이 죽어도 나의 가족은 죽지 않을 것처럼 생각하다가 홀연히 죽음을 맞게 됩니다. 죽음은 연습이 없습니다. 홀연히 찾아온 죽음 앞에서 당연히 충격을 받게 됩니다.

"초상집에 가는 것이 잔칫집에 가는 것보다 나으니 모든 사람의 끝이 이와 같이 됨이라"(2절). 인생의 운명과 일생의 허무함을 배우게 됩니다. 시간의 의미를 알게 되고 한 번밖에 주어지지 않은 인생을 낭비하거나 죄짓지 말고 살아야겠다는 교훈을 받게 됩니다. 그러나 잔칫집에 가서는 별로 배울 것이 없습니다. 어쩌면 허영과 욕심만 가득해서 돌아오게 될지도 모릅니다. 인생의 결국이 이것뿐이란 말인가? 심각한 질문을 하게 될 것이고 영원한 나라를 사모하게 될 것입니다.

2. 마음이 좋게 됩니다

심리학에서 육체의 나이는 성인이지만 정신적으로는 어린아이 수준에서 벗어나지 못 한 사람을 '성인 아이'라고 합니다. 아이들은 별로 중요하지 않은 것에 욕심을 내고 중요한 것은 거들떠보지도 않습니다.

본문 3절에 보면 "슬픔이 웃음보다 나음은 얼굴에 근심하는 것이 마음에 유익하기 때문이니라" 하셨습니다. 어린아이는 기쁨만 추구합니다. 그 원하는 기쁨이 충족되지 않으니 괴로워하고 불행해합니다. 그러나 성숙한 사람은 슬픈 일을 통하여 더욱 성숙해집니다.

비록 얼굴은 근심하나 이로 인해 마음은 더욱 겸손해지고 좋게 됩니다. 고인의 장례식을 통해서 여러분들의 마음이 더 성숙해지고 더 좋게 되시기를 바랍니다.

3. 지혜를 얻습니다

지나온 인생살이를 되돌아보면 우리가 삶의 고비마다 지혜롭게 대처했는가 아니면 미련하게 살았는가 반성하게 됩니다. 오늘 고 000님의 유해를 곧 장지로 옮기게 될 터인데 고인 살아생전의 모습을 회상해 봅시다.

4절에서 이렇게 말씀하십니다. "지혜자의 마음은 초상집에 있으되 우매한 자의 마음은 혼인집에 있느니라." 초상집에서는 제한된 인생을 어떻게 유용하고 유익하게 살아야 하는가를 헤아릴 수 있고 그에 대한 지혜를 얻게 됩니다.

"우리의 연수가 칠십이요 강건하면 팔십이라도 그 연수의 자랑은 수고와 슬픔뿐이요 신속히 가니 우리가 날아가나이다. …우리에게 우리 날 계수함을 가르치사 지혜로운 마음을 얻게 하소서"(시 90:10,12).

이 자리에 참석하신 여러분, 인생의 결국이 이와 같이 허무합니다. 과연 인간은 이생으로 끝나는 것이겠습니까?

죽음의 문제 앞에서 겸손하지 못한 사람은 정말 구제 불능의 미숙아입니다. 끝없는 경쟁과 불화, 시기와 질투 다 벗어버리고 참다운 자유를 누리게 되어야 할 것입니다. 우리 모두 흘러가 버린 시간과 앞으로 남은 시간을 계수하는 참된 지혜를 하나님께로부터 얻게 되길 바랍니다. 유가족 위에 하나님의 위로가 함께하시기를 빕니다. 〈식〉

下棺

V 하관예배설교

67. 은혜의 특권
* 고전 15:42~44 *

1. 하나님의 법칙은 은혜의 법칙입니다

여러 가지 원리 중에 '심은 대로 거둔다'는 원리가 있습니다. 콩 심은 데 콩 나고 팥 심은 데 팥이 나는 것은 너무나 당연한 법칙입니다. 열심히 일한 사람은 그 열심에 대한 보상을 받아 잘살게 되고, 게으른 사람은 그 보상이 없어 어렵게 살게 되는 것이 당연한 일입니다. 공부를 열심히 한 사람은 이 원칙에 따라 성적이 좋을 것이고, 공부하지 않고 놀기만 한 사람은 당연히 성적이 좋을 수 없습니다. 착한 일을 많이 한 사람은 그 일로 인하여 많은 사람에게 인정받게 될 것이고, 나쁜 일을 한 사람은 감옥에 가든지 벌을 받든지 하게 될 것입니다. 이것이 당연한 원리요 법칙입니다.

그러나 이것은 어디까지나 이 세상의 법칙입니다. 하나님의 법칙은 '심은 대로 거둔다'는 법칙과 차이가 있습니다. 세상의 법칙이 인과응보에 따른 법칙이라면 하나님의 법칙은 은혜의 법칙입니다. 세상의 법칙을 따르자면, 구원받을 만한 일을 해야 구원받습니다. 이 세상에서 천국 갈 만한 일을 했어야 천국에 들어가게 됩니다. 죄짓지 않고 살아야 하나님을 뵐 수 있습니다.

하지만 하나님의 법칙은 그렇지 않습니다. 하나님은 죄인을 부르시고 구원을 선포하십니다. 천국 갈 자격이 없어도 천국으로 인도

하십니다. 죽을 수밖에 없는 죄인이지만 예수 그리스도는 믿는 사람들을 구원하십니다.

2. 예수를 믿고 영접한 자에게 은혜의 특권을 주십니다

오늘 말씀은 부활에 대한 말씀입니다. 이 말씀 가운데도 역시 하나님께서 주시는 은혜의 법칙이 잘 나타나 있습니다. 우리가 부활하게 되는 것 역시 하나님의 은혜임을 가르쳐주고 있습니다.

썩을 것으로 심었는데 썩지 않을 것으로 다시 살게 됩니다. 욕된 것을 심었는데 영광스러운 것으로 다시 살게 됩니다. 약한 것을 심었는데 강한 것으로 다시 살게 됩니다. 육의 몸을 심었는데 신령한 몸으로 다시 살게 될 것입니다.

어떻게 이런 일이 가능합니까? 하나님의 은혜 가운데 가능합니다. 세상적인 법칙과 원리로는 이 일을 설명할 길이 없습니다. 그러나 하나님의 은혜가 이 일을 가능하게 합니다. 고인의 시신은 이곳에 묻혀 흙으로 돌아가게 될 것입니다. 그러나 주님의 은혜로 이미 그의 영혼은 하나님 나라에서 주님의 품에 안겨 천국의 잔치에 참여하고 계십니다. 그뿐 아닙니다. "주께서 호령과 천사장의 소리와 하나님의 나팔 소리로 친히 하늘로부터 강림"(살전 4:16)하실 때 주님의 은혜로 그 육신이 부활하여 영원토록 주님과 왕 노릇 하게 될 것입니다(계 22:5).

하지만 이 은혜의 법칙은 누구에게나 다 주어지는 것이 아닙니다. 믿음을 가진 사람에게만 주어지는 특권입니다. 하나님은 이 세상에서 예수를 하나님의 아들로 믿고 나의 구주로 영접한 사람들에게 이러한 은혜의 특권을 주시는 것입니다.

3. 고인은 은혜의 특권을 받으셨습니다

고 000님은 이 세상에서 누구보다도 열심히 예수를 믿고 하나님을 의지했으며, 교회를 위해 봉사하셨습니다. 우리는 그분이 얼마나 하나님의 일에 열심이었는지 잘 알고 있습니다. 그런데 분명한 것은 우리가 아는 것으로 그치는 게 아니라는 것입니다. 하나님께서 우리보다 그 사실을 더 잘 알고 계신다는 것입니다.

고인은 하나님 은혜의 특권을 받았으므로 썩지 아니할 것과 강한 것으로 다시 살아날 것입니다. 하나님 은혜의 특권을 받았으므로 영광스러운 모습으로 다시 살아날 것입니다. 주님은 고인을 신령한 몸으로 다시 살려내실 것입니다. 어떻게 이러한 일이 가능합니까? 믿는 자에게 주시는 은혜의 특권으로 말미암아 가능한 것입니다.

고인의 시신을 땅에 묻는 이 엄숙한 시간을 통해 하나님은 우리에게 무엇을 말씀하고 계시는지를 깨달아야 합니다. 고인처럼 믿음 생활 잘하기를, 그래서 하나님 은혜의 특권을 누리는 사람이 되길 요구하고 계십니다.

우리도 언젠가는 땅에 묻히는 날이 올 것입니다. 하나님의 은혜 안에서 믿음 위에 굳게 서서 살아가시기를 바랍니다. 〈순〉

68. 영원히 거하리로다
* 시 23:1~6 *

시편 23편은 예수를 믿는 사람은 물론 믿지 않는 사람들에게도 잘 알려진 다윗의 시입니다. 고인께서도 생전에 이 말씀을 묵상하며, 위로와 힘을 얻으셨을 것입니다. 고인의 시신을 하관하는 이 시간, 고인을 생각하며 몇 가지 위로의 말씀을 드리려고 합니다.

1. 주님께서는 부족함이 없게 하십니다

다윗은 '여호와가 나의 목자 되셨기 때문에 내가 부족함이 없다'고 했습니다. 다윗에게는 많은 재산이 있었습니다. 왕이었으므로 이스라엘에서 제일 좋다는 것은 다 누릴 수 있었을 겁니다. 그 당시 풍습에 따라 그는 많은 아내를 두었고, 많은 왕자와 공주들을 두었습니다. 그들을 바라볼 때마다 자기의 후대가 든든했을 것입니다. 그러나 그것이 다윗을 부족함 없는 사람으로 만들었던 것은 아닙니다. 다윗에게 있어서 부족함이 없는 단 한 가지 조건은 '여호와 하나님이 나의 목자가 되시는 것'입니다.

세상 사람들은 '복을 받았다'고 하면 그 사람을 둘러싸고 있는 조건의 변화가 온 것으로 여깁니다. 즉 가난한 사람이 부자가 되었다든지, 자녀들이 잘 되었다든지 하는 그 사람의 조건적인 변화를 복으로 봅니다. 그러나 성경이 말하는 복은 무엇입니까? 성경은 조건적인 변화를 무시하지는 않습니다만 진정한 복은 조건의 변화에만 있다고 말하지 않습니다. 시편 73편 28절을 보면 "하나님께 가까이 함이 내게 복이라"고 하였습니다. 성경이 말하는 진정한 복이란 바로 여기에 있습니다. 부족하고, 죄 많고 죽을 수밖에 없는 인생이 거룩하시고 영원하시며, 완전하신 하나님의 존재와 함께하는 것을 복이라고 가르쳐주고 있습니다. 살아생전 주님처럼 살기 위해 애쓰며 교회를 섬기고, 하나님의 일을 위해 수고하다가 이 세상을 떠나면 실제로 하나님과 함께 살게 되는 참다운 복을 받게 되는 것입니다. 다윗은 이 사실을 잘 알고 있었던 것입니다. 그래서 그는 "여호와가 나의 목자가 되시는 것만으로 나는 부족함이 없습니다"라고 고백한 것입니다.

2. 하나님께서 하나님 나라에서도 부족함 없는 목자로서 우리를 인도하십니다

다윗이 내린 결론을 보십시오. "내 평생에 선하심과 인자하심이 반드시 나를 따르리니 내가 여호와의 집에 영원히 살리로다"(6절). 이 땅에 살아있을 때도 선하심과 인자하심으로 인도하셨던 그 하나님께서 우리가 숨을 거두어 이 세상을 떠나게 될 때 영원한 집으로 인도하시고, 거기서 영원히 살게 하신다는 말씀입니다.

고 000님은 이 땅에서 사는 동안 하나님의 인도하심을 받았습니다. 그 인도하심이 하나님 나라에서도 계속될 것입니다.

3. 하나님은 우리를 영원한 집에 영원히 거하게 하십니다

　전세나 월세로 집을 얻을 경우 계약이 끝나면 계약금을 올려 주든지 아니면 이사를 가야 합니다. 그러나 하나님께서 우리에게 마련해주신 집은 영원히 거할 수 있는 집입니다. 이사할 필요도 없고 계약금을 올려주어야 할 필요도 없습니다. 수리할 필요도 없는 완전한 집입니다. 그 집은 어떤 집입니까? 여호와의 집, 하나님의 집입니다. 하나님이 함께하시는 집입니다. 바로 그 집에서 하나님과 함께 영원히 거하게 하십니다.

　이 땅에서도 함께하셨던 하나님께서 그 하나님 나라에서도 함께 해주시고, 이 땅에서도 부족함 없이 인도하셨던 하나님께서 그 하나님 나라에서도 부족함이 없게 하십니다. 고인의 시신은 흙으로 돌아가고, 고인의 영혼은 이미 하나님의 집, 영원히 거할 하나님의 집에서 참된 안식을 얻고 계신다는 사실을 믿음의 눈으로 바라보시기 바랍니다.　　　　　　　　　　　　　　　　　〈순〉

69. 다시 흙으로
* 창 3:19 *

1. 하나님은 사람을 흙으로 만드셨습니다

"여호와 하나님이 땅의 흙으로 사람을 지으시고 생기를 그 코에 불어 넣으시니 사람이 생령이 되니라"(창 2:7). 하나님은 사람을 만드실 때, 흙을 빚어 지으시고 그 코에 생기를 불어 넣으셔서 숨 쉬게 하셨습니다. 그러므로 사람은 하나님의 생기를 받아 사는 존재입니다. 생명의 기운을 하나님께로부터 받아서 살다가 하나님께서 그 기운을 거두어 가시면 육신의 삶을 마치게 되는 것입니다.

히브리서 9장 27절에 "한 번 죽는 것은 사람에게 정해진 것이요 그 후에는 심판이 있으리니"라고 말씀하셨습니다. 하나님께서 우리 인간에게 불어 넣으셨던 생기를 거두는 날이 있다는 것입니다. 그런데 그날은 누구에게나 비밀로 감추어져 있습니다. 우리가 언제 태어날지 모르고 태어났던 것처럼, 언제 숨이 멎을지 모르고 사는 한계를 가진 사람들입니다. 우리는 알지 못하지만 하나님은 우리의 숨을 거두시는 날을 정해 놓으셨습니다. 이 사실을 알고 있던 우리 선조들도 "인명(人命)이 재천(在天)"이라고 했습니다.

2. 하나님은 우리 생명의 주인이십니다

손꼽히는 어떤 재벌이 누구든지 자기의 생명을 6개월만 더 살게 해준다면 자기 재산의 절반을 주겠다고 했답니다. 그러나 그분 역시 6개월은커녕 단 6초도 인간의 노력으로는 생명을 연장할 수 없었습니다. 아무리 더 살고 싶어도 하나님이 부르시면 우리는 이 세상의 삶을 접고 떠나야 합니다. 하나님께서 코에 불어 넣으셨던 생기를 거두어 가시면 아무리 숨을 쉬려고 발버둥 쳐도 아무 소용이 없는 것입니다. 왜 그렇습니까? 하나님만이 숨 쉬게 할 수도 있고 숨을 거둘 수도 있기 때문입니다. 하나님만이 생명의 주인이시기 때문입니다. 하나님만이 우리 삶의 주관자이시기 때문입니다.

3. 육체는 흙으로, 영혼은 영혼을 주신 분에게 돌아갑니다

우리의 숨이 멎고 나면, 그래서 땅속에 우리 몸이 묻히게 되면 오늘 말씀처럼 우리는 흙에서 왔으므로 우리의 본질인 흙으로 돌아가게 되는 것입니다. 이렇게 보면 우리 인생은 참으로 허무한 인생입니다. 흙에서 와서 흙으로 돌아가는 존재이기 때문입니다.

부자도 흙으로 돌아가고 가난한 사람도 흙으로 돌아갑니다. 학자도 흙으로 돌아가고, 일자무식의 사람도 흙으로 돌아갑니다. 높은 권세를 가졌어도 흙으로 돌아가고, 영웅의 기개를 가졌어도 흙으로 돌아갑니다. 흙으로 돌아가는 것은 누구에게나 평등한 하나님의 법칙입니다.

육신의 본질이 흙이므로 흙으로 돌아가듯이 우리 영혼도 영혼을 주신 분에게 돌아갑니다. 우리 영혼은 누가 주셨습니까? 창세기 2

장 7절을 보면, 하나님께서 생기를 불어 넣으실 때 사람은 "생령이 되었다"고 기록하고 있습니다. 하나님께서 우리에게 육신의 생명과 함께 영혼을 주셨다는 것입니다. 그러므로 우리 육신은 흙으로 돌아가지만 우리 영혼은 하나님과 함께 있게 되는 것입니다.

그렇다고 어느 영혼이든지 하나님과 함께 있게 되는 것은 아닙니다. 흙으로 돌아가는 것은 누구에게나 평등한 일이지만, 영혼의 구원 문제는 그렇지 않습니다. 하나님을 알고 예수 그리스도를 구주로 믿고, 그분이 나의 영혼을 살리시기 위해 십자가에 달려 죽으셨다는 사실을 확신하는 사람의 영혼은 하나님이 영원한 하나님 나라로 부르시어 거기서 살게 하십니다. 그러나 하나님을 모르고 예수 그리스도를 영접하지 않은 사람은 흙에서 왔다가 흙으로 돌아가는 허무한 인생이 되고 말 것입니다.

사랑하는 여러분, 우리는 오늘 고 000님의 육신을 땅에 묻는 하관 예식을 거행하고 있습니다. 육체의 모든 수고를 쉬고 육체의 본질인 흙으로 다시 돌아가는 엄숙한 이 시간, 여러분에게 하나님의 말씀으로 권고합니다. 예수 그리스도를 믿고 그분을 영접하십시오. 그렇게 될 때, 우리 육신은 죽어 흙으로 돌아가나 우리 영혼은 주님이 예비하신 하나님 나라에서 하나님과 함께 영원한 기쁨을 누리게 될 것입니다.

다시 흙으로 돌아가는 것으로 끝나는 인생을 원하십니까? 영원한 생명을 누리는 삶을 원하십니까? 하나님께서 유족들에게 자비와 위로를 베풀어주시기를 기도합니다. 〈순〉

70. 안식의 삶
* 창 2:1~3 *

 안식에 대하여 하나님은 일찍이 창조 사건에서부터 말씀하셨습니다. 6일 동안 천지 만물을 만드시고 마지막으로 하나님의 형상을 가진 인간을 창조하셨습니다. 그 지으시던 일을 다 함으로 하나님은 안식하셨습니다.

1. 안식의 의미

 이 세상의 수고와 무거운 삶을 마감하고 고인은 지금 안식의 세계에 들어가셨습니다. 고인을 안장하는 이 자리에서 안식의 삶을 생각해 봅니다.
 하나님은 6일 동안 천지 만물을 창조하셨는데 그 마지막 날에 인간을 창조하셨습니다. 그리고 일곱째 날, 하나님은 그날을 복 주시고 거룩하게 하셨습니다. 이렇게 해서 하나님으로부터 시작된 안식, 하나님이 먼저 본을 보이신 안식은 하나님의 형상을 가진 인간에게 중요한 의미를 전해주고 있습니다.
 안식은 하나님에게 필요한 것이 아니라 인간에게 필요한 것이기에 하나님은 창조 기사에서 안식을 중요하게 다루고 계십니다. 6일 동안 열심히 일하며 살아온 자들이 7일째 되는 날에는 안식하도록 안식일을 주셨습니다. 신정국가의 핵심인 십계명의 안식일을 구별하여 거룩히 지키도록 말씀하셨습니다.

안식일은 하나님이 주신 날이요, 하나님이 복 주시고 거룩하게 하신 날입니다. 이날을 이스라엘 백성들은 힘써 지킴으로 창조주 하나님을 기억하고 예배하게 됩니다. 창조의 안식을 주신 하나님이 애굽의 노예 생활에서 구원하여 주심을 감사하며 거룩히 지키는 날이 안식일이었습니다.

2. 안식의 복

만일 안식일이 없다면 인간은 계속해서 노동과 수고의 삶을 살아야 합니다. 결국 일의 노예가 되거나 일 중독자가 되어버리고 말 것입니다. 안식이 없는 수고의 삶은 축복이 아니라 저주가 되어 버립니다. 그러므로 안식은 복입니다.

또 안식일이 없다면 인간은 창조의 세계에 살면서 창조주 하나님을 기억하지도 못하고 찾지도 않을 것입니다. 하나님이 없는 삶은 생명이 없는 죽음의 길입니다. 인간은 하나님으로부터 창조된 피조물로서 생명을 부여받은 존재입니다. 생명의 근원인 하나님을 떠난다면 그것은 곧 죽음이요, 저주요, 심판입니다. 그래서 하나님은 이 모든 것을 아시고 인간에게 안식을 주신 것입니다.

여기 창조의 안식은 안식일의 기원이 되었고 안식일은 7년째의 안식년으로 발달됩니다. 또 안식년이 일곱 번 합해진 49년 다음 해 50년째는 희년으로서 모든 종이 자유를 얻게 됩니다. 그리고 모든 땅과 소유물이 원주인에게 돌아가게 됩니다. 이러한 안식을 통하여 하나님은 영원한 안식을 말씀하고 계십니다.

3. 안식의 세계

인간은 이 땅의 수고로운 삶을 다 마치면 영원한 안식의 세계에 들어가게 됩니다. 영원한 안식은 저주가 아닙니다. 고통이 아닙니다. 영원한 안식은 하나님이 복 주시고 거룩하게 하신 세계입니다.

하나님이 만드신 창조 세계의 삶을 마치고 창조주 하나님께로 돌아가는 것입니다. 본래의 위치로 돌아가는 것이요, 가야 할 곳으로 가는 것입니다. 그러므로 이곳이 고인을 떠나보내는 자리이지만 너무 슬퍼하거나 낙심하지 마십시오. 고인은 영원한 안식의 세계로 들어가신 것입니다. 이제는 수고도 없고 고통도 없습니다. 눈물도 없고 아픔도 없습니다. 어두운 밤도 없고 저주도 없는 곳입니다. 죽음도 다시는 없는 곳입니다.

오직 성도의 죽음은 칭찬과 영광과 상급만 있을 뿐입니다. 그러므로 주 안에서 죽은 자들은 복이 있다고 성경은 말씀하고 있는 것입니다. 우리 믿는 하나님의 백성들에게는 안식이 있고 천국이 있고 부활과 영광의 상급만 있습니다. 이제 우리 곁을 떠난 고인은 지금 주님의 품에 안겨 칭찬과 존귀 가운데 참 안식과 참 평안을 누리고 계심을 확신합니다. 이 시간, 이 자리에 주님의 위로와 평강이 영원한 안식을 소망하는 우리 모두에게 임하기를 소원합니다.

이 땅에서는 참 안식이 없습니다. 돈이나 명예나 권력이 안식을 가져다주지 못합니다. 참 안식은 하나님 안에서만 얻을 수 있습니다. 믿음으로 사는 자에게 약속한 안식은 일시적인 것이 아니요, 영원한 것입니다. 영원한 안식의 삶을 준비하는 자로 살아가는 지혜로운 믿음의 심령들이 되시기를 축원합니다. 〈남〉

71. 천국의 소망
* 요 12:24 *

  한 알의 밀이 땅에 떨어져 썩어도 그 생명은 싹이 되어 다시 살듯이 예수를 믿어 생명을 가진 성도의 죽음 역시 영원한 삶의 시작입니다.
  지금 여기에 고인이 안장되고 있습니다. "너는 흙이니 흙으로 돌아갈 것이니라 하시니라"(창 3:19)는 하나님의 말씀에 따라 흙으로 돌아갑니다. 이제 한 알의 밀처럼 땅속에 들어가면 썩기 시작할 것입니다. 썩으면 그 형체는 사라집니다.
  그러나 오늘 여기 예수님의 말씀을 들으십시오. "한 알의 밀이 땅에 떨어져… 죽으면 많은 열매를 맺느니라"(24절)고 하십니다. 한 알의 밀이 땅속에 들어가 썩는다고 모든 것이 끝나는 마지막이 아닙니다. 그것은 새로운 시작입니다.

1. 부활의 생명

  오늘 하관 예배를 드리고 성도의 육신을 땅에 안장하면서 부활의 소망을 전하고자 합니다.
  성도의 죽음은 한 알의 밀처럼 새로운 생명의 시작입니다. 끝이 아니라 영생의 시작이므로 너무 슬퍼하거나 낙심하지 마십시오. 믿음을 가진 자들에게는 하나님의 약속이 있습니다. 마지막 날 주님이 재림하실 때 무덤에서 잠자던 성도의 육신이 부활할 것입니다.

신령한 몸으로 다시 살아날 것입니다. 이는 부활의 첫 열매가 되어 역사 앞에 증거해주신 예수님의 말씀입니다.

우리는 오늘 이 자리에서 참 생명의 중요성을 다시 한번 생각해야 합니다. 한 알의 밀이 썩어도 다시 사는 것은 생명이 있기 때문에 가능한 일입니다. 생명이 없는 씨앗은 다시 살지 못합니다. 오직 생명을 가진 씨앗만이 썩어도 다시 살아납니다. 여기의 생명은 예수 그리스도입니다. 예수님은 말씀하셨습니다. "내가 곧 길이요 진리요 생명이니"(요 14:6).

그렇습니다. 예수님은 참 생명이십니다. 그래서 예수 그리스도를 믿어 마음에 영접한 자에게는 생명이 있다고 요한일서 5장 12절에서 증거합니다. "아들이 있는 자에게는 생명이 있고 하나님의 아들이 없는 자에게는 생명이 없느니라." 참 생명은 예수 그리스도 안에 있습니다.

2. 부활의 소망

예수 그리스도를 구주로 믿어 마음에 영접한 자에게는 부활의 소망이 있습니다. 무덤 속에서 잠자다가 예수님의 재림 나팔을 듣는 순간, 생명의 부활로 나오게 됩니다. 생명이 있는 한 알의 밀처럼 예수님을 영접하여 생명을 가진 성도의 죽음도 영생을 보장받습니다. 그래서 하나님은 성도의 죽음을 귀하게 보고 계십니다.

그러나 우리는 여기에서 중요한 기회를 놓쳐서는 안 된다는 사실을 기억해야 합니다. 예수님을 믿고 마음에 영접할 기회는 이 땅에서만 가능하다는 사실입니다. 육신을 입고 이 땅에서 살아가는 동안에 예수님을 영접해야 합니다.

지금 이 시간 이 자리에, 아직 예수님을 마음에 영접하지 못 한 사람이 있다면 지금 결정하십시오. "예수님을 나의 구주로 믿습니다"라고 고백하며 예수님을 마음에 모셔 들이십시오. 예수님은 생명이십니다.

3. 부활의 영광

예수님을 믿어 생명을 가진 자는 부활의 소망을 갖고 담대히 살아갑니다. 죽음 이후의 삶에 대하여 영생을 보장받은 자는 생각이 달라지고, 삶이 변합니다. 이 땅의 것만을 추구하며 살던 자가 이제는 영원한 천국을 바라보며 하나님을 위하여 살게 됩니다.

인생을 결산하는 죽음 앞에서 가장 가치 있고 의미 있는 삶이란 무엇일까요? 그것은 하나님의 영광을 위해서 살아온 삶이요, 믿음으로 시작한 인생입니다. 믿음으로 시작하여 하나님 앞에 드려진 인생은 하나님 앞에서 거두게 되어 있습니다.

오늘 하관 예배를 드리며 우리는 믿음을 가진 성도의 죽음은 영원한 삶의 시작임을 기억하며 소망을 갖게 됩니다. 우리는 고인을 다시 볼 수 없지만 천국에서 만날 것을 기약하며 부활의 소망을 갖고 담대하게 살아가시기를 바랍니다. 우리 모두 고인의 믿음의 유산을 이어받아 믿음과 소망으로 남은 인생을 살아 부활의 영광을 누리시기를 축원합니다. 〈남〉

72. 부활의 소망
* 고전 15:51~53 *

　오늘 우리는 성도의 죽음 앞에 엄숙한 마음으로 서 있습니다. 죽음이라는 요단강 앞에서 우리는 하나님을 향하여 경건히 하관 예배를 드립니다. 죽음은 두려움의 대상입니다. 죽음 이후의 세계를 우리는 너무 모르기 때문입니다. 무엇이 우리를 기다리고 있는지 모릅니다. 캄캄한 암흑세계로 떨어지는 것은 아닌가 하는 불안한 마음이 들기도 합니다. 그러나 하나님의 말씀은 죽음 이후에 대하여 분명하게 답하고 있습니다. 어두워 아무것도 볼 수 없는 죽음의 세계이지만 진리의 빛이 있음을 성경은 말씀합니다.

1. 새로운 시작

　죽음은 인생의 종착점이 아니라 새로운 영생의 시작이라는 것입니다. 죽음은 삶의 마지막이 아니라 영원한 삶의 시작입니다. 사람이 한 번 죽는 것은 정한 이치요, 그 이후에는 심판이 있습니다. 이때에 어떤 사람은 생명의 부활로, 또 어떤 사람은 심판의 부활로 다시 살게 됩니다.
　그때가 언제입니까? 오늘 말씀이 그것에 대하여 증거합니다. 마지막 날입니다. 예수님이 나팔 불며 재림하실 때입니다. 그때 무덤에서 잠자던 육신이 홀연히 변화합니다. 나팔 소리가 나매 죽은 자들이 다시 살아납니다. 다시 사는 부활의 몸은 썩지도 않고, 죽지도 않는 몸입니다.

2. 부활의 첫 열매

부활의 몸은 주 예수님이 죽음에서 사흘 만에 살아나셔서 제자들에게 보여주신 신령한 몸입니다. 부활의 첫 열매로 예수님은 우리 가운데 오셨습니다. 부활의 첫 열매를 하나님 앞에 드리신 예수님을 우리는 믿음으로 영접합니다. 주 예수를 믿음으로 영접한 성도는 그 주님과 연합됩니다. 그래서 다음의 부활을 기약할 수가 있게 됩니다. 마치 첫 열매가 사과인 나무는 그다음 해에도 반드시 사과를 맺는 것처럼 말입니다. 비록 지금 당장에는 눈에 보이지 않고 가능성이 없어 보여도 반드시 사과나무에 접붙인 가지는 사과 열매를 맺게 되어 있습니다.

부활에 대한 소망도 이와 같은 원리입니다. 아무도 부활을 확인할 수 없지만 부활의 첫 열매 되시는 예수님을 믿는 성도에게는 반드시 부활의 소망이 있습니다.

죽은 자의 부활은 하나님의 약속이요, 역사적인 예수님의 실증입니다. 그러므로 부활 신앙을 갖고 사는 성도는 소망이 있고 죽음 앞에서도 위로받지만, 세상 사람들은 죽음 앞에서 절망하고 한탄합니다. 오늘 우리 곁을 떠난 고인을 땅에 안장하면서, 부활에 대한 소망을 다시 한번 다지시기를 바랍니다.

3. 성도의 삶

그러면 부활 신앙을 갖고 사는 성도의 삶은 어떠해야 할까요? 예수 안에서 부활에 대한 소망이 있는 성도의 삶에 대하여 고린도전서 15장 58절은 두 가지 자세를 제시하고 있습니다.

첫째, 담대하게 살아야 한다는 것입니다. 죽음은 사랑하는 사람을 떠나보내는 아픔이요, 다시 이 땅에서는 만날 수 없는 이별이지만 성도의 죽음 앞에서 우리는 너무 낙심하지 말아야 합니다. 슬픔과 아픔을 이길 수 있는 확실한 소망이 우리에게 있기 때문입니다. 영광의 몸으로 부활하여 영원히 주님과 함께 사는 영생의 복이 성도에게 약속되어 있습니다. 그러므로 견고하며 흔들리지 말고 담대히 믿음을 지키는 성도 여러분이 되시기를 바랍니다.

둘째, 내세를 준비하며 살아야 한다는 것입니다. 항상 주의 일에 힘쓰며 살아야 합니다. 왜냐하면 그 수고가 주 안에서 헛되지 않기 때문입니다.

오늘 우리의 삶은 미래는 준비하지만 내세는 준비하지 못하고 있습니다. 내일을 위해서는 보험에 들고 저축을 합니다. 또 미래를 바라보면서 아낌없이 자녀를 교육합니다. 내일이 있음을 믿기에 우리는 오늘 헌신하고 투자합니다.

그런데 성경은 우리에게 내일이 있듯 내세도 있음을 말씀합니다. 침대의 잠을 자고 나면 내일이 오듯이 무덤의 잠을 자고 나면 내세가 옵니다. 이렇게 분명한 내세가 있는데 우리는 내세를 얼마나 준비하고 있습니까?

우리는 오늘 고인을 땅에 안장하면서 부활에 대한 확신을 다시 한번 고백합니다. 부활하신 주님의 재림 때에 우리 모두 다시 만날 것입니다. 먼저 부활하셔서 우리에게 소망을 주신 주님을 믿음으로 승리하시기 바랍니다.　　　　　　　　　　　　　　　　〈남〉

73. 의의 면류관
* 딤후 4:6~8 *

"전제와 같이 내가 벌써 부어지고 나의 떠날 시각이 가까웠도다. 나는 선한 싸움을 싸우고 나의 달려갈 길을 마치고 믿음을 지켰으니 이제 후로는 나를 위하여 의의 면류관이 예비되었으므로 주 곧 의로우신 재판장이 그 날에 내게 주실 것이며 내게만 아니라 주의 나타나심을 사모하는 모든 자에게 도니라."

바울은 자기의 인생이 얼마 남지 않음을 알고 믿음의 아들인 디모데에게 오늘 말씀을 남겼습니다. 사도 바울의 간증은 우리에게 주시는 귀한 도전이기도 합니다.

1. 선한 싸움을 싸우라.

많은 사람들이 싸웁니다. 주차 문제로 싸우고, 돈 문제로 싸우고, 학교에서 싸우고, 길거리에서 싸웁니다. 심지어 교회 안에서도 싸우는 어리석은 자들도 있습니다. 그러나 바울 사도는 선한 싸움을 싸우라고 권합니다. 선한 싸움이란 믿음의 싸움을 의미합니다. 예수 그리스도를 위해 살라는 말입니다. 사랑하는 고인은 그동안 교회를 위해, 주님 나라를 위해 믿음의 싸움을 싸우다가 이제 하늘나라에 입성하셨습니다. 축복하고 사랑합니다.

2. 달려갈 길을 달리라.

기차는 기찻길로 다녀야 합니다. 아니면 기차가 탈선합니다. 하늘에도 비행기가 달리는 길이 있고 바다는 배가 다니는 뱃길이 있습니다. 성도들은 믿음의 길로 달려야 합니다. 사랑하는 고인은 그동안 인생의 길, 신앙의 길을 잘 달렸습니다. 마지막까지 믿음의 길을 간 것을 우리가 증인으로 잘 알고 있지 않습니까? 고인처럼 우리 또한 탈선하지 말고 믿음의 길을 끝까지 잘 달리자고 고백합시다.

3. 믿음을 지키라.

믿음 생활을 하다가 중간에 포기하고 세상으로 돌아가는 사람들이 있습니다. 그러나 고인처럼 마지막까지 믿음으로 살다가 죽는 사람들도 있습니다. 그리스도의 제자로 사는 인생입니다. 감사의 간증을 하며 사는 인생입니다. 사명을 완수하는 것입니다. 모두 용서하고 죽는 것입니다. 가능한 최선을 다해 섬기는 것입니다. 고인의 삶을 본받아 믿음을 지켜 살다 하늘나라 갑시다!

4. 의의 면류관이 예비 되었다.

성도들이 '선한 싸움을 싸우고' '달려갈 길을 달리고' '믿음을 지킬 때' 세 가지를 잘한 사람들에게는 의의 면류관이 예비되었다고 합니다. 하나님께서 주시는 하늘의 상급입니다. 여러분께서도 고인처럼 의의 면류관을 받기까지 이 땅에서 예수 믿고 충성하시다 주님께 부름받기 바랍니다. 오늘 장례식장에 오신 성도 여러분, 우리도 이와 같은 의의 면류관, 생명의 면류관을 다 받을 수 있도록 믿음으로 끝까지 달려가시기를 축복합니다. 〈종〉

74. 성도들이 가는 곳
* 계 21:10~23 *

1. 고인이 가신 곳은 보석으로 꾸며진 집입니다

사랑하는 성도 여러분! 우리는 지금 사랑하던 고 000님의 하관 예배를 드리고 있습니다. 이제 이 예배가 끝나면 우리는 고인의 관이 묻힌 이곳을 흙으로 덮게 될 것입니다. 그리고 이 묘지 앞에는 '성도 000' 라는 이름이 적힌 묘비가 서게 될 것입니다.

온화하고 사랑이 넘치는 000님의 모습을 더 이상 볼 수 없다는 안타까움이 있습니다. 고인에 대한 슬픔이 있지만 저는 이 자리에서 슬픔의 이야기만 할 수 없습니다. 왜냐하면 오늘 제가 봉독해드린 말씀을 믿기 때문에 그렇습니다.

오늘 읽은 본문은 천국의 모습을 잘 말씀해주고 있습니다. "그 성곽은 벽옥으로 쌓였고 그 성은 정금인데 맑은 유리 같더라. 그 성의 성곽의 기초석은 각색 보석으로 꾸몄는데 첫째 기초석은 벽옥이요 둘째는 남보석이요 셋째는 옥수요 넷째는 녹보석이요 다섯째는 홍마노요 여섯째는 홍보석이요 일곱째는 황옥이요 여덟째는 녹옥이요 아홉째는 담황옥이요 열째는 비취옥이요 열한째는 청옥이요 열두째는 자수정이라"(18-20절).

사랑하는 유족 여러분! 이제 고인이 가신 곳이 어떤 곳인지 짐작하실 수 있겠습니까? 고인이 가신 곳은 정금으로 된 성이고, 모든 성곽은 벽옥으로 둘러싸여 있으며, 그 성은 해나 달의 비춤이 필요 없는 곳입니다. 하나님의 영광이 비추기 때문입니다. 어린양 예수 그리스도가 등불이 되시기 때문입니다. 예수님을 믿음으로 의롭게 되고 죄 용서함을 받아 하나님의 자녀가 된 우리가 가게 될 나라입니다.

2. 새 하늘과 새 땅에 거할 자는 생명책에 기록된 자들뿐입니다

여러분, 고인을 더 이상 뵙지 못한다는 안타까움의 눈물이 있는 이 자리가 눈물만이 있어야 하는 자리는 아닙니다. 물론 눈물이 있겠지만, 그 눈물은 믿지 않는 사람들 장례의 고통스런 부르짖음 같아서는 안 됩니다. 소망의 눈물, 기쁨이 담겨 있는 눈물을 흘려야 합니다.

우리가 가는 그 나라에는 더 이상 성전이 없습니다. 왜 그렇습니까? 그것은 전능하신 하나님과 어린양 예수 그리스도가 성전이 되시기 때문입니다. 그렇다면 누가 이 성에 들어가 이 영광스러운 기쁨에 동참할 수 있습니까?

"무엇이든지 속된 것이나 가증한 일 또는 거짓말하는 자는 결코 그리로 들어가지 못하되 오직 어린 양의 생명책에 기록된 자들만 들어가리라"(계 21:27). 여기서 말하는 이 사람들은 누구를 가리키고 있습니까? 누가 새 하늘과 새 땅에 거할 수 있는 자들입니까? 오직 어린양 예수 그리스도의 생명책에 기록된 자들만이 들어갈 수 있습니다. 믿는 여러분의 이름이 어린양의 생명책에 기록되어 있음을 믿고 감사드리시기 바랍니다. 혹시 아직도 예수님을 믿지 않는 분이 계신다면 복음을 받아들이시기 바랍니다.

여러분이 사랑하시던 고인이 믿고 구원받은 백성으로 이 땅을 떠나신 것에 감사하시기 바랍니다. 또 이 자리에 있는 여러분의 이름이 모두 생명책에 기록되어 있기를 간절히 바랍니다. 그것이 바로 이미 천국으로 가신 고인을 다시 만날 수 있는 유일한 길이라는 것을 믿으시기 바랍니다.

3. 부활의 소망 가운데서 위로를 받으시기 바랍니다

이 자리에 둘러선 사랑하는 유족 여러분! 우리의 죄 많은 육신으로는 하나님 나라를 이어받을 수 없습니다.

그러면 어떻게 해야 할까요? 내 속에 영원한 예수 그리스도를 모셔 들여야 하는 것입니다. 몸은 죽어도 없어지지 않는 참된 믿음을 가져야 합니다. 주님께서 재림하실 때 우리 성도들은 순식간에 변화되어 영광의 몸으로 부활하게 됩니다. 이것을 이상하게 생각하지 마시기 바랍니다. 이것은 하나님의 뜻하신 바입니다. 천국에도 죽음이 있다면 더 이상 행복하지 못할 것입니다. 그러므로 영원하고 아름다운 부활은 하나님께서 반드시 이루실 것입니다.

이제 우리가 고인의 관을 땅에 묻겠습니다. 우리도 얼마 되지 않아서 고인과 같이 땅에 묻힐 것입니다. 그러므로 여기에 둘러선 우리는 아무 소망이 없게 된 것처럼 과도히 슬퍼하지 마시기 바랍니다. 그때가 홀연히 다가오기 전에 사랑하는 고 000님과 같이 예수 그리스도 안에서 부활의 영원한 생명을 소유하시기를 예수님의 이름으로 축원합니다. 〈일〉

75. 부활의 영광에 참여하자
* 요 5:24 *

1. 마르다를 찾아오신 예수님

오늘 우리는 고 000님의 하관 예배를 드리고 있습니다. 예배를 마치면 마지막으로 관 뚜껑을 닫게 됩니다.

그런데 이 자리에 예수님께서 나타나셨다고 생각해보시기 바랍니다. 2000년 전 나사로의 무덤 앞에 서서 무덤의 문을 열라고 말씀하신 예수님이 오셨습니다. 마르다는 예수님을 향해서 말합니다. "주여 죽은 지가 나흘이 되었습니다. 벌써 냄새가 납니다." 그때 예수님께서 큰 소리로 말씀하셨습니다. "나사로야, 나오너라!" 마르다는 예수님의 말씀을 도무지 이해할 수가 없었습니다. 그런데 어떤 일이 일어났습니까? 죽은 자가 수족을 동인 채로 나왔습니다. 그 얼굴은 수건에 싸여 있었습니다. 예수님의 말씀이 계속됩니다. "풀어놓아 다니게 하라."

2. 생명의 주가 되시는 예수님

사랑하는 유족 여러분! 예수님이 지금 이 자리에 나타나셔서 무덤을 향하여 외치신다고 생각해보십시오. 어떤 일이 일어나겠습니까? 고인이 다시 살아날 수 있겠습니까?

여러분! 믿음은 무엇입니까? 믿음은 예수님께서 명하시면 죽은 자라도 다시 살 수 있다는 것을 믿는 것입니다.

예수님께서 요한복음 11장 25~26절에서 마르다에게 말씀하셨습니다. "나는 부활이요 생명이니 나를 믿는 자는 죽어도 살겠고 무릇 살아서 나를 믿는 자는 영원히 죽지 아니하리니 이것을 네가 믿느냐" 예수님은 부활이요, 생명이십니다. 그러므로 예수님을 믿는 자는 죽어도 삽니다. 살아서 예수님을 믿는 자는 영원히 죽지 아니합니다.

누구에게 주어지는 특권입니까? 바로 예수님을 믿는 자에게 주어지는 특권인 것입니다. 예수님을 믿고 눈을 감은 고인에게 주어진 특권입니다.

지금 이 자리에서는 나사로에게 일어난 부활 사건은 일어나지 않을 수 있습니다. 하지만 하나님의 나팔 소리가 천지를 진동할 때가 옵니다. 천사장의 호령 소리가 들리는 날이 있습니다. 그날이 되면 고인은 일어나게 될 것입니다. 구름 속으로 끌어올려져 공중에서 주를 영접하게 되는 날이 있을 것입니다. 그래서 항상 주님과 함께 있게 되는 것입니다. 이것이 중요합니다.

물론 나사로와 같이 죽었던 생명이 다시 살아나 삶의 기간이 늘어나게 된 것은 참으로 기적적인 일이라고 할 수 있습니다. 하지만 영적으로 본다면 어떻습니까? 사랑하는 오라버니를 보게 된 마르다 마리아에게는 기쁨의 사건이었는지 몰라도 낙원을 경험한 나사로에게는 다시 이 땅에서의 삶을 살아가게 되는 것이 그렇게 즐거운 일만은 아니었을 것입니다.

고인을 보내는 이 자리에서 우리는 더 이상 육신으로 고인을 보지 못함으로 인하여 슬퍼하지 맙시다. 고인은 부활이요, 생명이 되시는 예수님을 믿고 이 땅을 떠나셨기 때문입니다. 고인은 사랑하는 하나님의 품 안에 안겼습니다. 하나님께서는 고인의 눈에서 눈물을 닦아주십니다. 영생을 누리게 되는 것입니다. 이보다 감사할 일이 어디 있겠습니까?

3. 위의 것을 바라보며 부활의 소망을 갖길 바랍니다

사랑하는 유족 여러분! 위의 것을 바라보시기 바랍니다. 바울 사도는 골로새서 3장 1~4절에서 다음과 같이 말하고 있습니다.

"그러므로 너희가 그리스도와 함께 다시 살리심을 받았으면 위의 것을 찾으라. 거기는 그리스도께서 하나님 우편에 앉아 계시느니라. 위의 것을 생각하고 땅의 것을 생각하지 말라. 이는 너희가 죽었고 너희 생명이 그리스도와 함께 하나님 안에 감추어졌음이라. 우리 생명이신 그리스도께서 나타나실 그 때에 너희도 그와 함께 영광 중에 나타나리라."

우리 생명이신 부활의 주님께서 나타나실 때가 옵니다. 그때에 우리는 그리스도와 함께 영광 중에 나타나게 될 것이고 사랑하던 고인을 다시 만나게 되는 것입니다. 고 000님은 생전에 질병으로 고생을 많이 하셨습니다. 이제는 더 이상 질병이 없습니다.

이 세상에는 참 만족이 없습니다. 그러나 구원받은 성도는 천국에서 영원한 만족이 있는 생활을 할 것입니다. 기독교의 진리는 역설적입니다. 인간의 한계가 드러나는 곳에서 하나님의 영원이 시작되기 때문입니다. 이 자리에 계신 여러분도 고 000처럼 부활의 영광에 다 참여하는 믿음의 성도들이 되시기를 주의 이름으로 축원합니다.

〈일〉

76. 하나님의 영광
* 고전 15:42~44 *

1. 투자하는 인생

　사업하는 사람에게 있어서 투자를 바로 한다는 것은 매우 중요한 일입니다. 가장 적당한 곳에 물질과 시간과 열정을 투자하게 되면 그 사업은 성공을 거두게 될 것입니다. 인생도 마찬가지입니다. 우리가 가지고 있는 물질과 시간을 어떻게 투자하느냐 하는 것은 삶에 있어서 참으로 중요한 것입니다.

　오늘 우리는 고 000님의 하관 예배를 드리는 엄숙한 자리에 있습니다. 고인은 이 땅에 사실 때 많은 일을 하셨습니다. 하는 일마다 인정받을 만한 좋은 결과도 많이 거두신 바 있습니다. 그런데 저는 이 시간 고인이 이 땅을 살아가면서 하셨던 많은 일보다는 고인이 성공적으로 하셨던 투자에 주목하고 싶습니다. 그것은 바로 이 시간 제가 읽어드린 말씀과 관련된 투자입니다.

　바울 사도는 고린도전서 15장을 쓰면서 성도의 부활에 관하여 다루고 있습니다. 바울 사도는 죽은 자의 부활에 대하여 언급하고 있습니다. 그는 '썩을 것으로 심고, 썩지 않을 것으로 다시 산다'고 말씀하고 있습니다. '욕된 것으로 심고, 영광스러운 것으로 다시 산다'고 말하고 있습니다. '약한 것으로 심고, 강한 것으로 다시 산다'고 말하며 '육의 몸으로 심고, 신령한 몸으로 다시 산다는 것'을 말하고 있습니다. 육의 몸이 있으니 신령한 몸이 있다는 것입니다.

제가 이 엄숙한 자리에서 왜 투자에 대하여 말하는지 이해가 되십니까? 썩을 것, 욕된 것, 약한 것을 심는데 썩지 않을 것, 영광스러운 것, 강한 것으로 다시 산다고 하니 대단하지 않습니까? 도대체 어떻게 이 두 가지를 비교할 수 있겠습니까?

2. 하나님의 영광을 위해 심고, 투자해야 합니다

사랑하는 성도 여러분! 우리는 자신에 대하여 무엇을 알아야 합니까? 그것은 우리 자신이 질그릇과 같다는 것입니다. 우리에게는 깨지기 쉬운 연약함이 있습니다. 꽃이 아무리 아름답다 해도 그 꽃은 결국 어떻게 됩니까? 시들어서 썩고 마는 것입니다. 바로 그것이 인생의 현실임을 우리는 알아야 합니다.

그래서 이사야 기자는 이사야 40장 6~8절에서 다음과 같이 부르짖고 있습니다. "말하는 자의 소리여 이르되 외치라. 대답하되 내가 무엇이라 외치리이까 하니 이르되 모든 육체는 풀이요 그의 모든 아름다움은 들의 꽃과 같으니 풀은 마르고 꽃이 시듦은 여호와의 기운이 그 위에 붊이라. 이 백성은 실로 풀이로다. 풀은 마르고 꽃은 시드나 우리 하나님의 말씀은 영원히 서리라 하라."

인생이 얼마나 연약한 존재인가를 잘 보여주는 말씀입니다. 또한 우리는 어떤 존재입니까? 우리는 이 세상에서 우리가 소유하고 있는 지위나 명예가 있으면 그것을 조금이라도 더 자랑해보고자 애쓸 때가 많습니다. 하지만 하나님의 영광 앞에 서게 될 때 우리가 얼마나 초라하며 욕된 존재인지를 알게 될 것입니다. 바로 그것이 인생의 본 모습인 것입니다.

그러나 오늘 우리가 읽은 말씀은 우리에게 소망을 줍니다. 우리가 무엇을 위하여, 어떻게 심느냐에 따라 우리 삶의 결과가 달라짐을 명백히 보여주고 있는 것입니다. 썩을 것으로 심고 썩지 않을 것으로 다시 살게 된다고 말하고 있습니다. 욕된 것으로 심고 영광스러운 것으로 다시 살게 된다고 말하고 있습니다.

하나님의 영광을 위하여, 성령을 따라 심는다면 바로 이 말씀이 보여주는 영광스러운 결과들이 바로 우리 것이 된다는 것을 알아야 합니다.

오늘 우리는 고 000님을 이 차디찬 땅에 묻게 됩니다. 마치 이 땅에서 영원히 떠나보내는 것 같은 안타까움이 유족들에게 있을 수 있습니다. 하지만 고인은 비록 이 차디찬 땅에 묻힌다 하여도 이 땅에서 썩는 것으로 모든 것이 끝나는 것은 아닙니다. 예수님을 믿고 구원받은 성도로서 이 땅을 떠나시는 고인은 이제 영원한 하나님 나라에서 강한 것으로, 썩지 않을 것으로, 영광스러운 것으로 다시 살게 될 것입니다.

사랑하는 유족 여러분! 영원한 천국을 바라보시기 바랍니다. 천국에서 영광 가운데 다시 만날 것을 소망하시며 위로받으시기 바랍니다. 〈일〉

77. 가장 복된 신앙고백
* 요 11:25~27 *

하관 예배를 드리는 이 시간에 유족들에게 깊은 애도와 함께 하나님의 위로가 임하시기를 기원합니다. 하관은 장례식의 마지막 절차로서 가장 아쉬운 작별의 시간이지만 가장 큰 인생의 교훈을 받을 수 있는 인생의 수련장이기도 합니다.

1. 죽어도 사는 길

오늘 읽은 성경에 이런 말씀이 있습니다. "예수께서 이르시되 나는 부활이요 생명이니 나를 믿는 자는 죽어도 살겠고"(25절). 인간이 듣고 충격을 받을 만한 말 중 '죽어도 산다'는 말보다 더 신기한 말은 없을 것입니다. 그러나 매우 값진 조건을 수행해야 합니다. 누가 죽어도 삽니까? '나를 믿는 자'라고 했습니다. 모든 사람이 죽어도 산다는 의미가 아니라 믿는 자는 산다는 것입니다.

"누구든지 주의 이름을 부르는 자는 구원을 받으리라"(롬 10:13)고 했습니다. '누구든지'는 제한이 없습니다. 그러나 '주의 이름을 부르는 자'는 제한이 있습니다. 유족들이 주의 이름을 부르는 자가 되기를 바랍니다. 그래서 죽어도 사는 은혜를 입어 영원히 사시기를 바랍니다.

죽어도 사는 것보다 더 큰 소망은 없습니다. 예수 그리스도가 약속하신 이 언약은 영원불변한 진리입니다. 역사상 많은 사람이 이 말씀을 믿고 하나님의 구원을 받은 것입니다.

이 세상을 떠나서 하나님이 예비하신 그 나라에서 다시 사는 축복은 땅 위에 사는 동안 예수 그리스도를 믿음으로서만 주어지는 은혜입니다. 이 믿음 안에서 사는 자가 되기를 바랍니다.

2. 이것을 네가 믿느냐

"무릇 살아서 나를 믿는 자는 영원히 죽지 아니하리니 이것을 네가 믿느냐"(26절). 이 말씀은 예수께서 다짐하는 질문입니다. 인간에게 묻는 중요한 질문입니다. "이것을 네가 믿느냐?" 하실 때 "네, 내가 믿습니다"라고 응답해야만 복이 되는 말씀입니다.

모든 인생은 예수를 믿는 데 '예'라는 대답을 해야만 합니다. 당신은 진정 예수 그리스도를 구주로 믿으십니까? 이 질문에 "믿습니다"라는 답을 갖고 사는 인생이 되시기를 바랍니다.

하관식은 고인의 시신을 매장해 드리는 일입니다. 모든 사람은 하관의 시간에 차별이 없습니다. 그러나 죽어도 사는 소망을 안고 안장되는 사람은 새로운 인생길을 가는 새 출발의 계기가 될 수 있습니다.

신앙고백은 산 자의 몫입니다. 죽은 자는 믿을 기회가 없습니다. 인간이 하나님을 향하여 갖는 신앙고백은 근본적으로 창조자에 대한 피조물의 고백입니다. 내 생명의 주인도 하나님이시요, 나의 소유의 주인도 하나님이시라는 고백입니다.

"나를 믿는 자는 죽어도 살겠고 무릇 살아서 나를 믿는 자는 영원히 죽지 아니하리니"(25-26절). 이 말씀을 믿고 사시기 바랍니다.

3. 인생의 최고의 복

동양에는 오복이 있습니다. 그것은 오래 사는 것(壽)과 부한 것(富), 존귀를 얻는 것(貴)과 아들을 많이 두는 것(多男子), 마지막으로 죽을 때 편안히 죽는 것(考終命)을 일컬었습니다.

그러나 성경이 말하는 복은 그보다 훨씬 우월합니다. 성경의 복은 세 가지 절대 요건이 포함되어 있습니다. 첫째로 영원합니다. 둘째로 불변합니다. 셋째로 모든 사람에게 복이 됩니다.

동양의 오복은 위의 세 가지 요건에 다 미달합니다. 그러면 인간으로서 누리는 최고의 복은 무엇일까요? 죽어도 다시 사는 복입니다. 영원히 사는 영생입니다. 죽음은 이 세상 모든 일의 종말이요 일종의 완성입니다.

하관식에서 장례는 끝나지만 인생은 죽은 이후에 새로운 삶이 다시 연결되는 것입니다. 영생을 향한 새로운 시작입니다.

인간은 일생을 살고 나서 하나님 앞에 평가를 받게 됩니다. 내 마음대로 태어나서 내 마음대로 살다 내 마음대로 죽는 것이 아닙니다.

인생의 주인 되신 하나님께서 인생을 심판하시며 다스리시는 절차가 기다리고 있습니다. 인생의 가장 복된 신앙고백을 갖고 삽시다. "주는 그리스도시요 세상에 오시는 하나님의 아들이신 줄 내가 믿나이다"(27절)라는 고백이 있기를 바랍니다. 〈호〉

78. 흙으로 돌아갈지니라
* 창 3:17~19 *

오늘의 하관 예배를 통하여 여러 조문객과 유족들이 하나님의 평강과 위로를 얻으시기 바랍니다. 하관은 장례식의 마지막 절차입니다. 하나님을 알지 못하는 사람들은 죽은 후에도 복잡한 절차를 거치기도 합니다.

1. 흙으로 빚은 육체

하나님께서 인간을 지으셨을 때 흙으로 육체의 모양을 지으셨습니다. 그리고 그 코에 생기를 불어 넣음으로써 사람이 생령이 되었다고 했습니다. 흙은 생물이 살아가는 생존환경의 모든 것을 제공해줍니다. 흙은 생명의 근원으로, 흙이 없으면 온갖 동식물이 살아갈 수가 없습니다. 그 흙으로 인간을 지으신 하나님의 의도는 매우 신비로운 것입니다. 그분의 걸작 중의 걸작품이 인간이었습니다. 다른 만물들은 말씀으로 지으셨지만 인간만은 흙으로 지으신 걸작품입니다.

인간의 육체에 생명이 떠나면 그 육체는 썩어서 흙으로 돌아갑니다. 결코 흙 이상이 되지 않습니다. 인간의 육체는 흙입니다. 그래서 당연히 흙으로 돌아가는 것은 하나님이 정하신 이치입니다.

인간의 육체가 흙이라는 의미는 인간이 연약한 그릇이라는 것을 암시하고 있습니다. 흙으로 빚어진 그릇은 잘 부서지고 부딪히면 깨어지는 약점이 있습니다. 그러므로 연약한 그릇인 인간은 하나님을 의지하며 살아야 합니다. 인간은 창조주의 손에 잡힐 때 어떤 것보다도 강한 도구가 되어 하나님의 능력을 발휘하는 것입니다.

2. 창조자의 명령과 약속

"너는 흙이니 흙으로 돌아갈 것이니라"(19절)는 말씀은 창조주의 엄숙한 명령입니다. 이 명령은 인간이 순종할 수밖에 없는 당연한 명령입니다.

그러나 하나님께서는 돌아가라고만 하지 않습니다. 다시 회복시켜주시는 소망의 약속이 있습니다. 흙으로 돌아가는 것은 하나님을 떠나라는 것이 아니라 본래로 돌아가는 것이기에 상실이 아닙니다. 흙도 하나님이 지으신 피조물이며 그 속에 인간의 생명체를 보관하시는 하나님의 손길이 스며있는 것입니다.

하나님의 방법은 우리가 알지 못하지만 신비롭게 인간의 육체를 보존하셨다가 예수 그리스도가 재림하셔서 모든 인간들을 부활시키실 때, 흙으로 돌아간 모든 육체도 다 살아날 것입니다.

한 줌의 흙으로 돌아가는 인생의 종말은 허무가 아닙니다. 다시 소망의 부활로 회복되는 하나님의 약속입니다. 하나님께서는 명령하시고 이루시는 분입니다. 그의 약속은 신실하사 얼마든지 믿을 수 있는 언약입니다. 고인의 육체도 그 약속으로 다시 살아날 것입니다.

3. 창조자를 기억하라

"너는 청년의 때에 너의 창조주를 기억하라. 곧 곤고한 날이 이르기 전에, 나는 아무 낙이 없다고 할 해들이 가깝기 전에"(전 12:1).

인간은 창조자를 알고 흙으로 돌아가야 합니다. 죽음에는 하나님의 새로운 시작이 있습니다. 영원한 생명을 함께 누릴 영생의 길은 이 땅에서 하나님을 아는 자만이 함께 누릴 수 있는 은혜 입니다.

하관의 시간은 고인의 시신을 마지막으로 대하는 시간입니다. 이는 인간의 편에서 마지막이지만 하나님의 편에서는 새로운 세계를 향한 시작으로서 소망스러운 시간입니다.

창조자를 기억하는 것은 살아있는 동안에 유효한 것입니다. 죽어서는 창조자를 기억할 수가 없습니다. 하나님께서는 인간에게 기회를 주시되 이 세상에 머무는 때에 주십니다.

인간이 죽음을 당하는 일은 인간의 죗값입니다. 이는 당연한 결과입니다. 인간의 죽음은 하나님의 공의로운 심판이지만 기회를 주신 후에 갚으십니다. 그 기회란 창조자를 기억하는 일입니다. "누구든지 주의 이름을 부르는 자는 구원을 받으리라"(롬 10:13)는 약속대로 믿는 자는 구원을 받습니다.

하관 예배는 장례식의 마지막 순서이지만, 고인은 새로운 시간 안으로 들어갔습니다. 인간에게 가장 엄숙한 교훈이 주어지는 시간입니다. 하나님께서 다시 부활의 몸으로 살리실 그날에 우리가 함께 만날 소망이 있습니다. 〈호〉

79. 이 말로 서로 위로하라
* 살전 4:13~18 *

하관 예배는 가장 슬픈 감정을 느낄 수 있는 시간이지만 가장 큰 위로를 얻어야 할 시간입니다. 본문에는 위로를 얻을 수 있는 여러 가지 교훈들이 담겨 있습니다.

1. 자는 자들

13절에 "형제들아 자는 자들에 관하여는 너희가 알지 못함을 우리가 원하지 아니하노니 이는 소망 없는 다른 이와 같이 슬퍼하지 않게 하려 함이라"고 했습니다.

죽은 자들을 가리켜 자는 자들이라고 한 것은 아주 문학적인 표현이면서도 의미 있는 표현입니다. 즉 자는 자는 반드시 깨어납니다. 그리스도인의 죽음은 다시 깨어나는 부활의 소망이 있기에 슬퍼할 필요가 없다는 의미입니다. 슬퍼할 일에는 당연히 슬퍼해야 합니다. 그러나 소망 없는 사람들처럼 슬퍼하지 말라는 것입니다.

어떤 면에서 실컷 울어야 할 일에는 당연히 울어야 합니다. 의미 있는 눈물은 위로를 얻게 하며 정서적으로 안정감을 갖게 하기도 합니다.

그리스도인이 흘리는 눈물은 세속적인 의미가 아니어야 합니다. 어찌 육신의 혈육을 잃고 슬퍼하지 않을 수 있겠습니까만 소망을 가진 자로서 슬픔을 극복하는 눈물을 흘려야 하며 생산적인 위로를 얻어야 하는 것입니다.

2. 동일한 죽음

"우리가 예수께서 죽으셨다가 다시 살아나심을 믿을진대 이와 같이 예수 안에서 자는 자들도 하나님이 그와 함께 데리고 오시리라. 우리가 주의 말씀으로 너희에게 이것을 말하노니 주께서 강림하실 때까지 우리 살아 남아 있는 자도 자는 자보다 결코 앞서지 못하리라"(14-15절).

하나님 나라에서는 먼저 죽은 자나 나중에 살아있는 자나 모두 하나님의 심판 앞에 동일한 시간에, 동등한 자격으로 서게 된다는 것입니다. 죽음의 사실 앞에서 모든 사람은 엄숙해지며 동등한 존재의 모습으로 돌아갑니다. 그러나 성도의 죽음은 여호와께서 귀중히 보십니다. 이는 하나님의 생명이 성도 안에 있기 때문이며 또한 성도의 죽음은 영생에 참여하는 일이기 때문입니다.

14절에 "예수 안에서 자는 자들도 하나님이 그와 함께 데리고 오시리라"고 했습니다. 예수 안에서 자는 자는 복된 성도입니다. 그는 영생을 누리며 하나님께서 그를 데리고 함께 오신다고 약속하십니다.

하관 예배의 자리에서도 서로 위로할 일이 있습니다. 고인은 우리 곁을 영구히 떠나지만 그리스도 안에서 다시 살아납니다. 이 소망이 있음으로 성도는 기뻐하며 위로할 수 있는 것입니다.

"주께서 호령과 천사장의 소리와 하나님의 나팔 소리로 친히 하늘로부터 강림하시리니 그리스도 안에서 죽은 자들이 먼저 일어나고 그 후에 우리 살아 남은 자들도 그들과 함께 구름 속으로 끌어올려 공중에서 주를 영접하게 하시리니 그리하여 우리가 항상 주와 함께 있으리라"(16-17절).

'그리스도 안에서', '주와 함께'라는 말은 매우 소망스러운 약속이며, 성도의 모든 영광이 예수 그리스도 안에서 이루어짐을 나타내줍니다.

이교에서는 부활의 진리가 없습니다. 그들은 성경에 반대되는 시간관을 갖고 있기 때문에 오히려 인생의 전생을 논하고 또 윤생한다는 학설을 내세우고 있습니다.

인간은 다시 태어날 수 없으며 인간에게는 결코 전생도 존재할 수 없습니다. 그리스도인은 살아도, 죽어도 주 안에 있는 것입니다. 그리고 주와 함께 부활합니다.

본문은 장례식에서 서로 위로할 말이 있다는 것이 얼마나 큰 복인가를 증거해줍니다. 다시 살아나는 소망을 함께 확신하면서 위로를 나누시기 바랍니다.

고인은 자고 있습니다. 주 안에서 반드시 깨어나는 소망이 있습니다. 주와 함께 하늘나라 혼인 잔치에 참여하여 영원히 주를 경배하며 찬양과 영광을 돌리게 되는 이 약속으로 서로 위로를 받으시기 바랍니다. 〈호〉

80. 흙으로 돌아가는 인생
* 창 3:19 *

이 시간 우리는 매우 비통한 심정으로 고인의 시신을 땅속에 하관하고 여기 둘러서 있습니다. 결국 한 줌 흙으로 돌아가는 인생인데 우리가 세상에서 그처럼 힘들게 살아야 했던가 반성하게 합니다. 오늘의 성경 본문을 다시 한번 읽어봅니다.

"네가 흙으로 돌아갈 때까지 얼굴에 땀을 흘려야 먹을 것을 먹으리니 네가 그것에서 취함을 입었음이라 너는 흙이니 흙으로 돌아갈 것이니라 하시니라"(19절).

이 말씀이 오늘따라 우리 귀에 더욱 생생하게 들려옵니다. 고인뿐 아니라 우리 모두 흙에서 왔으니 흙으로 돌아가야 할 존재입니다. 모든 욕망과 갈등과 싸움도 다 헛되고 헛된 것뿐입니다. 전도서에서 솔로몬왕은 인생의 허망함을 절실하게 선언하고 있습니다. 인생은 끝내 흙으로 돌아가고 마는 것입니다.

1. 허무한 인생입니다

세상에서 먹고 살기 위해 얼굴에 땀을 흘려야 한다고 성경은 말씀합니다. 인류의 모든 수고와 노력으로 찬란한 문명을 건설했다 하더라도 흙으로 돌아가는 사람에게 그것이 무슨 유익이 있습니까?

"전도자가 가로되 헛되고 헛되며 헛되고 헛되니 모든 것이 헛되도다"(전 1:2) 하였으니 헛되다는 말을 네 번이나 반복함으로써 그 허무성의 절실함을 표현하고 있습니다.

솔로몬은 인생의 허망함을 보고 구체적으로 말하기 위하여 자신이 어떻게 살아왔는지 전도서 2장에서 소개합니다. 그는 인생을 즐겁게 살기 위하여 술을 마시며 쾌락을 추구했습니다. 공사를 크게 벌려서 궁전을 짓고 포도원과 여러 동산과 과원을 만들고 나무들을 심고, 연못을 팠습니다. 많은 재산을 쌓고 처첩들을 거느리며 무엇이든지 눈이 원하는 대로 소유하고 마음이 원하는 대로 즐거워하였으나 그 모든 것이 헛되어 바람을 잡는 것 같다고 했습니다(전 2:3-11).

2. 후회되는 인생입니다

지금 고 000님(직분)을 하관하면서, 이 자리에 내가 누워 있다고 생각해보십시오. 결국 이렇게 한 줌 흙으로 돌아가는 것이라면 좀 더 가치 있는 인생을 살아야 했을 것이라는 생각을 하게 될 것입니다. 부모님께 효도하지 못한 것이 후회스럽습니다. 자식들에게 좀 더 따듯하게 대하지 못한 것이 한이 됩니다.

더구나 이렇게 죽는 것으로 끝나지 않고 하나님의 심판이 있다고 성경은 말씀하고 있습니다. 한 번 죽는 것은 사람에게 정해진 것이요 그 후에는 심판이 있다고 하십니다(히 9:27).

유족들은 고인에 대하여 후회되는 일이 많을 겁니다. 그러나 후회한들 무슨 소용이 있습니까? 인생의 남은 날이 얼마나 될지 모르나 남은 가족이 서로 사랑하면서 후회할 일을 줄이고 하나님이 기뻐하시고 인정해주시는 인생을 살아야 할 것입니다.

3. 우리는 어떻게 살아야 합니까?

하나님이 기뻐하시는 인생, 감사가 넘치는 인생 그리고 허무하지 않은 인생을 살아야 하지 않겠습니까? 어디로 가야 하며 어떻게 해야 하며 무엇을 해야 하겠습니까? 고민하는 인류를 구원하려고 하나님은 독생자 예수님을 보내주셨습니다. 주님께서 말씀하시기를 "내가 곧 길이요 진리요 생명이니 나로 말미암지 않고는 아버지께로 올 자가 없느니라"고 하십니다.

헛되다고 탄식만 할 것이 아닙니다. 헛되지 않은 인생을 살아야 합니다. 후회만 할 것이 아닙니다. 후회하지 않는 인생을 살아야 합니다.

그런데 그 길이 어디에 있습니까? 예수님이 당신 자신을 길이라고 하십니다. 사망이라는 산이 막혔으나 예수께서 당신 자신을 십자가에 내어 주심으로 죄와 사망의 가로막힌 산을 뚫고 하나님 나라로 가는 길을 내셨습니다. 이것이 구원의 진리입니다. 예수님을 믿으면 새로운 생명을 얻어 기쁨과 감격의 새 생활을 살게 됩니다.

우리가 이제까지 살아온 인생은 후회되는 일이 많습니다. 자기의 욕심을 위해 사는 동안 사람들은 서로 미워하게 되었습니다. 욕심이 죄를 낳고 죄가 사망을 낳는다고 했습니다. 흙으로 돌아갈 것을 알면 우리는 세상에서 자기만을 위해 살지 말고 이웃을 위해 살아가는 지혜가 있어야 할 것입니다.

길과 진리와 생명이신 예수님을 따라 후회 없고 허무하지 않는 인생을 살아가시기 바랍니다. 〈식〉

81. 그날에 홀연히
* 고전 15:51~56 *

　지금 이 순간 우리는 마음이 매우 착잡합니다. 이제 고인의 시신을 땅속에 하관하고 조금 후에 흙으로 덮으려고 합니다. 사람이 흙에서 왔으니 흙으로 돌아가는 것은 마땅한 것이라고 하나 얼마 전까지 삶을 함께하던 가족이 흙 속에 눕게 된다는 사실을 유족들이 받아들이기가 어려운 줄 압니다.
　그러나 너무 슬퍼하지 마십시오. 고 000님은 이곳에 잠드신 것입니다. 사도 바울은 데살로니가교회 성도들에게 이렇게 권면하고 있습니다. "형제들아 자는 자들에 관하여는 너희가 알지 못함을 우리가 원하지 아니하노니 이는 소망 없는 다른 이와 같이 슬퍼하지 않게 하려 함이라"(살전 4:13).
　고린도전서 15장은 죽은 자들이 영원히 썩을 것으로 있지 아니하고 썩지 아니할 영화로운 몸으로 부활할 것을 가르치고 있습니다. "보라 내가 너희에게 비밀을 말하노니 우리가 다 잠잘 것이 아니요 마지막 나팔에 순식간에 홀연히 다 변화되리니 나팔 소리가 나매 죽은 자들이 썩지 아니할 것으로 다시 살아나고 우리도 변화되리라"(51-52절).

1. 이 썩을 것이 홀연히

여기에 고 000님(직분)이 안장되었습니다. 이 언덕의 흙과 함께 고인의 육체는 썩을 것입니다. 그러나 그날에 천사장의 나팔 소리와 함께 그 썩어 버린 육체, 다 먼지가 되어 버렸다 하더라도 다 순식간에 영화로운 육체를 입고 일어날 것이라고 했습니다. "이 썩을 것이 반드시 썩지 아니할 것을 입겠고 이 죽을 것이 죽지 아니함을 입으리로다"(53절).

순식간에 홀연히 변화된 몸은 예수께서 부활하셔서 시공의 제한을 받지 않고 나타나신 것 같은 영화로운 몸으로 부활됨을 말합니다. 그것은 곧 서로 인식할 수도 없는 유령 같은 존재로가 아니라 그날에 우리가 서로 인식할 수 있는 존재로서 부활한다는 것입니다. 이때에 우리는 다 만나게 될 것입니다. 그리고 우렁찬 합창으로 노래할 것입니다.

"사망아 너의 승리가 어디 있느냐.

사망아 네가 쏘는 것이 어디 있느냐.

사망이 쏘는 것은 죄요 죄의 권능은 율법이라"(55-56절).

2. 공중에서 주를 영접하리라

천사장의 나팔 소리와 함께 그리스도께서 재림하실 때 주 안에서 죽은 자들이 일어나고, 살아있던 자는 영화로운 몸으로 변화되어 공중에서 주를 영접하게 될 것입니다(살전 4:16-17).

주님은 신랑이고 성도와 교회는 단장한 신부라고 했습니다. 우리가 그때 하늘의 대잔치에 참여할 것입니다. 예수님은 여러 번 하나님 나라의 잔치에 대하여 말씀하셨습니다. 지혜로운 처녀와 어리석은 처녀의 이야기도 잔치 이야기입니다. 탕자의 비유도 잔치 이야기입니다.

이 잔치야말로 인간 구원 드라마의 클라이맥스입니다. 먼저 죽은 자나 나중 죽은 자나 살아있던 자나 잔치 자리는 아무도 앞서지 못합니다. 먼저 죽은 자가 낙원에 거하는 동안 그들에게 시간의 차이가 없습니다. "주께서 강림하실 때까지 우리 살아 남아 있는 자도 자는 자보다 결코 앞서지 못 하리라"(살전 4:15).

여러분, 그날을 생각하면서 너무 슬퍼하지 마시고 서로 위로하십시오. 그날에 우리가 모두 공중에서 주를 만나 영화로운 몸으로, 그리스도의 신부 자격으로 만나게 될 줄 믿으시기 바랍니다.

오늘 고 000님(직분)의 하관 예배에 참여하신 유가족과 믿음의 가족 여러분. 지금 고인은 여기에 하관하지만 그날에 부활의 몸으로 깨어 일어날 터이니 죽었다고 하지 마시고 여기 잠들었다고 생각하시기 바랍니다. 그분은 여기 잠드셨습니다.

주께서 천사장의 호령과 나팔 소리와 함께 재림하실 때 우리가 다 기쁨으로 주의 이름을 높여 고인과 함께 찬양하게 될 줄 믿으시기 바랍니다. 〈식〉

82. 새 하늘과 새 땅
* 계 21:1~4 *

　어떤 사람은 말하기를 인생은 세 번의 세계를 산다고 했습니다. 첫 번째 세계는 모태의 세계이고, 두 번째 세계는 지상의 생활을 사는 것이며, 세 번째 세계는 하나님 나라에서 영생하는 것이라고 했습니다.

　우리가 어머니의 태에서 살 때에 거기서 떠나면 이 지상의 넓고 큰 세계가 있으리라 상상도 못 했습니다. 모태의 세계만이 전부인 줄 알았습니다. 그러나 그곳을 떠나 나오니 말로 다 할 수 없는 세상이 기다리고 있었던 것같이, 이 지상의 세계를 떠나게 되면 지상의 세계와는 비교도 안 되는 놀라운 세상이 기다리고 있다고 성경은 가르치고 있습니다.

　일찍이 사도 바울은, 그것은 '족히 비교할 수 없는' 곳이라고 했습니다. 오늘의 본문에서는 지상의 세계가 탄식과 슬픔이 많은 세상이라면 그 나라는 모든 고통과 불편이 다시 없는 '새 하늘과 새 땅'이라고 했습니다.

지금 우리는 친애하는 고 000님(직분)을 이곳 땅속에 하관하고 있습니다. 여기는 슬픔 많은 세상의 땅입니다. 그러나 주께서 천사장의 나팔 소리와 함께 재림하실 때 고인은 홀연히 영화로운 부활의 몸을 입고 천천만 성도들과 함께 주님이 예비하신 새 하늘과 새 땅에 입성할 것입니다.

그러면 새 하늘과 새 땅은 어떤 곳입니까?

1. 이 세상과 전혀 다른 세계입니다

"또 내가 새 하늘과 새 땅을 보니 처음 하늘과 처음 땅이 없어졌고 바다도 다시 있지 않더라"(1절). 여기서 말하는 처음 하늘과 처음 땅이란 먼저 있던 하늘과 땅이란 뜻입니다. 새것과 옛것을 비교해보려고 하니 이 세상의 흔적은 찾아볼 수 없다는 말입니다. 이 세상의 어떤 도시보다 아름다운 도성입니다.

"또 내가 보매 거룩한 성 새 예루살렘이 하나님께로부터 하늘에서 내려오니 그 준비한 것이 신부가 남편을 위하여 단장한 것 같더라"(2절). 그 도성의 아름다움을 무어라고 표현할 수가 없어서 요한은 신부가 신랑을 위해 자신을 최고로 단장한 것같이 단장되었다고 말합니다. 그 아름다운 도성에 고인이 들어가 살게 됩니다. 예수님은 그곳에 '거할 곳이 많다' 하셨고, 사도 바울은 고린도후서 5장에서 사람의 손으로 지은 집이 아니고 '하나님이 친히 지으신 집'이 있다고 했습니다.

고인이 지금은 이 차디찬 흙 속에 장사되지만 그때에는 그렇게 아름다운 도성에 하나님이 가장 아름답게 지으신 집에 거하면서 주님을 찬양할 것입니다.

2. 하나님이 함께 계시는 곳입니다

"내가 들으니 보좌에서 큰 음성이 나서 이르되 보라 하나님의 장막이 사람들과 함께 있으매 하나님이 그들과 함께 계시리니 그들은 하나님의 백성이 되고 하나님은 친히 그들과 함께 계셔서"(3절).

여러분, 우리가 사는 세상은 사람은 많으나 서로 의사소통이 되지 않는 외로운 세상입니다. 사람들은 마치 부모 없는 고아처럼 외롭고 슬프게 살아가고 있습니다. 그런데 하나님께서 우리를 고아와 같이 버려두지 아니하시고 죄와 슬픔에서 구원하심으로 하나님을 아바 아버지로 부르게 하셨습니다. 이제 세상에서 그 하나님 아버지를 부르며 기도하던 000님(직분)은 하나님의 장막에서 하나님과 함께 계신 그곳에서 거하게 되었으니 얼마나 행복합니까?

"모든 눈물을 그 눈에서 닦아 주시니 다시는 사망이 없고 애통하는 것이나 곡하는 것이나 아픈 것이 다시 있지 아니하리니 처음 것들이 다 지나갔음이러라"(4절).

그렇습니다. 이제 고인은 흙으로 돌아가셨습니다. 이 흙은 이 세상의 것들이요 처음 것들입니다. 이 세상에는 눈물도 많았고 사망의 공포도 있었으며 애통할 만큼 억울한 일도 많았습니다. 그리고 질병으로 너무 괴롭고 고통스러웠는데 지금 여기서 그것들은 다 덮어 버립니다. 이것으로 끝나 버렸습니다. 그리고 다시는 그것들이 재현되지 않는 새 하늘과 새 땅에서 영원히 사실 것을 믿으시기 바랍니다. 〈식〉

追慕

VI

추모예배설교

83. 하늘의 별과 같이
* 단 12:3 *

1. 사람들은 자기의 이름을 기억해주기를 원합니다

 이 세상의 역사에 비하면 우리 인생의 길이는 매우 짧기 그지없습니다. 과학자들에 의하면 지구의 역사는 약 45억 년쯤 된다고 합니다. 우리가 이 땅에 사는 시간을 길게 잡아 100년이라고 쳐도 지구의 역사와 비교해보면 비교할 수 없을 정도로 짧은 삶을 살다가 갑니다. 이렇게 짧은 삶을 살지만 그래도 오랫동안 기억되는 사람들이 있습니다. 비록 이 세상의 삶은 매우 짧게 살았지만 수천 년의 시간이 지나도 잊히지 않는 인물들이 있습니다.
 사람이라면 누구나 오랫동안 자기의 이름을 기억해주기 원할 것입니다. 그러나 아무리 노력해도 대부분의 사람들은 죽음과 함께 그 존재가 역사 속에서 사라집니다.

2. 하나님은 우리를 영원히 기억되는 존재가 되게 해주시겠다고 했습니다

 "지혜 있는 자는 궁창의 빛과 같이 빛날 것이요 많은 사람을 옳은 데로 돌아오게 한 자는 별과 같이 영원토록 빛나리라"고 말씀하셨습니다. 굳이 비석에 이름을 새기지 않아도, 족보를 만들어 이름석 자를 남기지 않아도, 자서전이나 위인전을 써서 자기 업적을 남기려 하지 않아도, 지혜 있는 자와 많은 사람을 옳은 데로 돌아오게 한 자는 이 우주의 역사만큼이나 영원토록 기억되는 인물이 되게 해주시겠다고 하나님은 약속하셨습니다.

그렇다면 어떤 사람이 지혜로운 사람입니까? 시편 14편 1절을 보면 "어리석은 자는 그의 마음에 이르기를 하나님이 없다 하는도다 그들은 부패하고 그 행실이 가증하니 선을 행하는 자가 없도다"라고 했습니다. 그러므로 지혜로운 사람은 하나님을 경외하고 하나님을 섬기는 사람입니다. 하나님을 인정하고 그분의 뜻을 따라 사는 사람입니다. 그런 사람을 하나님은 하늘의 별과 같이 영원토록 빛나게 하겠다고 약속하셨습니다.

고 000성도님은 이 땅에서 사시는 동안 하나님의 말씀을 따라 사셨고, 하나님을 인정하여 그 마음 중심에 하나님을 모시고 살았습니다. 많은 사람이 그분을 보면서 하나님을 섬기며 사는 법을 배우게 되었습니다. 그러므로 하나님께서 그분을 하늘의 별과 같이 영원히 기억되는 존재로 삼으시고, 하늘의 아름다운 직분을 맡기셨을 것입니다.

오늘 우리는 고 000성도님의 추모일을 맞아서 고인의 뜻을 기리며 함께 예배하고 있습니다. 우리 인간이 날을 기념하고 기억하는 것은 한계가 있을 것입니다. 그러나 하나님은 영원토록 기억해주십니다. 그리고 기념해주십니다. 우리도 고인의 뜻을 따라 하나님 잘 섬기는 삶을 살아서 훗날 고인처럼 영원히 기억되는, 별과 같이 빛나는 존재가 되어야 할 것입니다. 〈순〉

84. 인생의 본분
* 전 12:13~14 *

오늘 읽은 성경 말씀은 뛰어난 지혜와 영화를 누렸던 솔로몬왕이 쓴 전도서의 결론 부분입니다. 전도서는 솔로몬이 말년에 삶을 마무리하면서 이제까지 터득한 지혜를 후손들에게 남긴 일종의 유서와도 같은 것입니다.

1. 세상의 그 어떤 것으로도 죽음을 막을 수 없습니다

지혜의 왕 솔로몬은 매우 많은 재물을 가지고 있었고, 아버지 다윗이 닦아 놓은 왕실의 권위를 극대화하여 절대적인 권력을 휘두르는 왕이었습니다. 그런 그에게 주변의 각 나라들이 때마다 진귀한 물품으로 조공을 바쳤으며, 또 그의 지혜를 듣기 위해 수만 리 먼 길을 찾아오는 사람이 늘 줄 서 있었습니다. 한마디로 인간이 누릴 수 있는 모든 것을 다 누리며 살았던 사람이라고 할 수 있습니다. 부도 명예도 인기도 권력도 지혜도 그에게는 늘 함께했습니다.

그러나 그런 그에게도 죽음은 찾아왔습니다. 건강했던 육체가 점점 노쇠해지는 것을 느낍니다. 늘 좋은 것을 찾아 먹고 마셨는데 언젠가부터 산해진미를 차려 놓아도 입맛이 당기지 않습니다. 기억력도 점점 떨어져 갑니다. 죽음이 그의 앞에서 그를 기다리고 있는 것을 느끼게 됩니다. 그는 그러한 노년에 전도서를 쓴 것입니다.

2. 진정한 행복은 하나님을 경외함에서 옵니다

전도서의 주제는 한마디로 '하나님 없는 모든 것은 헛된 것이다'라는 것입니다. 사람은 누구나 다 행복하게 살기를 원합니다. 돈이 많으면 행복할 것 같아서 열심히 돈을 법니다. 인기를 얻으면 행복할 것 같아 인기를 쫓아다닙니다. 명예가 행복하게 해줄 것 같아 명예를 위해 목숨을 바칩니다. 쾌락이 행복인 줄 알고 탐닉하기도 합니다. 그러나 그런 것들이 행복을 주는 것이 아닙니다.

솔로몬이 내린 결론을 우리는 주의 깊게 살펴보아야 합니다. 솔로몬은 진정한 행복은 사람의 본분, 인생의 본분을 지킬 때 오는 것이라고 결론 내리고 있습니다.

그렇다면 인생의 본분이 무엇입니까? 솔로몬은 이렇게 가르쳐주고 있습니다. "하나님을 경외하고 그의 명령들을 지킬지어다. 이것이 모든 사람의 본분이니라"(13절).

그렇습니다. 우리의 행복은 세상이 가져다주는 것이 아닙니다. 세상 것은 잠시 우리를 기쁘게 만들 수는 있습니다. 그러나 참된 행복, 영원한 행복은 우리 존재의 근원이신 하나님을 경외하고 그분의 명령을 지킬 때 오는 것입니다.

오늘 우리는 고 000님을 추모하고 있습니다. 고인을 추모하는 이 시간, 추모의 마음과 함께 인생의 참된 지혜를 배우게 되기를 바랍니다. 이것이 고인의 유지를 받들어 우리가 행복하게 사는 길임을 기억하시기 바랍니다. 〈순〉

85. 가장 소중한 가치
* 딤전 6:17~19 *

1. 인생의 소중한 삶의 가치

오늘은 고인이 우리 곁을 떠나신 지 ( )년이 된 날입니다. 우리는 고인이 가신 아름다운 뜻을 되새기고 현재의 삶을 더욱 충실하게 살아가고자 추모 예배로 이 시간 모였습니다. 비록 이 자리에 기독교 신앙을 가지지 못한 분들도 계시겠지만 이 시간을 통하여 진정한 인생의 의미와 참된 삶을 깨달을 수 있는 시간이 되시길 바랍니다.

여러분은 인생에서 소중한 것이 무엇이라고 생각하십니까? 어떤 사람은 '돈'이야말로 인생에서 '최고의 가치'라고 생각합니다. 한 설문조사에 의하면 '돈이면 무엇이든지 할 수 있다'고 생각하는 사람들이 많은 것으로 드러났습니다. 그래서 살아가는 목적도 돈이 중심이 되어 모든 가치판단을 합니다. 그런데 이 돈 때문에 행복해지는 사람보다 돈 때문에 불행해지는 사람이 더 많은 것을 직시해야 합니다.

2. 신앙인의 삶의 가치

기독교 신앙은 이 땅에서의 가치도 중요하지만 보다 더 중요한 가치인 하나님 나라에 소망을 두고 살아가는 신앙입니다. 이 땅의 생애가 마감되는 순간 거룩하신 하나님 앞에 서야 하는 사람이라는 의식으로 살아가고 있습니다. 그래서 우리 소망의 근거는 돈에 있는 것이 아니라, 그 물질을 누리게 하시는 하나님께 있음을 압니다.
 그런데 세상 사람들은 나름대로 지혜를 가지고 있다고 여기면서도 물질의 노예로 전락하는 사람이 많습니다. 참된 지혜는 이 세상의 창조주이신 하나님의 뜻대로 살아가는 것임을 성경은 말씀하고 있습니다. 이것이 가장 성공적인 인생을 사는 사람이라고 말입니다. 고인은 이 땅에 살면서 성공한 인생을 사셨습니다. 왜냐하면 바로 하나님을 모시고 걸어가셨던 인생이었기 때문입니다. 고인은 재물에 전적으로 소망을 둔 인생이 아니라 그 모든 것을 후히 주사 누리게 해주시는 하나님께 소망을 두고 오히려 그 재물로 많은 사람에게 나누어주고 선한 일을 행했던 분이셨습니다.

3. 참된 삶의 가치와 소망은 하나님께 두어야 합니다

 우리가 이 세상에 붙들고 있는 것들은 '후~' 불면 먼지와 같이 날아갈 것들입니다. 그런데 여기에 얽매여서 인생의 참다운 가치를 외면하게 되면 우리 인생은 참으로 어리석은 길로 행하는 것입니다. 요한계시록에 보면 화려한 성, 사치한 도성 바벨론이 무너지고 있는 모습을 그리고 있습니다. 사치를 일삼으며 이 세상의 만족에 도취되어 있던 자들의 애곡하는 소리가 들리고 있습니다. 그런데 오늘 우리 시대가 무너진 바벨론의 전철을 따라가고 있지는 않은가 심각하게 생각해보아야 할 것입니다.
 가족 모두의 삶이 하나님 안에서 진정한 삶의 가치를 발견하여 승리할 수 있기를 바랍니다. 〈일〉

86. 위로의 하나님
* 고후 1:3~5 *

오늘은 고 000성도께서 우리 곁을 떠나신 지 ( )년째 되는 날입니다. 오늘 우리는 고인을 그리워하며 마음에 새기기 위하여 이 자리에 모였습니다. 추모 예배는 고인이 이 땅에 계실 때 어떻게 사셨는가를 다시 생각해보고, 우리의 생활 속에서 고인의 뜻이 잘 새겨지도록 성찰하는 시간이 되어야 할 줄 믿습니다.

1. 위로의 하나님을 찬양합시다

본문은 "찬송하리로다" 하면서 시작하고 있습니다. 우리 믿는 사람들이 우선적으로 할 것은 하나님을 찬송하고 하나님께 영광을 돌리는 일입니다. 그것이 하나님께서 인간을 창조하신 목적이십니다. 에베소서 1장에서 바울 사도는 우리가 하나님을 찬송할 것에 대하여 반복하여 말씀하고 있습니다. 3, 6, 12, 14절에서 그는 영원하신 하나님, 우리에게 복 주시는 하나님을 찬양하고 있습니다. 하나님께 대한 찬송은 평안할 때만이 아니라 고통 중에도 슬픔 중에도 할 일입니다. 이는 하나님께서는 우리 주 예수 그리스도의 아버지시요, 자비와 사랑의 하나님이시요, 위로의 하나님이시요(3절), 또한 구원의 하나님이 되시기 때문입니다.

바울에게 있어서 하나님은 위로의 하나님이셨습니다. 그가 그리스도를 위해 고난을 받으면 받을수록 그것과 비례해서 '하나님의 위로하심'은 풍성했습니다. 우리 성도들이 이러한 시각을 갖고 있는 것이 중요합니다. 우리는 환난 중에 빠져서 고통하고 근심하며 헤어 나오지 못하는 그런 인생이 아니라 오히려 찬송하며 다른 성도들에게 위로를 줄 수 있는 자로 서야 할 것입니다.

2. 사도 바울이 당한 환난

사도 바울이 당한 환난은 그리스도로 말미암은 것이었습니다. 그리스도의 복음을 증거하다가 매 맞고 옥에 갇혔습니다. 그러나 그리스도로 인해 고난이 넘친 것 같이, 그리스도로 말미암은 위로도 바울을 비롯해 그리스도의 일을 감당코자 하는 모든 사람에게 넘칠 것입니다. 이는 그리스도께서 믿는 사람들과 항상 함께하시기 때문입니다.

3. 위로의 하나님은 우리와 함께해주십니다

고인이 하나님의 부르심을 받으신 지 ( )년의 시간이 흐른 지금, 생각해보면 얼마나 가슴 아픈 순간이었는지, 고인이 없이 살아온 시간이 얼마나 힘겹고 가슴 아픈 시간이었는지 모릅니다.
그러나 이러한 세월 속에서 분명히 확신할 수 있는 것은 바로 '위로의 하나님'께서 우리와 함께하고 계셨다는 사실입니다.
오늘도 우리에게 있는 아픔의 현장을 주님께서는 아시고 우리에게 풍성한 위로로써 함께하실 것입니다. 게다가 우리에게 여러분과 동일한 아픔을 당하고 있는 사람들을 향해 위로하는 사람이 되기를 요청하고 계십니다. 〈일〉

87. 네 가지 삶의 자세
* 유 1:20~21 *

살아계실 때 존경하던 고인을 추모하는 이 시간이 살아있는 가족들을 향한 하나님의 음성을 듣는 기회가 되기를 바랍니다.

추모 예배는 돌아가신 분을 향하여 어떤 의미를 두거나 공을 들이는 개념이 아니라는 점을 명심하시기 바랍니다.

1. 고인은 하나님 나라에서 안식함

고인은 하나님 나라에서 완전한 안식을 누리고 있습니다. 성경에는 하나님 나라에서의 영광스러운 삶의 광경을 보여주고 있습니다.

천국에는 질병과 고통이 없으며 눈물도 죽음도 없습니다. 이 땅 위에서 염려하는 모든 일이 다 지나가고 완전한 안식과 평강으로 충만한 세계가 계속되고 있는 곳이 하나님 나라입니다. 땅 위에 사는 우리가 조금도 염려할 필요가 없는 새 예루살렘입니다.

오히려 천국에 간 성도들이 땅 위에 사는 우리를 염려해야 할 입장입니다. 그러므로 추모 예배는 살아있는 우리가 고인의 뜻을 따라 더욱 믿음으로 살아갈 것을 다짐해보며 고인의 덕망을 새기는 의미로 드려지는 것입니다.

2. 신앙생활의 네 기둥

첫째로 "사랑하는 자들아 너희는 너희의 지극히 거룩한 믿음 위에 자신을 세우며"(20절)라고 했습니다.

인생의 기초는 믿음입니다. 거룩한 믿음 위에 자기를 세우라고 하십니다. 반석 위에 세운 인생입니다. 이는 인생의 가장 근본되는 삶의 요건입니다. 인생은 집을 세워가는 건축입니다.

둘째로 "성령으로 기도하며"(20절)라고 했습니다. 기도는 성령으로 하며 성령과 함께합니다. 무장을 갖춘 십자가 군병으로서 성도는 기도로 내적인 힘을 가져야 합니다. 성령으로 기도하는 신앙생활이 더욱 깊어지기를 바랍니다.

셋째로 "하나님의 사랑 안에서 자신을 지키며"(21절)라고 했습니다. 성도는 자기를 관리하는 일이 중요합니다. 하나님의 사랑 안에서 늘 자신을 지키고 근신하며 사시길 바랍니다.

넷째로 "영생에 이르도록 우리 주 예수 그리스도의 긍휼을 기다리라"(21절)고 했습니다. 마지막까지 인내하는 덕이 필요합니다. 그리스도의 긍휼을 기다리는 인내의 믿음으로 고난을 이겨나가는 승리가 있기를 바랍니다.

신앙생활은 균형이 중요합니다. 믿음과 기도와 근신과 인내로써 살아가야 합니다. 지금까지 우리를 도우신 에벤에셀의 하나님이 오늘도 임마누엘의 하나님으로 인도해주시리라 믿습니다.

앞으로 살아가는 삶의 현장에 하나님이 채워주시는 여호와 이레의 은혜가 충만하시기를 바랍니다. 〈호〉

88. 추모 예배의 의미
* 히 9:27 *

우리나라의 전래 풍습 중 조상숭배의 문화가 대단히 깊이 퍼져 있습니다. 그중에서 제사에 관한 관습은 기독교 신앙과 충돌해온 사례가 대단히 많습니다. 물론 성경에는 조상숭배를 허용하지 않습니다. 그러나 조상을 무시하거나 망각하는 것은 결코 아닙니다.

1. 제사를 지낼 필요성이 없습니다

제사는 조상숭배의 핵심적인 의례입니다. 제사에서 우리가 연구해 볼 여지가 몇 가지 있습니다.

조상을 제사로 모시는 것은 먼저 조상이 귀신이 되었다는 것을 전제합니다. 그래서 지방을 쓸 때도 '신위(神位)'라고 밑에다 적습니다. 그러나 사람이 죽어서 귀신이 되는 게 아닙니다. 이는 이교 사상에서 나온 견해일 뿐 성경에는 사람이 죽어서 다른 존재로 변하는 것을 암시하지 않습니다.

살아서도 아버지와 어머니요 비록 세상을 떠났어도 아버지와 어머니일 뿐입니다. 이러한 견해는 모든 피조물에게도 그대로 적용되는 이치입니다.

성경은 전생을 인정하지 않습니다. 사람은 태어나서 사람으로 살다가 사람으로 죽어서 영생에 이르든지 영벌에 이르게 됩니다.

산 자와 죽은 자는 교류가 불가능하기 때문에 제사의 의미는 성립되지 않습니다. 산 자가 죽은 자를 위해 해 드릴 것도 없고 죽은 조상이 산 후손들에게 복을 줄 수도 없는 것입니다.

2. 추모 예배로 제사의 대안을 삼을 수 있습니다

믿음이 약한 가족들을 위해서 목사를 청하여 드리는 것도 좋습니다. 그러나 성도의 가정에서는 가족 중에서 예배를 인도하게 하는 것이 더 바람직합니다. 왜냐하면 추모 예배는 가족의 행사이기 때문입니다.

돌아가신 조상을 기리는 마음으로 제사를 모셔야 한다는 불신 가족들을 잘 설득하여 추모 예배를 드리도록 해야 합니다. 불신 가정에서 추모 예배를 드리면서 전도의 기회를 삼고 또 친족끼리 교제하는 기회로 삼을 때 매우 유익하다고 봅니다.

또한 음식을 장만하여 나누는 것은 매우 유익하지만 제사상 차리듯이 차려 놓으면 안 됩니다. 그저 방 한가운데 상을 차리는 것은 얼마든지 할 수 있는 일입니다. 추모 예배가 은혜받는 가정부흥회로 드려지기를 바랍니다.

오늘 이 가정의 추모 예배에 성령의 위로와 평강이 충만하시기를 기원합니다. 더욱 주의 일에 힘쓰는 자들이 되시기 바랍니다.

〈호〉

89. 복의 근원을 물려주다
* 창 12:1~4 *

오늘은 이미 00년 전에 세상을 떠나신 000님(직분)의 추모 예배를 드리기 위해 우리가 여기에 모였습니다. 특별히 고인의 자손들은 오늘의 말씀을 더욱 명심해야 할 것입니다.

하나님은 일찍이 아브라함을 부르시고 "너는 너의 고향과 친척과 아버지의 집을 떠나 내가 네게 보여 줄 땅으로 가라"(1절)고 하셨습니다. 그렇게 하면 자손들이 큰 복을 받으리라는 약속을 주셨습니다. 과연 아브라함 육신의 자손들은 이스라엘 민족을 이루었고, 그의 신앙의 자손들은 하늘의 별들처럼 찬란히 빛나고 있으며 그 수효를 헤아릴 수 없습니다. 그는 후손들에게 하나님께 받은 복의 유산을 물려주었습니다.

1. 그분은 하나님께 순종하신 분입니다

고 000님(직분)은 이 가정과 신앙과 하나님께 받은 복을 유산으로 물려주신 분입니다. 신앙이란 곧 하나님의 언약을 믿고 순종하는 생활로 나타나는 것입니다.

아브라함은 고향과 친척과 아버지의 집을 떠나라는 명령에 순종했습니다. 고인은 예수님을 믿은 후에 과감히 옛 생활에서 떠났습니다.

하나님은 아브라함의 자손을 복 주셨듯이 고인의 자손들에게도 복을 주셨습니다. 앞으로도 자손들이 잘될 것입니다. 그러므로 오늘 우리는 그분의 그 신앙적 결단과 순종을 배우고 추모해야 할 것입니다.

2. 그분은 복의 근원을 물려주었습니다

"내가 너로 큰 민족을 이루고 네게 복을 주어 네 이름을 창대하게 하리니 너는 복이 될지라. 너를 축복하는 자에게는 내가 복을 내리고 너를 저주하는 자에게는 내가 저주하리니 땅의 모든 족속이 너로 말미암아 복을 얻을 것이라 하신지라"(2-3절).

아브라함은 이러한 복의 약속을 받을 때 그 의미를 분명히 알지 못했습니다. 아브라함이 복의 근원이라고 하신 것입니다. 그러나 자세히 읽으면 그 자신이 받은 복을 물려주기도 하지만 그 자손 전체를 포괄적으로 지칭하였고, 자손 중에서 오실 구세주 예수님을 예언한 것입니다.

예수님이 복의 근원이십니다. 고인은 이 가정에 복의 근원이신 예수님을 유산으로 주셨습니다. 이 복의 유산이 얼마나 소중합니까? 재산은 아무리 물려받아도 하룻밤 사이에 다 날아갈 수 있습니다. 그러나 복의 근원이신 주님을 유산으로 받은 사람에게서는 아무도 그 복을 빼앗을 수 없습니다.

오늘 고인을 추모하는 이 시간에 우리가 그분의 살아생전 모습 중에서도 그의 신앙과 복의 유산을 기억하며 추모하는 시간이 되어야 할 것입니다.　　　　　　　　　　　　　　　　　〈식〉

90. 시작과 끝
* 계 22:13 *

1. 시작과 끝을 정하시는 하나님

오늘 우리는 고 000님(직분)의 ( )주기 추모 예배를 드리려고 이곳에 모였습니다. 이제 우리는 고인이 한때 하나님의 계획 속에서 일정한 기간 동안 이 한국 땅 00지역에 살다가 가셨다는 사실을 생각하게 됩니다. 사람의 일생은 출생으로부터 시작해서 임종하기까지 일정한 기간을 세상에서 사는 것을 말합니다. 그 시작과 끝을 정하시는 분은 하나님이십니다.

창세기를 시작하는 말씀은 "태초에 하나님이 천지를 창조하시니라"(창 1:1)이고 신약의 끝에서는 "내가 진실로 속히 오리라"(계 22:20)고 하시는 말씀을 읽을 수 있습니다. 하나님은 천지창조를 통하여 막을 올리십니다. 나라를 세우기도 하시고 끝내기도 하시는 분도 하나님이십니다. 그래서 오늘 읽어 드린 본문 말씀에서 아주 분명하게 하나님의 자기 선언을 봅니다.

"나는 알파와 오메가요 처음과 마지막이요 시작과 마침이라," 알파는 그리스어의 알파벳 첫 글자요, 오메가는 끝 글자이니 알파와 오메가는 시작과 끝이라는 뜻입니다.

2. 하나님의 계획 속에 이루어진 것

고 000님이 세상에 태어나신 것과 돌아가신 것은 사람의 손에 의한 것이 아니요, 하나님의 계획 속에서 이루어진 것입니다. 고인의 자녀들이 이 자리에 계신 것 또한 그를 통하여 새로운 인생을 시작하게 하시고 섭리를 진행하시는 하나님의 손길입니다. 인생은 어쩌면 연극과 같은 것이라고 할 수 있습니다. 그리고 모든 사람은 다 자기 인생의 주연 배우입니다. 연출은 하나님이 하시고 주변의 많은 이가 조연이 됩니다. 고인의 인생도 출생과 함께 막이 올랐고, 그 역할과 극이 끝나니 막이 내렸습니다.

아무리 감동적인 연극도 세월이 지나면 잊어버리기 쉽습니다. 오늘은 고인이 세상에 사시는 동안 감당하셨던 일들을 통하여 그때의 감동을 되살려 볼 필요가 있습니다.

그분은 참으로 훌륭한 부모이셨습니다. 그분은 성실한 사업가이셨습니다. 그분은 또한 … 이셨습니다. 고인은 여러 가지를 하나님의 계획 속에 시작하시고 가셨습니다. 그가 없이는 그 자녀들의 인생도 없습니다. 오늘도 알파와 오메가 되시는 하나님께 영광을 돌려야 할 것입니다. 〈식〉

91. 의의 죽음
* 시 23:1~4 *

본 시편은 하나님의 마음에 합했던 다윗이 지은 시로서 그는 죽음에 대한 강한 확신이 있었던 성도였습니다. 그러기에 그의 삶은 하늘의 위로와 기쁨으로 충만했고 하늘에 가득 찬 영광의 유업을 언제나 소망했습니다.

오늘 본문에서 다윗은 죽음에 대하여 여러 가지로 표현하고 있습니다. 이 시간 다윗의 고백을 통하여 하나님의 은혜를 상기하며 우리 삶을 점검하는 시간이 되시기를 바랍니다.

1. 사망의 음침한 골짜기

다윗은 죽음을 단지 그림자로 노래합니다. '음침한'이라는 말은 원어에 '그림자'라는 뜻을 가지고 있기 때문입니다. 그림자는 그것을 만드는 빛이 있는 곳에서 나타납니다. 그런데 그 빛은 사망의 권세를 이기시고 부활하신 우리 주 예수 그리스도이십니다. 여호와 하나님은 우리 빛이요, 구원이시므로 우리는 두려워하지 않습니다. 죽음도 그림자에 지나지 않기에 우리에게 두려운 존재가 아닙니다. 죽음 이후 우리는 하나님과 더불어 거룩한 모습으로 거닐게 되고 그리스도와 더불어 완전한 교제의 상급을 얻게 될 것임을 확신합니다.

우리 믿음의 선진들은 사는 날 동안 오직 하늘의 영구한 유산을 바라보며 확신했던 분들입니다. 또한 그 소망 가운데 그리스도와의 영화를 얻기 위해 믿음으로 전진하셨습니다. 저 천국은 믿음의 조상들이 정착한 것처럼 우리도 장차 거하게 될 처소입니다. 그러므로 잠시 잠깐인 이 세상의 일시적인 부귀영화에 관심을 두지 말고 영원한 천국을 소망하는 삶이 되시기를 원합니다.

2. 부활의 영광

주님께서는 우리에게 근심과 슬픔의 그림자를 면제시켜 주겠다고 약속하지 않으셨습니다. 다만 언제나 우리와 함께하시며 결코 혼자 내버려 두시지 않겠다고 약속하셨습니다. 그림자가 드리워질 때 우리는 가만히 있어 하나님이 하나님이심을 알 수 있습니다(시 46:10). 그러므로 우리는 이 사망의 그림자에서조차도 부활의 영광을 바라보며, 위로를 얻게 되는 것입니다. 사망의 땅에서도 그리스도인에게는 생명이 있음을 주님은 말씀하셨습니다. "나는 부활이요 생명이니 나를 믿는 자는 죽어도 살겠고"(요 11:25).

3. 영원한 교제

우리 구세주 예수 그리스도는 우리가 사망의 음침한 골짜기를 다닐지라도 우리와 함께 걸으십니다. 우리 인생의 안내자는 영원한 빛으로서 우리와 교제하십니다. 살았을 때나 죽었을 때나 그분이 우리와 영원한 교제를 하신다는 것은 한없는 기쁨과 위로가 됩니다. 주님을 진실하게 믿고 섬김으로, 우리 가족의 모든 삶이 소망과 능력으로 채워질 수 있기를 축원합니다. 〈남〉

92. 나그네와 고향
* 히 11:13~16 *

성경은, 인생은 나그네요 외국인과 같다고 합니다. 나그네에게는 돌아갈 고향이 있고 외국인에게는 돌아갈 나라가 있습니다. 바울 사도는 성도의 시민권이 하늘에 있다고 말씀함으로(빌 3:20) 성도의 본향이 천국임을 확증합니다. 예수님께서도 우리 성도들에게 또 다른 고향이 있음을 말씀하셨습니다(요 14:1-3).

오늘 추모일을 맞이하여 나그네 인생 같은 우리가 이렇게 한자리에 모여 추모 예배를 드리며 몇 가지 생각해보고자 합니다.

1. 고향 갈 날을 생각하며 미리 준비하는 삶

성도는 본향 갈 준비를 해야 합니다. 그 이유는 육신의 고향길은 마음만 먹으면 언제나 오갈 수 있지만 인생의 영원한 고향은 오직 한 번으로 끝날 뿐 아니라, 다시 와서 준비하여 갈 수 있는 고향길이 아니기 때문입니다. 그래서 성도는 적어도 두 가지를 준비해야 합니다.

첫째, 믿음의 차표를 준비해야 합니다. 하늘 고향길은 자가용을 가지고 갈 수 있는 길이 아닙니다. 누구든지 대중교통을 이용해야 하는데 그것은 예수라는 대중교통입니다. 예수라는 대중교통을 이용하려면 "예수 믿습니다"라는 차표를 준비해야 합니다. 사도행전 4장 12절에는 예수 외에는 "천하 사람 중에 구원을 받을 만한 다른 이름을 우리에게 주신 일이 없음이라"고 말씀하셨습니다.

둘째, 천국에 입고 갈 옷을 준비해야 합니다. 성도들이 천국 갈 때 입는 옷은 수의가 아니라 세상에서 지은 죄를 모두 용서받았다는 증거가 있는 깨끗한 세마포 옷으로, 예수 그리스도의 피로 씻음 받은 영적인 옷을 입고 가야 합니다. 이 세마포 옷은 예수 그리스도를 믿는 자는 누구든지 하나님께서 값없이 입혀주십니다.

2. 고향은 온 가족이 함께 가야 좋은 곳

우리가 영원히 살 천국 고향에는 부모 형제뿐 아니라 일가친척 모두가 같이 모이는 고향이 되도록 해야 합니다. 아내는 왔는데 남편이 오지 않았거나 부모는 왔는데 자녀가 오지 않았다면 얼마나 가슴 아픈 일입니까? 다 같이 가는 고향길이 되어야 기쁘고 즐거운 고향길이 되는 것입니다.

3. 환영받는 고향길

이왕 가는 고향이라면 반기고 환영하는 사람이 있어야 좋습니다. 올림픽 때 마라톤 선수가 1등으로 운동장에 들어서면 모든 관중이 일어나서 환영합니다. 천국 고향에서 환영받는 선수가 누구입니까? 이 땅에서 열심히 신앙생활 잘하고 믿음으로 승리한 사람들입니다.

인생은 누구나 천국 고향길을 가야 할 때가 있습니다. 그러므로 우리는 고향 갈 날에 입고 갈 옷을 준비함은 물론 온 가족이 함께 가고 또 우리의 천국 길이 환영받는 길이 되어야 합니다. 그러기 위해서 우리가 이 땅에 사는 동안 믿음 생활을 잘해야 합니다.

〈남〉

葬禮

VII 장례사역지침서

서 문

　죽음이란 인생 누구에게나 찾아오는 필연적인 일생일대의 사건입니다. 당장에는 사랑하는 사람들과 이별하는 슬픔과 고통을 수반하지만 부활을 믿는 신앙인에게는 새로운 시작이라 할 수 있습니다. 장례 사역을 통해 그리스도 안에서 소망을 갖고 하나님과, 성도들과의 교제의 기회를 만들어줍니다. 장례를 통해 전도의 기회가 될 수 있습니다. 장례가 발생하는 것을 감사하게 생각하고 섬김의 기회로 만들어야 합니다.

　장례 사역의 원칙 몇 가지가 있습니다. 초점은 예수 그리스도의 구속에 맞추어져야 합니다. 장례 사역을 통해 세상에서 받을 수 없는 소망을 전하는 것입니다. 부활의 기쁨과 승리를 미리 경험하는 기회로 만드는 것입니다. 철저하게 복음적이고 교회 중심적이어야 합니다. 때로 장례식장의 담당자 혹은 상조회사 장례 도우미들의 도움을 받을 수 있고, 지역에 따라 지역 원로들이나 상을 당한 집안 어른들의 조언을 받을 수 있습니다. 기독교장례는 성경적이며 교회의 예식이어야 합니다. 기독교장례 사역은 목회적인 배려와 신앙적인 지도가 따라야 합니다. 임종 단계부터 목회자와 장례 사역자가 관여하여 비신앙적인 요소가 들어가지 못하도록 대처해야 합니다.

 이 책은 장례진행의 경험이 부족한 젊은 목회자들을 위해 쓰였습니다. 이 책을 통해 장례 사역에 대한 새로운 시각을 갖게 될 것입니다. 당장 장례식이 발생했을 때 지침서로 사용되도록 만들었습니다. 목회자 누구나 이 책만 있으면 장례 예식을 진행할 수 있습니다. 규모가 있는 교회들의 장례위원회, 혹은 상조위원회 교육을 위해 필요합니다. 평신도들에게는 이 책이 어느 가정이나 발생하는 장례에 대한 준비서가 될 것입니다.

하나님께 영광을 돌리며, **최 종 인 목사**

1. 임종 사역

1) 임종 사역이란?

사람이 숨을 거두는 것을 운명(殞命) 또는 죽음이라고 하며, 그 시기가 다가온 것을 임종이라고 합니다. 임종은 한 인간이 그 삶의 최후를 맞는 가장 엄숙한 순간입니다. 그가 삶의 마지막 기간에 적절하고도 지속적인 돌봄을 받아왔다면, 임종의 순간이야말로 인격적으로나 신앙적으로 최고의 성숙에 도달하는 때라고 할 것입니다. 임종사역 세 가지가 있습니다.

임종 예배: 임종자가 의식이 있을 경우에 구원의 확신을 갖도록 신앙고백을 드리게 합니다. 그러나 의사 표현이 힘든데도 강요하지는 말아야 합니다. 가족들과 함께 마지막 예배를 함께 드림으로써 어떠한 두려움이나 공포도 없이 구원의 확신과 기쁨, 영생 및 부활의 희망 속에서 죽음에 임하도록 돕는 것입니다.

임종 세례: 비그리스도인인 경우 아직 의식이 있을 경우 예수 그리스도를 영접하게 하고, 예수를 구주로 받아들인 사람으로 가족들이 세례를 원하는 경우 임종세례를 행합니다. 임종자의 고백은 특별한 영적 의미가 있습니다. 죄를 고백하고 용서함 받는 마지막 기회를 갖는 때이기 때문입니다. 이 예식을 통하여 임종자는 구원의 확신과 부활의 소망을 누리게 됩니다. 평안 가운데 임종을 맞이할 수 있습니다.

임종 상담: 임종 시 가족들은 위기와 안타까움이 최고도에 이르므로 가장 영적으로 갈급한 때이기에 이때 적절한 목회적 돌봄은

가족들에게 부활과 영생의 소망을 갖게 하는 절호의 기회가 됩니다. 사랑하는 이의 죽음 앞에서 가족들은 말하지 않아도 많은 신학적, 철학적 질문을 던지게 됩니다. 이때 적절한 말씀과 상담은 가족들에게 큰 도움이 됩니다.

2) 임종이란?

임종이란 무엇입니까? 숨이 끊어지기 직전에서 끊어질 때까지의 과정을 의미합니다. 또한 임종이란 가족들의 입장에서 운명하는 것을 곁에서 지켜보는 것입니다. 임종하게 되면 먼저 교회에 알려서 장례 절차를 의논하도록 합니다.

병원에서 임종하는 경우: 최근에는 임종 직전에 병원에 옮겨 병원에서 임종하는 경우가 많습니다. 기독교식 임종예식을 갖도록 하되 병원의 다른 환자들에게 방해가 되지 않도록 조용히 행하는 것이 좋겠습니다. 임종 직후에는 가족이 고인의 눈을 감겨드리는 것이 좋고 시신이 장례식장으로 옮겨지기까지 지켜보아야 합니다.

집에서 임종하게 될 경우: ① 베개로 머리를 바로잡고 시신을 바로 편 다음 백지나 솜으로 귀, 코, 입 등을 막습니다. ② 시신이 굳기 전에 팔과 다리의 관절을 가볍게 주물러 펴고 몸도 뒤틀리지 않도록 바로잡아줍니다. ③ 손가락을 주물러 펴고 엄지손가락을 백지로 감아 두 손을 배 위에 가지런히 놓고 두 발도 묶어 가지런히 폅니다. ④ 깨끗한 천으로 시신을 덮고 병풍이나 가리개로 가려 놓습니다.

장례를 위해 준비할 것: 장례를 막 당하면 당황하기 쉽습니다. 그러나 침착하게 ① 먼저 상주를 세우되 상주는 고인의 자녀 중 장남이 되며, 아들이 없는 경우 장손이 상주를 맡습니다. 상주는 상례를 하는 동안 상가를 지키게 합니다. ② 교인이나 친척 중에서 상사 일체를 총감독하며 보살필 호상(護喪)을 선정합니다. ③ 장례 일정을 계획합니다. 기독교인 가정에서는 교회에 알려 교회 주관으로 장례를 진행함이 마땅합니다.
  - 사망진단서, 주민등록초본, 장의물품 등을 준비하고
  - 장례 일자, 장례식장, 방법을 계획합니다.
  - 임종예배, 입관예배, 발인(장례)예배, 장례 방식을 의논하며
  - 또한 가까운 친척과 친지들에게 부고(전화)를 전합니다.

3) 임종자의 상태

성도들은 임종자의 상태를 알아 적절하게 대처할 필요가 있습니다. 임종자의 몇 가지 유형이 있습니다.

폐쇄형: 우선 의료진이나 가족들이 임종자에게 상태를 알리지 않은 경우입니다. 당사자가 충격받을 것을 우려하여 가족들이 알리지 않을 때가 있습니다. 임종자는 자신이 죽어가는 것을 모르기에 장례 사역자들은 이런 이들을 대할 때 주의하여 접근해야 합니다.

침묵형: 가족이나 의료진이 상태에 대해 설명하지 않아도 본인 스스로 죽어가고 있음을 아는 경우입니다. 이런 이들은 거꾸로 가족들이 고통받을 것을 예상하여 알면서도 침묵하고 있는 것입니다.

외면형: 본인도 가족도 임종 사실을 알고 있음에도 애써 서로 모르는 체하는 것입니다. 이런 임종자를 위해서는 교회와 가족들이

최선을 다해 지원하고 있음을 알려주어야 합니다. 그러면 천천히 마음을 열고 죽음 준비를 하게 됩니다.

반항형: 자신의 임종 사실을 거부하고 격렬하게 반응하는 경우입니다. 이런 경우 세심한 주의가 요구됩니다. 부드럽게 대해주며 모두 최선을 다할 것이라는 약속으로 감정을 누그러뜨려야 합니다.

자책형: 남은 가족에 대한 자책감 때문에 괴로워하는 이들이 있습니다. 지난 일에 미련을 두지 말며, 하나님께서 남은 가족들을 지켜주실 것을 믿고 평안히 가도록 말씀으로 위로해주어야 합니다.

* 죽음은 삶의 한 과정이다(전 3:1-2, 날 때와 죽을 때가 있다)
* 죽음은 끝이 아니라 새로운 시작이다(요 5:24, 사망에서 생명으로 옮겨졌다)
* 죽음은 모든 인생에게 허락하신 섭리이다(히 9:27, 한번 죽는 것은 정해진 것)
* 먼저 갈 뿐, 언젠가 우리 모두 가는 길이다(롬 6:23, 죄의 삯은 사망이요)
* 죽음은 천국으로 들어가는 문이다(눅 23:43, 네가 오늘 나와 함께 낙원에)

4) 임종자의 심리 이해

죽음에 직면한 이들을 깊이 연구한 퀴블러 로스(Elizabeth Kubler Ross)는 그의 저서 「On Death and Dying」에서 임종기의 환자가 거치게 되는 심리적 상태를 다섯 단계 즉, 부정과 고립, 분노, 타협, 우울, 수용의 단계로 분류하였습니다. 물론 이런 주장이 임종자들의 심리적인 상태를 다 묘사한다고 할 수 없으나 대체로 유사하게 나타나는 것으로 연구 결과가 나와 있습니다.

부정과 고립의 단계: 임종자는 의사나 그의 가족에게서 직접 들은 바가 없을지라도 흔히 자신의 상태를 자각하게 됩니다. 자각에도 불구하고 건강 상태가 악화되었다는 것을 알게 되면 자신에 대해 부정하는 반응을 나타냅니다.

분노의 단계: 회복 가능성이 없다는 것을 알 때 분노, 사나움 그리고 원망의 감정이 함께 나타나게 됩니다. 이 단계에서는 가족과 의료진이 감당하기 대단히 힘듭니다.

타협의 단계: 부정과 분노의 단계에서 현실을 외면하던 태도의 기간이 경과하면 점차 현실을 바라보고 적응하기 시작하면서 타협의 단계로 들어갑니다. 이 시기의 환자는 죽음이 다가오는 것을 인정하면서 생명 연장에 대한 소망 또는 임종의 과정 중에 겪게 되는 육체적 고통과 온갖 불편함이 없기를 바라며 타협을 시도합니다.

우울의 단계: 이때 환자는 증상이 더 뚜렷해져 가고 몸이 현저하게 쇠약해져 회복의 소망마저 상실하게 되며, 점차 현실적으로 다가오는 결과에 대해서 시인하기 시작합니다. 초연했던 자세와 무감동, 분노와 걱정은 극도의 우울감으로 바뀌게 됩니다. 환자는 깊은 침체에 들어가 말도 안 하고 자기 혼자 씨름하면서 과거의 상실, 이루지 못한 일, 그리고 지금까지 저지른 잘못에 대해서 슬퍼합니다.

수용의 단계: 환자는 이 단계에 이를 때 자신의 운명에 대한 분노나 침울은 사라지고 죽음을 차분히 맞이할 상태가 됩니다. 관심 범위가 좁아지고 자기 몸 상태 외에는 마음을 어지럽게 하는 다른 이야기를 듣고 싶어 하지 않습니다. 이때 임종 환자의 감정은 공백기에 가깝게 됩니다.

5) 임종자의 준비

성도의 경우 임종을 준비해두어야 합니다. 먼저 죽을 것을 알고 죽음을 용납해야 합니다. 폴 투르니에는 "죽음을 용납하는 것은 가장 훌륭한 죽음 준비"라고 했습니다. 의식이 있는 가운데 죽음을 맞게 된다면 죽음을 피할 것으로 여기지 말고 하나님이 내게 주시는 '인생의 휴가'를 맞는다고 여기십시오. 휴가 전에 여러 가지 준비가 필요하듯 인생 휴가에도 필요한 것이 있습니다.

죽음은 하나님이 주관하심을 믿으십시오. 삶을 주관하시는 하나님은 나의 죽음도 주관하십니다. 어차피 내 인생에서 내 마음대로 되는 일은 하나도 없었습니다. 죽음도 마찬가지입니다. 누구나 임종의 순간을 두렵게 여기는 것이 사실입니다. 어쩌면 죽음 그 자체보다 죽음 직전에 닥칠 고통을 두려워하기도 합니다. 그러나 생사(生死)가 주께 달려있음을 믿고 오히려 적극적으로 의지하시오.

그리스도인들은 이미 영원한 생명을 받았음을 믿으십시오. 대학입시에서 1학기 수시에 합격한 학생은 2학기 수능 날짜가 와도 조금도 염려하지 않습니다. 이미 대학 입학 자격을 받아놓았기 때문입니다. 성도는 죽음 이후에 더 좋은 세상을 약속받은 사람입니다. 죽음을 두려워하거나 염려할 필요 없습니다.

주위 사람들에게 기도 응원을 부탁하십시오. 기도 부탁은 좋은 일입니다. 임종을 자각하는 경우가 흔치 않지만 그래도 혹시 때가 가까웠다고 느껴지면 주변 성도들이나 교회에 기도를 부탁하는 것이 좋습니다. 임종 때 목사의 기도를 받는 것은 축복입니다. 그리고 불신 가족들에게 좋은 신앙의 모습을 보일 수 있습니다.

신변 정리를 해야 합니다. 회개할 것이나 용서할 것이 있으면 미리

해두어야 합니다. 남기는 물건의 처리를 부탁하는 것입니다. 사후에 시신 기증이나 장기 기증을 생각한다면 유언을 남겨두어야 혼동이 없습니다. 신앙적 유언을 남겨야 합니다. 장례 방법이나 집례자 등을 정하고 초청자 명단을 남기십시오. 유언장을 미리 작성해두어도 좋겠습니다. 그리고 의식이 남아있다면 성경을 읽거나 찬송을 들으십시오. 주의 말씀과 찬송이 큰 힘이 됩니다.

6) 임종 전 가족의 대처

임종하는 이가 준비할 것이 있다면, 임종자의 가족들도 준비할 것이 있습니다. **신속하게 가족회의를 합니다.** 혼자 결정하게 되면 장례 문제도 복잡해지고, 사후 남은 가족끼리 분쟁의 요소가 생길 수 있습니다. **필요하다면 호스피스기관에 요청을 하십시오.** 호스피스 치료를 원치 않는 이도 있습니다만, 호스피스는 누구에게나 필요한 것입니다. 전문가의 도움을 받아 최후까지 존엄하고 아름답게 죽음을 맞도록 배려하는 것은 중요한 일입니다. **살아있는 동안 기뻐할 수 있도록 배려해주십시오.** 가족과 함께 시간을 보내고 '진심으로 사랑한다'는 것을 말로, 행동으로 표현하는 것입니다. 그런 사랑을 받으며 마지막을 보내는 것은 임종자에게 좋은 일 입니다. **계속 기도 하십시오.** 아플 때 기도가 중요하듯, 임종 때 기도가 필요함은 말이 필요 없습니다. 기도는 우리의 불완전한 섬김에 완전하게 마침표를 찍어줍니다.

임종실에서나 가정에서 **임종 시 가족들이 대처하는 방법**은 다음과 같습니다.

1) 임종자가 갑자기 불안해하고 격렬한 반응을 보일 때가 있습니다. 이때는 침착하게 의료진을 부르거나 손을 잡아줍니다.
 2) 임종자가 반응이 없어지고 점점 활기를 잃어갑니다. 이런 경우 사랑의 말을 해주고, 손을 잡아줍니다. 평안히 임종하도록 성경을 옆에서 읽어주거나 가벼운 찬양을 불러주는 것도 좋습니다.
 3) 임종자가 갑자기 큰 몸동작을 하거나 손을 젓습니다. 임종의 때가 온 줄 알고 마지막으로 무언가 의사표시를 하려는 것입니다. 가까이 가서 귀를 기울여주고, 손을 잡아주거나 심장 가까운 부분에 손을 얹어주면, 임종자는 안정하게 됩니다.
 4) 갑자기 얼굴이 굳어지거나 고통의 표현을 합니다. 몸을 뒤틀기도 합니다. 불신자들의 임종 순간에 이런 모습들을 봅니다. 놀라지 말고, 편안하도록 붙잡아주고, 위로해주어야 합니다. 의사나 의료진을 불러 임종의 때가 되었음을 알려야 합니다.

7) 외로운 죽음

현대에는 더 많은 기능과 생산을 통해 얻게 되는 더 많은 소비와 삶의 향유가 환영받는 시대이다 보니 이를 방해하는 질병이나 노화, 신체장애나 죽음은 이 사회의 기능과 능력을 방해하고 저해하는 요소로 간주되고 맙니다. 이런 관점에서 생산적인 인간이 이상적 모델로 간주되고 상대적으로 회생의 가능성이 없는 죽어가는 사람은 비생산적인 요소로 간주되어 진정한 관심의 대상이 되지 못합니다.

영적 교류: 죽음이 다가온 순간만큼은 영적으로 매우 신성한 시간입니다. 이 시간에는 죽어가는 자와 세상에 남은 자 간에 합당한

영적 교류가 있어야 합니다. 사랑하고 사랑받았던 사람들과 나누는 마지막 교감, 위로, 사랑, 슬픔, 이런 감정들을 나눌 수 있는 시간은 죽어가는 당사자로 하여금 생명이란 가치 있다는 것과 이 세상과 내세에 대한 마지막 희망을 갖게 해줍니다.

심리적인 지지: 말기 암환자들 대부분은 고통 때문에 죽는 것이 아니라 절망 때문에 죽는다고 합니다. 실제로 임종자들은 희망이 없이 버려진 상태로 죽음을 맞는 사람이 많습니다. 대부분 병원제도의 특성 때문에 불필요한 생명 연장 장치를 몸에 두르고, 사랑하는 사람들과는 구별된 장소에서 죽음을 맞는 것입니다. 아직도 많은 환자가 병원에서 새로운 의학, 현대 장비, 새로 개발된 약품과 함께 끝나는 기약 없이 인생의 '외로운 죽음'을 기다리고 있습니다.

죽음 윤리: 의학에도 철학과 윤리가 있음에도 불구하고 거기에는 현대과학이 거인처럼 버티고 있어서 종교나 윤리나 철학이 틈을 열고 들어갈 수 없습니다. 불행하게도 종합병원 중환자실은 감성적이고, 호의적인 생각이나 신앙적 사고가 들어갈 여지가 막혀 있습니다. 이런 문제에 대한 의식을 갖고 '외로운 죽음'을 방관해서는 안 됩니다. 고도로 전문화되고 낯선 의료인에게 인생의 마지막 운명을 맡겨서는 안 되고 '아르스 모리엔디'(ars moriendi) 죽음의 미학, 즉 '아름다운 이별'이 있어야 합니다.

8) 품위 있는 죽음

누구나 죽음의 순간에 품위 있는 죽음을 맞기를 원합니다. 문제는 이 사회의 현실이 그렇지 못하다는 데 있습니다.

임종 문화: 과학과 의학이 발달하여 인간의 수명은 늘었으나 동시에 의학적 딜레마도 많아진 것이 사실입니다. 말기 환자가 불필요한 삶의 연장을 피하려 하지만 현대 의학과 법에서 쉽게 허용하지 않습니다. 세상에서 단 하나밖에 없었던 인생이 떠나는 그 엄숙한 상황에 아무런 보살핌이나 돌봄도 제공받지 못하는 채 제대로 작별인사도 못 하고 떠나는 인생이 많습니다. 바른 임종 문화를 만들어야 합니다.

죽음 준비: 이사를 해도 준비하고 학교에 가도 준비하며 직장에 들어가려 해도 준비할 것이 많은데 정작 인생의 가장 중요한 대사(大事)인 죽음 앞에서는 준비가 전혀 없는 사람이 많습니다. 설교 강단에서도 죽음에 대해 가르치는 경우는 희박합니다. 성경적 죽음과 천국에 대해 바로 가르쳐 죽음을 잘 준비하게 해야 합니다.

잘 죽는 법 교육: 잘 죽는 법에 대한 책이나 교육은 거의 없습니다. 웰빙을 원하고 이 땅에서 행복한 삶을 원하지만 실은 잘 죽는 법(웰다잉)을 모르면 잘 살기(웰빙)는 없습니다. 웰다잉 교육에 대해 심리적으로 거부하는 이들이 있습니다. 어차피 죽음의 불가피성을 인정한다면 '잘 죽는 법'을 배우는 것은 마땅합니다.

1) 마지막 인사를 잘해야 합니다. 신앙적 유언을 남기십시오.
2) 인생의 마무리를 잘해야 합니다. 용서하고 용서받아야 합니다.
3) 마지막 순간에 집착이나 번뇌를 그치고 평안한 마음을 가져야 합니다.
4) 임종의 순간이 중요합니다. 예배와 찬송, 기도는 효과가 큽니다.
5) 호스피스 기관에 들어가 임종을 맞는 것이 효과적입니다.
6) 병원에 가기 전에 사전 의료지시서를 작성해놓는 것이 좋습니다.

9) 호스피스 사역

호스피스란 치유 가능성이 없고 죽음에 직면한 말기 환자와 그 가족을 대상으로, 임종자의 신체적 고통을 완화하고 정신적인 안정을 도모하여 평온한 죽음을 맞도록 간호하는 사람 또는 그런 특수 의료시설을 이르는 말입니다. 역사적으로는 중세 유럽 성지 순례자들에게 휴식과 간단한 치료 등을 제공한 데서 비롯되었으며, 죽음을 선고받은 사람이 분노와 우울 등의 혼란스러움을 자연스럽게 극복하여 최후의 순간까지 인간다운 삶을 다할 수 있게 하는 것을 목적으로 세워진 것입니다.

치유 목회: 죽음을 앞둔 임종자에게 생기는 여러 가지 정서적, 신체적, 영적 문제점을 돌보아주는 치유 사역입니다. 통계적으로 호스피스 사역을 경험한 사람과 그렇지 않은 사람의 죽음을 맞는 자세가 확연히 다르게 나타납니다. 마음의 평강과 치유를 경험합니다.

선교: 호스피스 사역은 임종자와 그 가족까지 복음으로 돌보고 치유할 수 있습니다. 물론 이 경우 조심해서 접근해야 합니다. 본래 선교의 목적으로 접근하기보다는 대상자들을 사랑하는 마음으로 접근해서 저들의 마음을 열고, 다음에 복음을 제시하는 것이 바른 자세입니다.

기독교적 사랑: 호스피스는 임종자에게 희망을 주고, 임종 직전의 환자를 돌보며, 삶과 죽음에 대한 긍정적인 태도를 갖게 해 주는 것이기에 기독교 정신에 부합합니다. 선한 사마리아인의 비유에서 배우듯이, 죽음의 고통에 있는 이들을 돌보는 것은 주님의 정신이기도 합니다.

돌봄의 대상: 만약 교회가 호스피스 사역을 외면한다면, 요청하는

사람들은 다른 종교 기관에서 운영하는 호스피스 기관을 이용할 것이며, 비종교인에게 도움을 받는다면 임종 직전에 아무런 신앙적 돌봄을 받지 못해 안타깝게 됩니다. 늦었지만 교회는 호스피스 인력과 파송 기관을 세워야 하며, 교육을 실시하여 자격자들을 많이 세워 두는 것이 좋습니다.

2. 장례 사역

1) 장례 사역의 중요성

교회는 일찍부터 성도들의 출생부터 입학과 결혼, 투병, 그리고 죽음에 이르기까지 삶의 여정마다 관여하여 상담과 기도 및 예배 등으로 목회적 지원을 아낌없이 해왔습니다. 그 가운데 장례 사역이야말로 그 미치는 파급효과는 결코 가볍지 않습니다. 한국교회와 성도들이 갖고 있는 장례 예식에 관한 지식이나 예전이 대단히 빈약한 수준입니다. 죽음을 보는 신학적 안목을 충분히 갖추지 못한 채 성도의 거룩한 죽음과 부활 의식에 참여하기보다 품앗이 성격으로 장례 예식에 참여하는 것으로 그치고 맙니다. 불신 가족들이 참여하는 소중한 전도의 기회임에도 아쉽게도 전례에 따라 의식서를 낭독하는 수준으로 지나는 장례 예식도 많습니다. 장례 사역은 교회가 재발견해야 할 중요한 사역입니다.

장례 사역은 고인을 위한 사역입니다. 고인을 위해 기도하고 예배하자는 것이 아니라 긴 인생의 여정을 마친 고인을 정중하게 천국으로 환송하는 사역으로 보자는 것입니다. 살아있는 이의 인격이 중요하듯 죽은 자의 인격 또한 소중하게 다루어야 합니다. 장례 사역은 임종자를 위한 좋은 배려가 됩니다.

장례 사역은 유족들을 위한 사역입니다. 준비를 잘했다 해도 막상 상을 당하면 당황하고 분주하며 힘들어합니다. 이럴 때 적절한 장례 사역은 유족에게 큰 힘이 됩니다. 유족들에게 슬픔과 고통을 이기는 방법들을 알려주며, 하늘의 소망을 갖게 합니다. 성경적인 치유와 돌봄을 실천하는 기회입니다. 죽음은 결코 개별적 사건으로 끝나지 않습니다. 남은 가족들에게 상처를 주거나 혹은 추억을 줍니다. 좋은 회상으로 남도록 목회적 차원에서 배려가 있어야 합니다.

장례 사역은 성도를 위한 사역입니다. 교인들은 장례 사역에 참여하면서 역시 천국과 미래에 대한 소망을 갖게 됩니다. 그러기에 성경에서도 초상집에 가는 것이 잔칫집에 가는 것보다 낫다고 했습니다(전 7:2). 인생을 배우고 죽음을 준비하게 하며 영적인 성장의 계기가 됩니다.

2) 장례 사역이란?

기독교인인 우리가 장례 사역에 관심을 가질 이유는 무엇 때문입니까?

섬김 사역: 태어나거나 결혼하는 날 못지않게 성도에게 중요한 날은 장례입니다. 장례 예식을 진행하면서 안타까운 것은 유족이나 교회 성도들이 장례를 소홀히 하는 분위기를 느낄 때입니다. 장례 사역을 섬김 사역으로 알고 실천해야 합니다.

노인 사역: 노인 문제는 이제 심각한 사회 문제가 되었습니다. 노인이 있는 가정의 문제입니다. 노인병원이나 양로원, 치료기관이 부실하거나 모자라 아직도 많은 노인이 의료혜택을 완전하게 받지 못하고 있습니다. 노인 폭력도 문제입니다. 많은 노인이 언어폭력과 경제적 폭력, 실제로 학대와 폭력에 시달리고 있습니다. 노인의 성(性)도 문제입니다. 사회 분위기상 음지로 감추어진 것이 노인의 성 문제입니다. 노인의 노후 생활도 문제입니다. 윤리, 도덕이 추

락한 이 시점에 교회는 바른 장례 사역을 보여줌으로 대사회 메시지를 전할 수 있습니다.

돌봄 사역: 돌봄(care)이란 현대인들에게 안정감과 편안함을 주는 단어입니다. 장례 사역은 임종 후 시작되는 것이 아닙니다. 임종 전에 돌봄, 목회적 배려가 있어야 합니다. 삶의 의미와 존엄성을 깨닫게 해주고, 죽음을 예비함으로 두려운 마음이 사라지게 하고, 장례를 위해 천천히 준비하면서 영생으로 들어가도록 안내해 주는 사역입니다.

네트워킹 사역: 장례는 장례식장과 병원, 호스피스 기관, 화장장, 공원묘지, 납골당 등 여러 기관을 통하게 됩니다. 그러므로 장례 사역자들은 각 기관과 긴밀하게 연락하고 연합하여 바른 장례 문화가 형성되도록 협력할 필요가 있습니다. 장례 사역은 교회가 얼마든지 피하거나 적당하게 감당할 수 있습니다. 그러나 적극적으로 접근하면 할 일이 많고, 배려와 돌봄이 필요한 사역입니다. 장례 사역을 잘 감당하면 교회와 성도들에게 큰 유익도 있고 보람도 있습니다.

3) 죽음의 성경적 의미

장례 사역을 진행함에 앞서 죽음에 대한 성경적 이해가 있어야 합니다. 그리고 장례 사역의 메시지를 효과적으로 전달하기 위해서도 죽음에 대한 바른 이해가 필요합니다. 누구도 정확하게 죽음이 왜 오는지? 죽음 이후에 사람은 어떻게 되는지 명확하게 설명하지 못합니다. 그러나 성경은 분명히 증거 합니다.

죽음의 기원: 성경은 죽음이 인간의 죄의 결과라고 말씀하십니

다. 구약성경은 죽음이 인류의 시조 아담과 하와의 범죄의 결과(창 3:1-9)로 왔고, 이는 하나님과의 교제가 단절됨으로써 오는 영적 죽음(창 2:16-17), 육적 죽음(창 3:19)이 있습니다. 신약성경은 아담과 하와가 하나님께 불순종하여 타락한 이후부터 모든 인류는 죽음을 맞이하게 되었고(롬 5:12), 누구나 죽음으로 일생을 마치게 되었음을 알려줍니다(약 4:14, 히 9:27). 성경은 다른 종교보다 죽음에 대해 명확하게 밝힙니다.

죽음의 상태: 육체적 죽음은 생명의 종말이 아니며, 최후의 심판이 육체적 죽음 후에 기다리고 있습니다(히 9:27). 최후의 심판 때에는 모든 죽은 자의 부활(요 5:28-29)과 믿는 자들의 생명의 부활(고전 15:22-24)로 나누어집니다.

믿는 자의 죽음: 그리스도인에게 있어서 죽음이란 결코 '모든 것의 종말'을 뜻하지 않습니다. 육체적인 죽음이란 영의 세계로 들어가는 출발이 됩니다(요 14:2-3). 믿는 자의 죽음은 예수님이 말씀하신 죽음관을 보면 압니다.

1) 예수님은 죽음을 잔다고 하셨습니다. 나사로가 죽었을 때, "나사로가 잠들었도다. 내가 깨우러 가노라" 하셨습니다(요 11:11). 잔다는 것은 깨어난다는 것을 전제로 합니다.
2) 성도가 죽으면 낙원에 있으리라고 약속하셨습니다. 회개한 강도에게 '낙원에 있으리라' 하신 것을 보십시오.
3) 죽음은 주와 함께하는 것입니다(빌 1:23).

4) 불신자들의 죽음과 성도의 죽음

믿는 사람이나 믿지 않다가 죽는 사람이나 죽는 것은 비슷해 보입니다. 그러나 죽음 이후의 세상이 전혀 다릅니다.

불신자의 죽음은 무섭습니다. 하버드대학의 '인간의 죽음에 대한 강연'에서 윌리엄 오슬러 박사는 500명의 임종을 지켜본 결과 90명만이 죽을 때 고통을 보였을 뿐, 대부분의 환자가 태어날 때처럼 조용히 눈감았다고 했습니다. 그러나 예일대 교수 셔윈 B. 뉴랜드는 그의 저서 『How We Die』에서 반대의견을 말하는데, 죽음과의 사투를 벌이는 환자들을 보면 오슬러의 견해가 오판이라는 것입니다.

불신자의 죽음은 불쌍합니다. 세상에서 살 때는 좋은 옷 입고 잘 살았을 것입니다. 좋은 집에 살면서 좋은 음식을 먹으며, 뽐내고 자랑하면서 살았을 것입니다. 그러던 사람들이 저 세상에서는 지옥 불 못에 들어가니 얼마나 불쌍합니까?

불신자의 죽음은 괴롭습니다. 지옥에 가서도 피할 길이 없습니다. 목이 타도록 아프고 고통스러워도 그 끝이 없습니다. 영원히 그 형벌을 치러야 합니다.

성도의 죽음은 행복합니다. 물론 성도들의 죽음도 당장은 슬퍼 보입니다. 사랑하는 가족과의 이별이 아쉽고 안타깝습니다. 그래도 성도의 죽음은 복이 있습니다. "지금 이후로 주 안에서 죽는 자들은 복이 있다"(계 14:13).

첫째, 성도의 죽음은 외롭지 않습니다. 천군 천사가 마중 나와 천국으로 인도하기 때문입니다. 거지였던 나사로는 천사들에게 받들려 아브라함 품에 안겼습니다(눅 16:22). 스데반은 순교하면서 예수님이 하나님 우편에 서신 것을 보았습니다(행 7:56).

둘째, 성도의 죽음은 슬프지 않습니다. 세상에 있을 때는 많이 울었습니다. 죄 때문에, 자녀 때문에, 속상해서, 아파서, 은혜받아서 울었습니다. 천국에 가면 하나님께서 눈물을 씻어 주십니다(계 21:4).

셋째, 성도는 죽음 이후가 더 행복합니다. 이 땅에서는 잠시 동안 행복하고 계속해서 파도가 밀려오듯 괴로운 일, 아프고 고통스러운 일이 그치지 않았습니다. 그러나 천국에는 생명수의 강이 흐르고 강가에는 열두 달 열매가 맺히는 나무가 있습니다. 슬프거나 괴롭거나 고통스러운 밤이 없습니다(계 22:1-5).

5) 죽음이 가르쳐 주는 진리

죽음이 무엇입니까? **생명의 단절입니다.** 생명이 끝나고 인생이 마감되는 것입니다. 모든 만물에 시작이 있고 끝이 있듯이 인생은 죽음으로 끝납니다. 이 땅에서 영원히 살았으면 하지만 실은 고통스러운 세상에 끝이 있다는 것이 축복이기도 합니다. 죽음은 **영원한 이별입니다.** 죽음으로 인해서 이 세상에서 사랑하는 사람들과 주변의 모든 환경과도 이별해야 합니다. 그것도 잠시의 이별이 아닌 영원한 이별입니다. 물론 믿는 이들은 다시 만날 것을 기약할 수 있지만, 불신자에게 죽음은 영원한 이별입니다. 죽음은 **새로운 시작입니다.** 이것이 기독교적 견해입니다. 죽음으로 인생이 끝나는 것이 아니라 이 땅에서의 모든 슬픔과 고통, 외로움, 실망과 곤고함을 벗어버리고 영원한 하늘나라에서 새 삶을 시작하는 계기가 되는 것입니다. 따라서 죽음은 제2의 세계를 향한 새 출발이기도 합니다.

죽음이 가르쳐 주는 진리가 있습니다.

죽음은 인생이 허무함을 가르쳐 줍니다. "헛되고 헛되며 헛되고 헛되니 모든 것이 헛되도다"(전 1:2). "내일 일을 너희가 알지 못하는도다 너희 생명이 무엇이뇨. 너희는 잠간 보이다가 없어지는 안개니라"(약 4:14). "풀은 마르고 꽃이 시듦은 여호와의 기운이 그 위에 붊이라 이 백성은 실로 풀이로다. 풀은 마르고 꽃은 시드나 우리 하나님의 말씀은 영원히 서리라 하라"(사 40:7-8).

죽음은 인생의 주인이 내가 아닌 것을 가르쳐 줍니다. 인생이 내 것이라면, 왜 죽게 내버려 둡니까? 왜 자기 의지와는 상관없이 죽음을 맞습니까? 인생이 내 것이 아니기 때문입니다. 인생의 주인공은 하나님이십니다. 그러므로 이렇게 선포하십니다. "너는 흙이니 흙으로 돌아가라"(창 3:19).

죽음은 영원한 고향으로 돌아가는 것입니다. 인생의 고향은 이 땅이 아닙니다. 하늘나라가 본향입니다. 죽음으로 우리가 돌아갈 존재임을 알게 합니다. 단거리 선수와 마라톤 선수는 마음가짐부터 다릅니다. 단거리 선수는 짧은 시간에 최선을 다해야 하므로 온 힘을 쏟습니다. 그러나 마라톤 선수는 멀리 내다보고 지혜롭게 달립니다.

6) 사후 세계

많은 사람이 사후 세계(死後 世界)에 대해 관심을 표합니다. 영화 드라마에서는 환생이 유행합니다. '환생'(還生, reincarnation)이란 용어에 대하여 『브리태니커 세계 대백과사전』에서 "환생이란

'종교와 철학에서 영혼이 한 번 이상 연속된 존재로 다시 태어나는 것'을 가리킨다"고 소개합니다. 그러나 기독교에서는 환생이 아닌 부활을 가르칩니다. **환생은 다시 죽어야 할 현세로 복귀하는 것이지만, 부활은 죽음이 없는 영원한 생명으로 나아가는 것입니다.** 성경은 죽음 이후에 대해 어떻게 말합니까?

영원히 죽지 않는다고 말합니다. "예수께서 이르시되 나는 부활이요 생명이니 나를 믿는 자는 죽어도 살겠고 무릇 살아서 나를 믿는 자는 영원히 죽지 아니하리니 이것을 네가 믿느냐"(요 11:25-26)고 하였습니다.

성도는 죽은 후에도 좋은 곳에 갑니다. 부자와 나사로의 비유에도 분명히 사후의 생존을 말하고 있지 않습니까? 히브리서 11장 13~16절에서 믿음의 의인들이 스스로 땅에서는 외국인과 나그네라고 증거 하였습니다. 그러면서 저들이 더 좋은 본향을 사모하여 되돌아갔다고 합니다. 욥은 사후에 "육체 밖에서 하나님을 보리라"(욥 19:25~26)고 하였습니다. 다윗은 영혼 불멸을 믿고 말하기를 "내 영혼을 스올에 버리지 아니하시며 주의 거룩한 자를 멸망시키지 않으실 것임이니이다"(시 16:10)라고 했습니다.

성경은 죽은 후에 갈 곳에 대해 많은 정보를 주고 있습니다. 천국을 '낙원', '아브라함의 품', '셋째 하늘', '성(城)', '내 아버지 집', '참 하늘', '하늘', '천국', '주와 함께 있는 곳' 등으로 표현하면서 사후에 믿는 자들이 들어가 거할 곳으로 설명하고 있습니다. 기독교와 같이 이렇게 사후 세계에 대해 분명하면서도 많은 정보를 주는 종교가 세상에 없습니다. 우리는 부활의 확신을 갖고 죽음이 내게 온다 해도 이 세상에서 소망 중에 살아야 하겠습니다.

7) 장례 사역과 메시지

평소에 듣지 못한 죽음에 대한 메시지를 장례 사역을 통해 접하게 됩니다. 다른 어느 때보다도 영혼에 대해서, 심판에 대해서, 지옥과 천국에 대해서 구체적으로 증거 할 수 있는 기회가 됩니다. 장례 과정에서 평소에 자주 접하지 못하고 서먹하던 상가의 가족들과 자연스럽게 만나서 죽음이라는 사건을 두고 대화를 나누면서 개인 전도를 할 수 있는 좋은 기회도 됩니다. 그러므로 장례 사역의 메시지는 매우 중요합니다.

가장 효과적인 메시지는 행동으로 보여주는 것입니다. 설교보다 효과적일 수 있습니다. 장례식 가운데 정중하면서도 그리스도인의 사랑과 봉사 정신, 그리고 어려운 때 협력하는 모습을 믿지 않은 이웃에게 보여줌으로써 기독교에 대한 호감을 갖게 할 수 있습니다.

예식 진행은 무언의 메시지가 됩니다. 장례 예식의 절차를 통해 유족과 참석자들에게 무언(無言)의 메시지를 전하는 것입니다. 장례식의 여러 가지 의식은 고인을 엄중히 모시고, 가족들을 배려하며, 참가자들에게 예를 갖추게 하는 예식으로 진행되어야 합니다. 엄숙한 순간에 열린 마음속에 기독교의 중심 복음인 부활 신앙으로 위로와 소망의 시간이 되도록 진행되어야 합니다.

기도의 메시지를 간과해서는 안 됩니다. 설교가 중요할 것이라고 여기지만 실은 기도가 더 많은 사람에게 감동을 주는 것을 봅니다. 장례 예식의 기도는 ① 간단해야 합니다. ② 구체적이어야 합니다. ③ 상황에 맞는 기도여야 합니다. ④ 불신자나 자살자의 경우 하나님의 인도를 구하는 기도여야 합니다. ⑤ 유족의 마음을 헤아리는 기도여야 합니다. ⑥ 집례자를 배려하는 기도여야 합니다. ⑦ 참석한 회중을 고려하는 기도여야 합니다. ⑧ 대부분 마이크 시설이 없는 장소임으로 소리가 잘 전달되도록 큰 소리로 기도해야 합니다.

장례 예식의 메시지는 중요합니다. 예식 순서나 의전 예복, 순서 담당자보다 중요한 것이 메시지입니다. 아첨하거나 감상주의에 빠지는 말, 인간의 공로를 자랑하는 말이 아닙니다. 부활의 소망과 함께 슬픔을 이길 수 있는 적절한 메시지로 전달되어야 효과적입니다.

8) 장례 문화 개선

우리나라 장례 문화 가운데는 개선되어야 할 부분이 많습니다. 몇 가지 개선할 점을 지적한다면,

장례 예식은 교회당에서: 비지니스화 한 현대의 장례식장에서는 장례의 엄숙함이나 경건함을 느끼기 어렵습니다. 가능하면 장례 예식을 교회당 안에서 진행해야 합니다. 본인이 늘 예배드리던 교회에서 마지막으로 경건한 천국환송예배를 드린다면 유족들에게도 그렇고 가신 분께도 얼마나 더 좋겠습니까? 왜 결혼 예배는 드리면서 장례예배는 교회에서 드리지 못합니까?

상가에서 음식 먹지 말기: 상가에 가서 꼭 음식을 먹어야 합니까? 그렇지 않아도 사랑하는 가족이나 친지를 잃고 슬픔에 젖어 힘든데, 손님을 대접하느라 제대로 슬퍼할 틈도 없이 뛰어다니게 만드는 것은 잔인한 일입니다. 힘든 일을 덜어 주지는 못할지언정 더 짐을 지워주는 셈인 것입니다.

장례도우미들은 섬기는 자세로: 대부분의 사람이 장례를 치르는데 서툴기 때문에 교회의 장례 담당자들의 익숙한 경험은 가족으로

서는 큰 도움이 아닐 수 없습니다. 그런데 여기서 한 가지 조심할 것은, 무슨 일이든지 언제나 가족의 의사를 정확하게 파악해서 그들이 원하는 대로 섬기려는 태도가 절대적으로 필요합니다. 장례를 위해 돕는 사람들은 모든 일에 있어서 사람들을 섬기는 것이 목적임을 늘 염두에 두어야 할 것입니다.

장례비용의 최소화: 장례식 비용에 대한 횡포가 많습니다. 장례식 때는 가족들의 몸과 마음이 가장 허약한 때입니다. 이를 이용하여 불필요한 비용을 과다하게 쓰도록 하는 것은 잘못입니다. 유족들이 부담 없이 모든 것을 결정할 수 있도록 도와주지는 못할망정 오히려 과다한 비용을 쓰게 하는 것은 이해할 수 없는 행동이며 사라져야 할 관행입니다.

3. 장례 실제

1) 장례 방법

죽음을 앞둔 성도나 가족들이 관심 가져야 할 일은 사후 시신 처리 문제입니다. 지혜롭게 미리 준비하게 되면 막상 상을 당할 때의 혼란을 막을 수 있습니다.

시신기증(屍身寄贈): 의과대학에서 실험용 시신을 구하지 못합니다. 나의 육체는 곧 썩어 흙으로 돌아갈 것입니다. 썩어질 육체를 의로운 일에, 많은 고통을 받는 이웃을 위해 사용한다면, 얼마나 귀하겠습니까? 현대인들의 관념도 옛날과는 많이 달라졌습니다. 이제는 과감하게 시신기증, 장기기증 하는 이가 많아졌습니다.

매장: 성경에 보면 유대인들도 매장을 한 것을 봅니다. 그러다 고대 로마 시대부터 화장이 병행되어 왔습니다. 가난한 사람은 묘지를 구할 수가 없었기 때문입니다. 우리나라에서는 불교에서 화장법을 사용했고, 전통적으로 묘지를 썼습니다. 그러나 현대에 와서 위생적인 방법이라는 이유로, 제한된 토지 때문에, 공간 관리의 측면에서 또는 경제적인 이유에서 화장을 권장하게 되었습니다. 다른 이들이 매장을 고집한다 해서 비난할 필요는 없습니다. 유족들의 정서적인 면에서 매장을 원하는 이들이 있는 것이 사실입니다. 영혼은 떠났지만 무자비하게 육체를 화장장에 넣는 것은 끔찍하다고 여기는 이들이 있기 때문입니다. 만약 매장을 고집한다면, 묘지 공간을 최소화해야 합니다. 혹은 매장식 납골묘 방법을 택할 수도 있고, 무연고자 묘지를 재활용하는 것도 고려해 볼 만합니다.

화장: 최근 우리나라에서는 여의도 한 배 반 크기의 국토가 매년 묘지로 바뀌고 있다면서 화장을 권장하는 추세입니다. 화장은 좁은 국토를 활용해야 하는 우리의 경우 필요한 방법일 것임에 틀림없습니다. 매장보다 경제적이고 위생적입니다. 화장은 매장보다 깔끔한 처리 방법이기도 합니다. 각자의 형편에 맡길 일이고 논란의 여지가 있긴 하지만, 화장을 더 많이 고려할 때인 것은 사실입니다. 화장 후 자연장이나 납골당 등지에 유골을 안치합니다.

2) 기독교 장례의 순서

임종: 환자가 위독하여 임종 단계에 이르면 교회에 알려 장례 절차를 의논합니다. 1) 임종이 임박할 때는 교역자를 청해 임종 예배를 드리며, 가족이 둘러앉아 조용히 임종을 기다리며 기도합니다. 2) 가까운 친지나 친척에게 알립니다. 3) 가족들은 검소한 옷으로 갈아입고 근신하며 애도합니다.

장례: 장례식장을 이용할 경우 1) 기독교식으로 빈소를 설치해줄 것을 요청합니다. 2) 상복과 관의 주문, 입관식 시간, 조문을 위한 조화 구입, 식사 등을 담당자와 의논합니다. 3) 상가에서 주류는 금하는 것이 그리스도인의 바른 자세입니다. 4) 상주에게 인사는 하지만 영정 앞에서 절(배례)은 하지 않습니다.

입관: 교회와 정한 시간에 입관하게 되는데 1) 세상에서 마지막 보는 순간이므로 가족이 보는 적당한 시기에 정중하게 위생 수의로 갈아입힌 후 입관합니다. 2) 입관 시 미신적인 행위는 일절 삼가고 시신을 깨끗이 하여 수의를 입혀 깨끗하고 적합한 곳에 안치합니

다. 3) 입관이 끝나면 입관식을 한 후에 상주와 유족들은 상복을 입고 상장을 부착합니다. 4) 상주는 고인의 상 옆쪽에 앉아 가급적 자리를 지킵니다.

발인: 1) 발인은 보통 사망한 날로부터 3일이 되는 날로 하며, 미신적으로 장례일을 택해선 안 됩니다. 2) 발인 날짜와 시간을 교회에 알리되 주일에는 발인을 피합니다. 3) 영구가 장지를 떠나기 전 엄숙하고 정중하게 발인식을 합니다.

첫성묘: 삼우제라 하여 보통 3일 만에 묘소에 찾아가는 일은 봉분한 것과 묘비 및 묘역을 살펴보게 됩니다. 기독교인들은 '첫성묘'라 부릅니다. 별세 후 49제를 하는 것은 불교적인 우상숭배이므로 금해야 하고, 집안에 빈소를 두는 것도 유교적인 제사 습관이므로 금합니다.

3) 개선되어야 할 장례 용어들

삼우제(三虞祭)는 '첫 성묘'로: 삼우제란 유교식 전통 상례 용어입니다. 우(虞)자는 염려할 우자인데, 우제(虞祭)라는 말은 시체를 매장한 뒤 그의 혼(魂)이 방황할 것을 염려하여 드리는 제사를 말합니다. 교회에서는 안장 후 처음으로 무덤을 살펴보는 것을 뜻하는 삼우제를 '첫 성묘'라는 말로 표현하는 것이 좋을 것입니다.

49재(齋)는 불교식 장례 의례이므로 불필요: 그런데도 교인 가운데 49재를 지내기 위해 묘소(墓所)에 가는데 교회 봉고차를 쓰게 해달라고 하는 사람들도 있습니다. 본래 49재란 사람이 죽은 뒤 7일마다 재의(齋義)를 행하여 일곱 번째 되는 49일이 되면 망인(亡人)의

극락왕생이 결정된다는 불교의 전통에서 비롯된 것입니다. 그러므로 그리스도를 믿음으로 영생과 천국에 갈 것을 믿는 그리스도인들은 이러한 습속을 배제해야 합니다.

영면(永眠)또는 영서(永逝)는 '소천'으로: 영면은 영원히 잠잔다는 뜻이며, 영서는 아주 돌아가셨다는 뜻입니다. 그러므로 우리는 죽음에 대한 성경적 의미가 담긴 말, 즉 '하나님께서 부르셨다' 든지 '하나님 나라로 돌아가셨다'는 표현을 사용하는 것이 좋습니다. 혹은 '별세(別世)하셨다'는 말을 사용함도 좋을 것입니다.

명복(冥福)을 빕니다는 '하나님의 위로가 함께 하시길 바랍니다' 로: 조문이나 조사할 때 흔히 '명복', '영전'이라는 말을 듣게 됩니다. 명복은 불교에서 사자(死者)를 위해 행하는 불사를 말하는데 사후(死後)의 행복을 비는 것을 뜻하므로 사용하지 말아야 합니다.

꽃상여는 '관보'로 대신해야: 아직도 시골에서는 꽃상여를 사용하고 있습니다. 그러나 꽃상여는 무속신앙에서 나온 것입니다. 무당들이 꽃을 좋아하는 것은 저승을 꽃동산으로 이해하고 있기 때문입니다. 교인들도 영구차 앞을 꽃으로 장식하고 관 위에다 꽃을 올려놓는 가정도 있습니다. 시골에서 상여를 사용할 경우에는 흰 관보에 붉은 십자가를 선명히 보이게 하여 깨끗한 장례식, 교회의 장례식답다는 생각을 심어주어야 합니다.

4) 부고(訃告) 및 분향소 설치

부고(訃告)는 가까운 친척과 친지들에게 상이 났음을 알리는 것으로 호상이 상주와 의논하여 사망 시간 및 장소, 발인 일시, 발인 장소, 장지, 상주와 상제 등을 기록하게 됩니다.

분향소 설치: 유족과 장례식장과의 상담을 통해 분향소의 크기 및 종교에 따라 분향소를 배정하게 되고, 필요한 시설물이나 비품은 미리 장례식장에서 준비하도록 하면서 항상 깨끗한 느낌이 들도록 정리 정돈을 하고 난 다음 분향소를 설치합니다. 입관 전일 경우에는 유족들에게 유의 사항을 설명합니다. 빈소와 수의, 관을 고를 때 물품들을 간소화하도록 일러줄 필요가 있습니다.

빈소: 문상을 위해 시신(屍身)을 안치하는 장소와는 별도로 영좌(靈座)를 마련하는데 이를 빈소라 합니다. 병풍을 치고 그 앞에 사진(영정)이나 성경책 등을 배설(配設)하고 상주는 빈소를 떠나지 않고 조의(弔慰)에 응대합니다.

빈소 준비: 빈소에는 분향을 위해 향로와 향, 헌화용 꽃, 은은하게 들리게 하는 찬송 테이프, 조기(弔旗) 등을 준비합니다. 또한 부의록(조의록), 볼펜, 붓펜, 사인펜, 부의 봉투, 금고 등이 필요합니다.

접객실: 유족과 문상객이 이용하기에 편리하도록 빈소와 접객실의 위치를 고려하여야 합니다. 이용자의 동선을 고려하여 빈소와 접객실은 적절한 조화가 이루어질 수 있도록 하는 것이 좋습니다.

헌화: 문상객은 빈소 앞에서 향을 피우는 대신 헌화합니다. 헌화할 때는 준비된 꽃을 받아들고 영정 앞에서 잠깐 묵념한 다음, 꽃이 자신을 향하도록 상위에 올립니다. 빈소의 상황에 따라서는 민속 전통에 따른 경의 표현도 가능하나 기독교인들은 두 번 절하지 않고 기도와 묵념으로 예를 표합니다. 조문 후에는 상주에게 목례한 후 위로의 말을 전하고 물러납니다. 조의금은 상주에게 직접 전하지 않고 조의금함에 넣습니다.

5) 문상(問喪)

상주: 상주는 간소하고 정결한 상복을 갖추어 입고 빈소를 찾는 손님을 맞이하도록 합니다.

① 경건한 마음으로 예를 올리며 빈소를 지키며 하루 몇 차례 예배를 드립니다. ② 조문객이 들면 조용히 자리에 서서 기다리며, 분향 후 상주 앞으로 다가와 인사를 하면 답례로 인사합니다(조문객은 상주들을 위해 서서 인사함이 좋습니다). ③ 손님이 애도의 말씀을 전하거나 질문 시에는 경건한 마음으로 답하며, 누구를 원망하거나 지나친 곡이나 큰 소리로 떠드는 것은 삼가야 합니다. ④ 상주는 빈소를 비워 조문객들이 당황하지 않도록 해야 하고, 문상 시에 불편함이 없도록 안내하는 사람을 정합니다.

조문객: 조상(弔喪)은 죽은 사람에게 죽음을 슬퍼해 예를 표하는 의미이고, 문상(問喪)은 상주에게 상을 당한 것에 대한 위문의 예를 표하는 뜻을 지니고 있습니다. 근래에는 죽은 사람에게 예를 올리고 그 유가족을 위로한다는 의미에서 두 가지 의미를 합쳐 조문(弔問)이라는 용어가 사용됩니다. 상을 당했을 경우는 빠른 시간 내에 가서 정신적인 위로와 함께 원만한 장례가 치러질 수 있도록 도움을 주는 것이 바람직합니다. 방문할 때는 예의에 맞는 옷차림을 하고 경건한 마음으로 정중하게 애도를 표시합니다. 그 밖에 물건이나 부의금 등 상주에게 도움이 될 만한 것을 준비하기도 합니다.

① 복장은 검정이나 희색 등 화려하지 않은 색의 정장을 하고, 화려한 액세서리 착용은 삼가는 것이 좋습니다. ② 외투는 바깥에서 벗어들며, 빈소에 도착하면 먼저 상주에게 목례한 다음 분향이나

헌화를 합니다. ③ 상주에게 고인의 병세나 상세한 이야기를 장황하게 하는 것은 예가 아닙니다. ④ 소지한 부의금이나 물건을 전달하고 방명록(부의록)을 작성합니다. ⑤ 멀리 간 조문의 경우와 가까운 친구들은 간단한 음식을 들며 유족들을 위로해도 좋습니다. ⑥ 유족들을 돕거나 처리해야 할 일을 대신 해주는 것도 좋습니다.

6) 발인(發靷) 및 하관(下官)

발인은 영결식(永訣式)이라고도 하며 주검이 집에서 나갈 때 지내는 마지막 제사를 일컫는 말이었습니다. 그러므로 혹자는 '발인'이란 말을 금하기도 합니다. 대신 '출상' '환송 예식', 혹은 '장례 예식'으로 부릅니다.

출상 준비: 일반적인 순서는 개식, 상주 및 상제들의 분향, 종교에 따른 의례, 고인의 약력 소개, 종교의례, 추도, 조객 분향·헌화, 폐식 순으로 진행합니다. 미리 전날 장례식장 담당자와 상의해 준비하며 발인식은 통상 출상 30분 전쯤에 빈소나 영결식장에서 진행합니다. 출상에 필요한 인원으로 영정사진을 드는 1명과 운구에 필요한 인원 6명 등을 사전에 준비해야 합니다.

출상 순서: 먼저 성직자가 인도하고 영정, 영구, 상주, 친척, 문상객의 순으로 그 뒤를 따르게 됩니다. 운구행렬이 나갈 때 성도들은 찬송을 부릅니다.

화장(火葬): 현대에 와서 대부분 매장보다 화장을 선호합니다.
 1) 화장은 사망 후 24시간이 지나야 가능합니다.
 2) 화장장 접수 예약을 하고 필요한 서류를 지참해야 합니다.

3) 화장장 입구에서는 찬송이나 기도함을 피하고, 대기실에서 조용히 드려야 합니다.
4) 화장장 또는 납골당에서의 예배는 계속되는 장례 일정으로 피곤한 유족들의 형편을 고려하여 간결하게 드립니다.
5) 국가유공자나 기초생활수급자의 경우 별도의 화장장 이용요금을 적용받을 수 있습니다.
6) 화장 후 가족의 결정에 따라 납골당에 안치하거나 자연장(수목장, 화초장, 잔디장 등)으로 모십니다. 가능하면 그곳에서도 예배 후 돌아오면 좋겠고, 가족끼리 진행할 수도 있습니다.

하관(下官): 하관은 시신을 준비한 내광에 모시는 과정으로 매장될 묘터는 발인 당일 산역꾼들이 운구행렬보다 미리 도착해 상여가 묘터까지 쉽게 도달할 수 있도록 주변 진입로를 확보하고 도착하면 바로 하관할 수 있도록 주변 작업을 미리 해 두어야 합니다.

7) 장례 용어

기독교인이라 해서 꼭 기독교 장례식에만 참여하지 않습니다. 따라서 전통적으로 알려진 장례 예법이나 용어를 이해하여야 장례 사역자로 섬길 수 있을 것입니다.

초종(初終): 갓 돌아갔을 때 임종을 맞는 절차를 말한다. 초종에는 임종 준비, 초혼, 수시, 상례 시의 역할, 관의 준비, 부고 등이 포함된다.

부고(訃告): 장지와 발인 및 하관 일시가 결정된 후 주변에 알리는 것.

기중(忌中): 상가의 대문이나 상주가 경영하는 점포 등의 문 앞에 상중(喪中)임을 알리기 위하여 붙여놓는 안내 표지.

상중(喪中): 초상(初喪) 동안을 말하며 기중(忌中)이라고 해서 밖에 붙인다.

수시(收屍): 탈지면 등으로 코, 귀 등을 막고 눈을 감기며, 입을 다물게 하며 머리를 높이 괸다. 시신이 굳어지기 전에 시행한다.

수시포(收屍布): 시신을 덮는 홑이불.

습(襲): 시신을 깨끗이 한 후 의복(수의)을 갈아입히는 절차.

소렴(小殮): 염(殮, 또는 斂) 염이란 '거둔다' '감춘다'는 뜻으로 운명한 다음날 시신의 몸을 베로 싸고 묶어 관에 넣도록 준비하는 의례.

대렴(大斂): 소렴한 다음 날, 즉 죽은 후 사흘째 하는데, 문자 그대로 소렴을 크게 하는 것으로 시신을 큰 이불로 싸고 묶는다. 최근에는 습과 소렴, 대렴을 한꺼번에 진행한다.

입관(入棺): 염습한 시신을 관에 넣는 의식. 본래는 입관 전에 문상객을 받지 않는 것이나 현대 삼일장의 경우 조문객들의 입장을 고려하여 문상받는다.

영좌(靈座): 고인을 위해 전을 설치한 자리. 영정을 놓는다.

조등(弔燈): 상가(喪家)임을 표시하기 위하여 집 앞의 대문이나 입구에 걸어놓는 등(燈).

완장(完葬): 상주들의 팔에 착용하는 것으로 상주용, 일반용이 구분되어 있다.

분향(焚香): 향을 태우는 일로 제사, 의례 등에서 신 혹은 영혼을 불러오기 위해 향을 피운다. 기독교인들은 예(禮)를 위해 피운다고 여긴다.

빈소(殯所): 문상객의 문상을 받기 위하여 고인의 영정을 놓은 장소.

성복(成服): 상복을 입는 절차이다. 성복 후에는 상가의 일을 호상에게 맡기고 상주는 빈소를 지켜야 한다.

명정(銘旌): 붉은색 비단에 은분으로 고인의 성과 이름을 해서체로 쓴다.

관보(官保): 시신을 입관하여 결관(結棺)한 후 영구(靈柩)를 덮는 보로서 일반적으로 주홍색을 사용한다. 기독교인들은 흰 천에 붉은 십자가를 그려 사용한다.

발인(發靷): 영구를 상여에 싣고 묘소로 가는 절차.

치장(治葬): 장례를 치르기 위한 준비과정으로 매장이든 화장이든 망자에 대한 갈무리 절차이다. 화장을 위해서 필요한 절차와 서류를 확인하고 봉안(납골) 또는 산골 등의 장례 방법에 따라 준비한다. 매장을 위해서도 필요한 절차를 확인해야 한다.

횡대(橫帶): 하관시 관 위에 가로로 걸쳐놓는 나무판.

취토(取土): 상주들이 깨끗한 흙을 담아 관 위 세 곳에 나누어 던지는 것이다.

삼우제(三虞祭): 출상 후 3~5일째 되는 날까지 세 차례에 걸쳐 제사를 지내는 것이다. 우제는 영혼이 방황할 것을 우려하여 빈소에 안착하도록 드리는 제사이다. 초우제와 재우제, 삼우제를 지내는데, 기독교인들은 영혼 부활을 믿으므로 삼우제 대신 '첫 성묘'를 간다.

기제(忌祭): 제삿날이라고 하며 고인이 돌아가신 날 드리는 제사. 성도들은 추모 예배로 드린다.

4. 유족 돌봄 사역

1) 유가족 돌봄

상을 당한 사람은 누구나 자기 손을 붙잡아 줄 사람을 갈망하게 됩니다. 장례 사역은 장례 이후에도 계속됩니다. 유족들은 몇 가지 애도와 회복의 단계를 거치게 됩니다.

충격과 혼란의 단계: 장례 후에도 충격과 혼란의 반응은 계속됩니다. 교회와 성도들은 이때에 함께 있음으로 안정과 위안을 주어야 합니다. 이 시기에는 1) 마음껏 이야기하게 합니다. 분노와 아픔을 시원하게 하는 것이야말로 좋은 치유가 됩니다. 2) 조용히 옆에 있으면서 보살펴 줍니다. 옆에 있으면서 평상시 해야만 했던 일들을 보살펴 주면서 그로 인해서 애통할 수 있게 해 주는 것도 매우 중요합니다. 유족은 두 가지 어려운 과제를 동시에 수행해야 합니다. 하나는 자신의 내부에 죽은 이의 면모를 인정하고 강화하는 것이요, 다른 하나는 '그 사람은 이제 죽은 사람'이라는 사실을 긍정하는 것입니다. 상실의 슬픔을 이기는 것은 죽은 사람에 대한 추억을 긍정적으로 받아들였을 때 가능하게 됩니다.

애통의 단계: 비탄 그 자체는 상실에 대한 정상적인 반응입니다. 때로는 분노하면서도 어느 기간 동안 애통해 하는 것이 유족들의 마음입니다. 애통해 한다고 유족을 꾸짖는다면 그들의 슬픔과 수치감과 죄책감이 오랫동안 지속될 것이며, 급기야는 신체적, 정서적으로 건강을 해치게 됨을 명심해야 합니다.

회복의 단계: 애도의 절차도 몸이 치유되는 과정과 마찬가지로 상

처가 아무는 과정이 필요합니다. 애도의 단계를 거쳐 죽음을 인정하고 자신의 일부로 용해하여 자신의 성격을 풍성히 만들 수 있을 때 비로소 상례 절차는 완성을 보게 되고, 바로 이처럼 풍성해진 인격 때문에 새 생활에 적응이 가능한 것입니다. 사별이 인간에게 주는 모든 충격 중에서 가장 큰 위기라는 것, 또한 사람이 위기에 처해 있다는 사실은 가장 불안한 상태에 놓인 것이라는 사실을 명심하여, 장례식 뒤에도 많은 관심과 배려가 있어야 합니다.

2) 장례 직후

우선 경청하는 것입니다. 상을 당한 사람이 마음껏 이야기하도록 들어주는 것입니다. 지난날에 무슨 일이 있었는지 상세하게 말하게 하며 그것이 얼마나 중요한지 동의하면서 들어주는 것입니다. 털어놓고 말하고 불평하고 가슴을 시원하게 해주는 것이 진정한 도움이 됩니다. 믿고 이야기를 나누면서 그의 속내를 알게 되고 필요할 때 적절한 지원을 할 수 있습니다. 슬픔을 이기지 못해 고통스러울 때 누군가 귀 기울여 주는 이가 있다는 것은 큰 힘이 됩니다.

가만히 곁에 있으면서 일을 도울 수 있습니다. 평상시 해야 할 일을 처리해주고 보살펴주는 것도 귀한 도움이 됩니다. 상을 당한 사람은 몇 날, 심한 경우 몇 달 동안 정신을 놓고 지낼 때가 많습니다. 그런 이들은 일에 금방 복귀하기 어렵습니다. 사후 고인이 사용하던 물품 처리나 보험, 부동산, 주식, 예금, 다니던 회사와의 관계 등 처리할 일이 많습니다. 흔히 유족들은 자포자기하는 심정으로 쉽게 결정하고 나중에 후회할 수 있습니다. 이럴 때 돕는 것은 두고 두고 고마운 일이 됩니다.

정기적으로 접촉하는 것입니다. 눈치 빠른 이들은 허약한 순간에 정기적으로 접촉하여 도움을 줄 수 있습니다. 졸지에 상을 당한 사람은 심적 변화가 요동합니다. 금세 좋아졌다가도 또한 나빠지기도 합니다. 제일 힘든 시간이 아침에 눈뜰 때입니다. 밤새워 뒤척이며 잠을 이루지 못하다가 새벽녘에 잠들어 일어나는 순간, '아 오늘도 하루의 고독과 비참함이 시작되는구나'라고 느끼게 됩니다. 그때 전화 한 번 주는 것도 효과적입니다.

직접적인 치료가 요구될 때도 있습니다. 유족에게 심각한 징후가 있거나 계속되는 육체적 고통이 수반될 때, 지나친 상실감이나 죄책감, 분노, 걷잡을 수 없는 애통이 계속될 때는 상담을 받게 하고, 적극적인 치료를 권해야 합니다. 사별의 애통이 전혀 없다는 것도 문제가 있지만 애통이 지나친 것도 위험한 증후이기 때문입니다. 실제로 사랑하는 가족과 사별 후 석 달 이내에 자살자가 많습니다. 자살까지는 아니어도 우울증에 걸려 오랫동안 고생하기도 합니다.

3) 유족을 위한 목회적 지원

위로 예배: 첫째, 남은 가족이나 친구들이 겪는 충격을 흡수하게 하고 그들의 슬픈 마음을 안정시켜줍니다. 둘째, 유족들이 상실에 어떻게 대처할지를 알려주게 됩니다. 셋째, 때로 남은 자들이 분노를 갖는 경우가 있는데 분노를 적절하게 다룰 방법을 알려줄 기회가 됩니다. 넷째, 유족 중에 포함된 불신자에게 성경적 죽음과 인생관을 전할 기회가 됩니다. 위로 예배에서는 남은 가족을 대상으

로 말씀을 선포하고 기도해야 합니다. 주변의 친구도, 직장 동료도, 이웃들도 참석하겠지만 가장 위급하고 중요한 대상은 유족이므로 그들을 위로하며 격려하는 데 초점을 맞추어야 합니다.

목회적 지원: 위로 예배를 비롯하여 남은 사람들에 대한 목회적 돌봄과 상담, 장례 직후부터 신속한 위로와 반응을 말합니다. 특히 목회자는 남은 사람들을 집중 관찰하고 정서적, 정신적, 영적인 필요가 무엇인지 찾아내어 효과적으로 도와줄 수 있어야 합니다. 적절한 지원이 제때에 이루어지지 않으면 감정적 상처는 크고 오랫동안 지속되게 됩니다. 무엇을 어떻게 지원할 것입니까?

첫째, 남은 사람들을 이해하고 인생의 문제를 적절하게 대처하도록 도와야 합니다. 즉 사랑하는 이와 사별한 후 나타나는 반응의 원인과 내용을 주의 깊게 살펴보고 관련 정보를 찾아 해석한 후, 갑작스러운 이별로 인한 여러 고통스러운 현상에 대처하기 위한 적극적이며 신뢰할 수 있는 방법을 제시합니다.

둘째, 사망의 유형에 따라 필요한 조언을 줍니다. 고인은 부모일 수도 있고, 어린 자녀나 가까운 친구, 동료일 수도 있을 것입니다. 모든 부분을 목회자가 지원하기는 어렵지만 조금만 관심을 기울이면 가족 상실에 따른 슬픔을 이기는 다양한 정보를 줄 수 있습니다.

셋째, 무엇보다 영적 지원이 큰 힘이 됩니다. 영적 지원을 받게 되면 죽음이 일생을 따라다니는 업보나 평생 그림자가 아니라, 일시적이며 순간적인 사건으로 받아들이게 됩니다. 영적 지원을 받으면 회복 속도가 빠릅니다. 목회적 지원은 가정의 상처를 통해 오히려 남은 이들이 가정 회복과 성장, 성숙의 기회로 삼게끔 해줍니다.

4) 유족 상담

아직까지 우리나라에서는 안타까운 일을 경험하거나 충격적인 일을 만나도 직접 상담소를 찾거나 상담전문가를 찾는 이가 많지 않습니다. 대신 교회 안의 사역자들이 이런 위기를 만난 이들을 지혜롭게 상담하고 대처할 수 있습니다.

유의할 점: 유족들의 위기에 개입하여 그들을 정서적, 신체적, 영적, 사회적으로 균형을 회복하게 해주려면 몇 가지 유의할 점이 있습니다. 1) 설교하려 하지 말아야 합니다. 교회 지도자의 단점이기도 한데, 대부분 "교회 안에서 상담하려면 설교를 들어야 한다. 그래서 교회 안에서 상담하기 어렵다"고 합니다. 2) 신중하라는 것입니다. '특별한 도움'을 줄 것으로 오버하지 말아야 합니다. 사별의 충격과 아픔을 쉽게 이길 수 있는 묘안은 없습니다. 사람마다 회복의 정도와 시기가 다릅니다. 그럼에도 '말의 요술'로 엄청난 무게의 고통을 지울 수 있다고 쉽게 여겨서는 안 됩니다. 조심스럽게 접근하고 조심스럽게 답변해야 합니다. 3) 그의 사적 세계와 사적 공간을 존중해야 합니다. 위기 극복을 위해 그는 그동안 그가 살아왔던 삶의 문화와 가정환경, 지나온 생애의 경험을 총동원할 것입니다.

지혜로운 방법은 무엇입니까? 유족들과 먼저 마음의 접촉이 있어야 합니다. 장례 과정에서 보여주었던 친절과 배려, 진지한 관심과 돌봄이 마음을 열게 합니다. 욥이 생애에서 가장 어려운 충격을 겪었을 때 방문한 친구들의 상담은 도움이 되지 못했습니다. 욥의 마음을 이해하려 하지 않았기 때문입니다. 관심을 보여주는 가장 좋은 방법은 '경청'입니다. 좋은 경청은 말만 듣는 것이 아닙니다. 유족들은 언어와 비언어를 통해 자신의 심리 상태를 전달합니다. 특히 비언어 부분에 유의해서 경청해야 합니다. 좋은 경청은 수동적으로 듣거나 관찰하는 것만이 아닙니다. 지혜롭게 반응해주어야 합니다. 대안을 제시하되 한두 가지 제시하고 유족들이 가능한 일을 선택하게 해주어야 합니다. 상담하면서 지나친 약속을 피해야 합니다. 우리는 유족들이 하나님의 은혜로 회복되기를 돕는 자이지 그 이상은 절대 아니기 때문입니다.

5) 애도의 기술

사별은 언제나 슬프고 괴롭습니다. 그렇다고 계속하여 애도 상태에 머무를 수는 없습니다. 사별과 애도 과정을 지혜롭게 통과하는 것은 남은 자에게 주어진 과제인데, 애도에도 기술이 필요합니다.

노인의 애도: 나이 많은 이들은 배우자를 비롯하여 친지, 친구, 심지어 자식의 죽음으로 사별을 자주 경험합니다. 사별에는 극복하기 힘든 충격과 슬픔이 따릅니다. 특히 한평생 함께한 배우자를 잃은 노인은 슬픔, 원망, 죄의식, 후회, 상실감, 혼란, 불안 등과 같은 정서적인 고통을 경험하게 되고, 신체적으로 피로감, 현기증, 불면증을 갖기 쉽고, 사회적으로도 사람 만나기를 회피하거나 만나서도 아예 말이 없거나 과민한 반응을 보이기 쉽습니다. 노인을 위해서는 함께 있으며 위로해주고, 고인에 대한 회상을 들어주며, 중요한 의사 결정은 가능한 한 애도 과정이 끝난 후에 하도록 하고, 충분한 휴식과 수면을 취하여 심신 건강을 회복하도록 도와주어야 합니다.

갑작스러운 죽음의 애도: 젊은 사람이나 가족이 갑작스럽게 죽은 경우 그 애도는 더욱 길게 갑니다. 과정을 빨리 통과하기 위해서, 1) 죽음을 현실로 받아들여야 합니다. 2) 정서적 고통을 표현해야 합니다. 사별에서 오는 정서적 고통, 분노, 혼란 등을 표현하고 해소할 수 없으면 비정상적인 애도로 악화할 수 있습니다. 3) 현재에서 과거로 전환해야 합니다. 사별한 사람과의 관계는 추억 속의 관계로 빨리 전환되어야 합니다. 4) 새로운 정체감을 가져야 합니다. 새로운 역할을 찾아 수행하며 자신의 정체감을 새로 만들 수 있습니다. 5) 상실의 의미를 깨달아야 합니다. 죽은 사람이 자신을 버린 것이 아니라는 사실을 깨닫게 되면 죽음을 수용할 수 있게 됩니다. 6) 고인이 없는 새로운 환경에 잘 적응하기 위하여 자기 생활을 재구성·조정하고(readjustment) 새로운 역할을 찾도록 합니다. 7) 다시 일상적인 활동에 자기 에너지를 재투자(reinvest)하여 정상적인 생활을 영위하도록 합니다.

아무리 훈련하고 애도의 기술을 갖는다 해도 슬픔은 오래가기 마련입니다. 그렇다고 슬픔 가운데 계속 빠져 있게 되면, 영적 침체에 빠집니다. 그리고 정서적으로 불안증세가 올 수 있습니다. 할 수 있으면 빨리 회복되도록 삶의 목표를 정하고 새롭게 출발해야 합니다.

6) 사별자의 애도 단계

사별과 같은 충격을 해소하는 방법은 문화, 종교, 인구 사회학적 특성에 따라 다르게 나타날 수 있습니다. 예를 들어 미국에서는 사별한 사람이 빨리 고인과의 감정적인 유대를 정리하고 일상생활로 돌아갈 것을 기대합니다. 존 보울비(John Bowlby)의 4단계 애도를 그대로 인용합니다.

무감각의 단계(numbness): 이 단계에서 사별자는 멍하고 어리둥절해 있으며 메스꺼움, 가슴이나 목의 긴장과 조임 같은 신체적 반응을 수반하기도 한다. 이러한 증상이 며칠간 계속된다. 그러나 예기치 못한 죽음인 경우에는 몇 주간 계속되기도 한다.

그리워하는 단계(yearning): 사별자는 고인을 되찾으려는 마음으로 고인과 친분이 있거나 사랑했던 사람을 찾아 헤맨다. 좌절감, 분노, 죄의식을 느끼며 격렬한 슬픔을 경험하거나 통제할 수 없을 만큼 흐느껴 울기도 하고 식욕부진과 불면증이 나타나기도 한다.

혼란과 절망의 단계(disorganization and despair): 사별자는 사랑하는 사람의 죽음을 현실로 받아들이는 것이 힘들고 무력감, 절망감, 우울감 등을 자주 느낀다. 이런 혼란과 절망의 단계를 지나면 점차 극단적인 피로를 경험하여 평소보다 많은 잠이 필요하다.

재조정 단계(reorganization): 혼란과 절망의 단계를 지나면 점차 정상적인 일상생활을 회복할 수 있다. 우울증이 사라지고 규칙적인 수면 습관을 회복하여 에너지가 증진된다. 사랑하던 사람에 대한 생각은 슬픔을 낳기도 하지만 이런 감정에 계속 눌려 있지는 않다.

사별의 아픔을 경험했던 **김소엽 시인의 제안**을 소개합니다.

"첫째, 본인이 빨리 그 슬픔에서 헤쳐 나와야겠다는 의지를 가지라. 둘째, 남아있는 가족의 소중함을 생각하라. 셋째, 먼저 상실을 경험하고 극복한 이들로부터 혼자 사는 방법을 배우라. 넷째, 종교를 가지라. 다섯째, 혼자 된 자유함을 누리라. 여섯째, 살아갈 좋은 방도를 생각하라. 기타, 새롭게 도전하라. 배우고 싶은 것을 배우라. 인생의 어두운 터널을 막 통과했으니 두려울 것이라고는 이제 없을 것이다."

사랑하는 유족들이 귀담아들을 만한 조언이 아닐 수 없습니다.

7) 추모(追慕) 예배

추도(追悼)는 죽은 이를 생각하며 슬퍼한다는 뜻입니다. 이 말은 다분히 불신자적인 인상이 짙습니다. 추모(追慕)라는 용어의 뜻은 고인을 기억하고 그리워한다는 뜻입니다. 그러므로 기독교에서 사용되어야 하는 바른 용어는 추모(追慕)예배가 맞습니다.

추모 예배는, 불신자에게는 올바른 죽음 의식을 주게 됩니다. 죽음은 죗값이며 하나님을 향한 반역에서 비롯되었습니다. 성경은 잠잔다는 말로 죽음을 표현합니다. 이것은 죽음이 끝이 아니라 주님께서 재림하실 때 영혼이 깨어난다고 하는 것을 전제한 것입니다. 고인의 영혼은 다시 돌아오거나 정처 없이 세상을 방황하는 것이 아니며 죽음 이후에는 심판과 부활이 있습니다.

믿는 가족에게는 부활 신앙을 확인하는 시간입니다. 먼저 신앙 안에서 위로받고 부활 신앙이 확인되는 기회여야 합니다. 부활 신앙이 없는 불신자들같이 슬퍼해서는 안 됩니다.

조상과 부모님을 주신 하나님께 감사하는 시간입니다. 추모 예배는 조상과 부모님을 주신 하나님께 감사하면서 드려져야 합니다.

신앙 상속을 인식하는 특별한 기회입니다. 추모 예배는 우리에게 신앙을 물려주신 데에 대한 감사가 따라야 합니다.

추모 예배 준비는 어떻게 합니까? 집안 어른들의 추모일이 다가오면 이에 따른 준비에 착수합니다.

1) 예배 날짜는 추모일이 마땅하나 주일은 피하고 토요일이나 월요일로 옮겨서 함이 좋습니다.
2) 정오나 저녁 시간 전후에 하는 것이 좋습니다. 예배 후에 식사하는 친교가 있어야 하기 때문입니다. 밤늦은 시간을 택할 필요는 없습니다.
3) 친척이라는 가족공동체를 초월합니다. 고인과 함께 평소 가까이 신앙생활을 하던 분들을 초대하여 고인을 추모하여 예배드리는 것이 좋습니다.
4) 추모 예배 장소에 촛불을 켜놓거나 향을 피우는 일은 없어야 합니다. 고인의 사진과 화분 정도의 장식으로 경건 분위기를 조성하면 될 것입니다.
5) 고인의 유품을 준비하면 좋습니다.
6) 집례는 소천하신 후 1년까지는 교역자가 집행하는 것이 좋으나, 그 이후에는 가족 중심으로 모이는 것이 합리적입니다.

5. 장례 예식 순서

1) 임종 예식

예 식 사 ·· 집 례 자
　　오늘 하나님께 부름 받은 000님의 임종 예배를 드리겠습니다.

찬　　송 ················ 492(544)장, 279(337)장 ················ 다 같 이
　　　　　　　　　　　　　　　　　　새찬송가(통일찬송가)
성　　경 ······················ 누가복음 23:46 ························ 집 례 자

　　예수께서 큰 소리로 불러 이르시되 아버지 내 영혼을 아버지 손에 부탁하나이다 하고 이 말씀을 하신 후 숨지시니라.

설　　교 ··························· 영혼의 의탁 ························· 집 례 자

　　본문은 예수님께서 돌아가시기 전 마지막 말씀을 기록하고 있습니다. 예수님의 마지막은 ① 하나님께 영혼을 맡겼습니다. ② 큰 소리로 하나님을 찾았습니다. ③ 결국 죽어 하나님 아버지께로 돌아간다는 것을 아신 것입니다. 사랑하는 000님 역시 하나님께 영혼을 의탁하셔야 합니다. 사랑하는 유족들께서는 성도의 죽음을 너무 아쉬워 마시고 하나님께로 돌아가심을 믿고 담대하시기를 빕니다.

기　　도 ·· 집 례 자

　　위로의 하나님 아버지, 인생이 이 세상에 오는 것도 세상을 떠나는 것도 하나님 아버지의 섭리 가운데 가셨음을 믿습니다. 사랑하는 성도의 임종을 맞아 간절히 기도하오니 그 영혼을 아버지의 영원하신 품속에 품어 주시고 슬픔을 당한 유족들을 위로하여 주옵소서. 예수님의 이름으로 기도합니다. 아멘.

축　　도 ·· 집 례 자

2) 조문 예식(1)

예 식 사	········ 사랑하는 000성도의 별세를 아쉬워하며 머리 숙입니다	
찬 송	···················· 384(434)장 _{새찬송가(통일찬송가)} ············	다 같 이
기 도	··	맡 은 이
성 경	················· 데살로니가후서 2:16-17 ·············	집 례 자

우리 주 예수 그리스도와 우리를 사랑하시고 영원한 위로와 좋은 소망을 은혜로 주신 하나님 우리 아버지께서 너희 마음을 위로하시고 모든 선한 일과 말에 굳건하게 하시기를 원하노라.

설 교	····················· 하나님의 위로 ····················	집 례 자

갑작스럽게 하나님 품에 안기신 성도를 추모하며 모였습니다. 먼저는 사랑하는 분을 잃은 유가족에게 위로가 되며, 위로하기 위해 모인 성도들에게는 죽음과 함께 천국 소망을 다시 한번 생각하는 기회가 되시기 바랍니다. 특별히 유가족에게 주시는 말씀입니다.
1) 하나님은 여전히 우리를 사랑하십니다. 우리의 형편이나 처지와 상관없이 어떤 상황에서도 여전히 사랑하십니다. 오히려 이렇게 힘들고 어려울 때 더 사랑하십니다. 2) 영원한 위로와 소망을 주십니다. 세상의 위로도 고맙지만 하나님의 위로는 힘이 됩니다. 소망이 끊어진 것처럼 보이지만 하나님은 우리의 영원한 소망이십니다. 3) 선한 일과 말에 굳게 서야 합니다. 장례가 나면 온갖 말이 오갑니다. 감정적으로 예민하여 다툴 수 있습니다. 장례는 온 가족이 함께 선한 일을 계획하고 말하는 기회여야 합니다. 우리 가족은 그렇게 장례를 치를 것입니다.

기 도	···	집 례 자
광 고	···· 장례 일정 및 장소 안내, 예식 후 교제 안내 ····	집 례 자
	* 추후 조문과 입관예식, 발인예식에 많은 참여바랍니다.	
축 도	··	집 례 자
인 사	···· 유가족과 마주 서서 인사합니다. 주의 위로를 빕니다 ·····	다 같 이

3) 조문 예식(2)

* 유족과 목례로 인사하고 영정 앞에서 헌화, 혹은 조용히 묵념한 후 뒤로 물러나 돌아선 후 앞자리부터 순서대로 앉아 예배 준비합니다.

예 식 사 ·· 집 례 자
   사랑하는 OOO님이 하나님의 부르심을 받았기에, 하나님 앞에 정성과 마음으로 예배드립니다.

찬   송 ···························· 543(342)장 ···························· 다 같 이
                                           새찬송가(통일찬송가)
기   도 ·· 참여한 분 가운데
성   경 ···················· 고린도전서 15:55-58 ···················· 집 례 자

   사망아 너의 승리가 어디 있느냐. 사망아 네가 쏘는 것이 어디 있느냐. 사망이 쏘는 것은 죄요 죄의 권능은 율법이라. 우리 주 예수 그리스도로 말미암아 우리에게 승리를 주시는 하나님께 감사하노니 그러므로 내 사랑하는 형제들아 견실하며 흔들리지 말고 항상 주의 일에 더욱 힘쓰는 자들이 되라. 이는 너희 수고가 주 안에서 헛되지 않은 줄 앎이라.

설   교 ···························· 하나님의 위로 ···························· 집 례 자

   오늘 어려운 일을 당하신 유족들에게 하나님의 위로가 넘치길 빕니다. 바울 사도는 오늘 성경에서 사망에 대해 외치고 있습니다. ① 사망이 지금은 득세하는 것처럼 보여도 성도를 이길 수 없다는 것입니다. ② 사망이 주장하는 것은 오직 죄뿐입니다. 그러나 고인은 예수님의 십자가로 죄 용서함 받았습니다. ③ 유족들에게 마지막 부분을 말씀드리고 싶습니다. "견실하며 흔들리지 말라." 지금은 혼란스럽고, 고통스럽지만 고인은 사망을 이기고 부활의 나라로 들어가셨습니다. 유족들께서는 고인이 가신 하늘나라를 바라보며 현재는 힘들지만 속히 슬픔을 이기고 승리하시길 빕니다.

축   도 ·· 혹은 주기도문

4) 조문 예식(3)

* 헌화한 후 단에 올려놓고 두 걸음 정도 물러서 선 채로, 혹은 꿇어앉아 기도합니다. 뒤로 물러나 순서대로 앉아 예배를 기다립니다. 상주는 모든 가족을 불러 성도들과 함께 예배드립니다.

예 식 사 ·· 집 례 자

위로의 성령께서 유족들에게 소망 주시기 원하며 하나님께 예배합니다.

찬　　송 ······················· 144(144)장 ······························· 다 같 이
성　　경 ························ 로마서 6:22-23 ························· 집 례 자
새찬송가(통일찬송가)

그러나 이제는 너희가 죄로부터 해방되고 하나님께 종이 되어 거룩함에 이르는 열매를 맺었으니 그 마지막은 영생이라. 죄의 삯은 사망이요 하나님의 은사는 그리스도 예수 우리 주 안에 있는 영생이니라.

설　　교 ······················· 두 종류의 죽음 ························· 집 례 자

두 종류의 죽음이 있습니다. ① 죄의 결과로 죽는 것입니다. 죄의 대가는 죽음입니다. 본래 인간은 죽음이 없이 영생할 수 있었는데 태초 아담의 범죄로 인간에게 죽음이 온 것입니다. ② 믿고 죽는 것입니다. 믿고 죽는 성도들에게는 영생을 선물로 주십니다. 지금은 여기 장례식장 안치실 안의 많은 분이 똑같이 죽은 것처럼 보이지만 불신자의 죽음과 신자의 죽음은 분명히 차이가 있습니다. 조문에 참여한 모든 분들은 믿고 영생을 선물로 받읍시다.

축　　도 ·· 혹은 주기도문

5) 입관 예식(1)

예 식 사 ·· 집 례 자
     지금부터 사랑하는 000성도의 입관 예식을 시작합니다.

찬   송 ······················· 235(222)장 ····················· 다 같 이
                             새찬송가(통일찬송가)
기   도 ·· 맡 은 이
     자비로우신 하나님 아버지, 아버지의 섭리에 순종하여 엄숙히 머리를 숙였습니다. 모든 인생은 풀과 같고 그 영광은 풀의 꽃과 같아서 시들고 말라 버리고야 말 존재임을 아오나, 막상 고인 앞에 서니 슬픔을 금할 수 없습니다. 고인의 시신을 장사하기 위해서 이 관에 들이나 그의 영혼은 아버지 품속에 고이 품어 주소서. 예수님의 이름으로 기도합니다. 아멘.

성   경 ························· 고린도후서 5:1 ························ 집 례 자

     만일 땅에 있는 우리의 장막 집이 무너지면 하나님께서 지으신 집 곧 손으로 지은 것이 아니요. 하늘에 있는 영원한 집이 우리에게 있는 줄 아느니라.

설   교 ···························· 영원한 집 ···························· 집 례 자
     우리 육체의 장막이 무너질 때 하나님이 예비하신 영원한 집이 예비되어 있습니다. ① 영원한 집은 하나님이 예비하신 집입니다. 예수님도 이 집을 예비하고 계십니다(요 14:2-3). ② 영원한 집은 소망 중에 바라던 집입니다. 하늘에 있는 집이 우리에게 있는 줄 압니다(고후 5:1). ③ 영원한 집은 믿음으로 가는 집입니다(히 11:13-14). 이제 사랑하는 000님의 육신은 관 속에 들어가나 그 영혼은 하나님께서 불러 가실 것을 확신합니다.

기   도 ·· 집 례 자
     (관 뚜껑을 덮기 전에 유족들이 한 줄로 서서 관 옆쪽으로 와서 고인의 얼굴을 마지막으로 볼 수 있다.)

축   도 ·· 집 례 자

6) 입관 예식(2)

* 입관 예배는 입관 전에, 혹은 입관 후에 진행합니다. 유족들에게는 가장 슬프고 고통스러운 시간입니다. 가족들을 위로하며 격려합니다.

예 식 사 ·· 집 례 자

고인을 추모하며 묵도합니다. 지금부터 사랑하는 OOO님의 입관 예배를 드리겠습니다.

찬　　송 ························ 436(493)장 ······················· 다 같 이
　　　　　　　　　　　　　　　　새찬송가(통일찬송가)
기　　도 ·· 집 례 자
성　　경 ························ 고린도후서 4:17-18 ······················ 집 례 자

우리가 잠시 받는 환난의 경한 것이 지극히 크고 영원한 영광의 중한 것을 우리에게 이루게 함이니 우리가 주목하는 것은 보이는 것이 아니요 보이지 않는 것이니 보이는 것은 잠깐이요 보이지 않는 것은 영원함이라.

설　　교 ························ 잠깐과 영원 ························ 집 례 자

사랑하는 이를 잃는 것은 가슴 아픈 일입니다. 게다가 고인을 입관하는 지금은 그 어느 때보다 유족들 마음이 아픈 줄 압니다. ① 죽음은 현재 잠깐 당하는 슬픈 일입니다. 어쩌면 잠시 받는 환란인지 모릅니다. ② 그러나 죽음은 장차 크고 영원한 영광을 보여주시려는 하나님의 섭리입니다. ③ 유족들이 고인의 시신을 입관할 때 보신 것은 잠깐입니다. 보이지 않는 영혼은 영원히 하늘나라에서 하나님을 찬양하며 경배하며 지내실 것입니다. 오늘 슬픔 때문에 괴로워하지 말고 주 안에서 소망을 가지고 이기시기 빕니다.

기　　도 ·· 집 례 자
축　　도 ·· 혹은 주기도문

* 입관 예배를 먼저 드린 경우는 안내를 받아 입관실로 내려갑니다.
　입관 후 예배를 드린 경우는 고인에게 작별 인사 후 나옵니다.

7) 발인(환송) 예식(1)

예 식 사	···	집 례 자

　　지금부터 고 000님의 발인(환송) 예식을 시작행하겠습니다.

찬　　송	············ 480(293)장, 493(545)장 ············	다 같 이
	새찬송가(통일찬송가)	
기　　도	···	맡 은 이
성　　경	················ 이사야 40:6-8 ················	집 례 자

　　말하는 자의 소리여 이르되 외치라. 대답하되 내가 무엇이라 외치리이까 하니 이르되 모든 육체는 풀이요 그의 모든 아름다움은 들의 꽃과 같으니 풀은 마르고 꽃이 시듦은 여호와의 기운이 그 위에 붊이라. 이 백성은 실로 풀이로다. 풀은 마르고 꽃은 시드나 우리 하나님의 말씀은 영원히 서리라 하라.

설　　교	················ 영원한 생명 ················	집 례 자

　　오늘 성경에 모든 육체는 풀이요, 그 아름다움도 들의 꽃과 같다고 했습니다. ① 인생의 한계입니다. 죽음 앞에서 겸허해야 합니다. ② 인생무상입니다. 자랑할 것이 없습니다. ③ 마지막에 위로되는 것은 하나님 말씀입니다. 영원한 하나님 말씀으로 위로받으시길 빕니다.

조　　가	·········· (고인이 즐겨 부르던 찬송) ··········	맡 은 이
고인약력	···	맡 은 이
조　　사	···	맡 은 이
축　　도	···	집 례 자

* 성도들은 먼저 나가 영구차량 옆에서 찬양하며 송별합니다. 안내받아 운구할 때 영정과 관을 앞세우고, 집례자, 유족, 조문객 순으로 나갑니다.

8) 발인(장례) 예식(2)

예 식 사 ··· 집 례 자

　　　　　묵상 기도함으로 발인(장례) 예식을 시작합니다.

찬　　 송 ························· 370(455)장 ························· 다 같 이
　　　　　　　　　　　　　　　　　새찬송가(통일찬송가)
기　　 도 ··· 맡 은 이
성　　 경 ························· 시편 90:9-10 ························· 집 례 자

우리의 모든 날이 주의 분노 중에 지나가며 우리의 평생이 순식간에 다하였
나이다. 우리의 연수가 칠십이요 강건하면 팔십이라도 그 연수의 자랑은 수
고와 슬픔뿐이요 신속히 가니 우리가 날아가나이다.

설　　 교 ······················· 신속히 가는 인생 ························ 집 례 자

성경에서 인생을 신속히 가는 인생이라고 합니다. 인간은 정해진
연수를 살 뿐입니다. 아무리 오래 살려고 해도 결국은 가고 맙니다. 오래
살았다 해도 자랑할 것이 없습니다. 수고와 슬픔의 인생임을 겸허하게
고백해야 합니다. 고인의 시신을 영원한 길로 보내는 여기에서 우리
모두 결심해야 합니다. 남은 때 우리 인생 역시 신속히 갈 터인데 내게
주어진 사명 잘 감당하면서, 주변과 더불어 사랑하며 살아야 합니다.
신속히 날아가는 세월을 아끼고 부지런히 살아야 하겠습니다. 고인은
좋은 곳으로 갑니다. 그리고 우리를 향하여 세월을 아끼며 살라고
충고하십니다. 고인이 남긴 일, 못다 한 일, 이루지 못한 꿈을 우리가
감당하며 삽시다.

기　　 도 ··· 집 례 자
고인약력 ··· 맡 은 이
추 모 사 ··· 맡 은 이
축　　 도 ·· 혹은 주기도문

9) 하관 예식

예 식 사 ·· 집 례 자
    모두 경건한 마음으로 묵도하심으로 하관 예식을 시작합니다.

찬   송 ···························· 494(188)장 ······················ 다 같 이
새찬송가(통일찬송가)

기   도 ·· 맡 은 이
성   경 ························· 요한복음 11:25-26 ···················· 집 례 자

    예수께서 이르시되 나는 부활이요 생명이니 나를 믿는 자는 죽어도 살겠고 무릇 살아서 나를 믿는 자는 영원히 죽지 아니하리니 이것을 네가 믿느냐.

설   교 ···················· 부활을 소망합니다! ··················· 집 례 자

    긴 장례 일정을 마치고 이제 하관식 순서가 되었습니다. 그동안 슬픔과 애통함을 이기고 오늘까지 인내하신 유족들께 존경의 마음을 드리고, 하나님의 위로가 넘치길 빕니다. 본문에서 예수님은 선언하셨습니다. ① 나는 부활이요 생명이다. 세상에서 이런 선언을 들을 수 없습니다. 오직 주님만이 부활하셨으며 생명이 되셨습니다. ② 믿고 죽는 자는 똑같은 부활을 경험할 수 있다고 하십니다. 여기 묻히는 고인께서도 부활하실 것입니다. ③ 살아서 믿는 자들에게 역시 부활을 약속하셨습니다. "나를 믿는 자는 영원히 죽지 아니하리니 이것을 네가 믿느냐?" 사랑하는 유족과 조문객 여러분, 부활이요 생명이신 예수님을 믿고 부활을 선물로 받으시기 바랍니다. 오늘은 슬프지만 하나님께서 큰 위로를 주실 것입니다.

기   도 ·· 집 례 자
찬   송 ···························· 435(492)장 ······················ 다 같 이
축   도 ·· 집 례 자
복   토 ··· 예식 후 상주과 유족, 조문객, 교인 순으로 복토(취토)합니다.

* 예식이 끝나면 유족들은 남아 산일이 마칠 때까지 지켜보며, 조문객들과 준비한 점심을 나누거나, 형편에 따라 먼저 산에서 내려오게 됩니다.

10) 화장장(작별) 예식

예 식 사 ·· 집 례 자

　　사랑하는 고인과 다시 만날 것을 기약하면서 작별예배 드립니다.

찬　　송 ······················ 407(465)장 ······················· 다 같 이
　　　　　　　　　　　　　　새찬송가(통일찬송가)
기　　도 ·· 맡 은 이
성　　경 ···················· 고린도전서 15:47-49 ···················· 집 례 자

　　첫 사람은 땅에서 났으니 흙에 속한 자이거니와 둘째 사람은 하늘에서 나셨느니라. 무릇 흙에 속한 자들은 저 흙에 속한 자와 같고 무릇 하늘에 속한 자들은 저 하늘에 속한 이와 같으니 우리가 흙에 속한 자의 형상을 입은 것 같이 또한 하늘에 속한 이의 형상을 입으리라.

설　　교 ··············· 흙에 속한 자, 하늘에 속한 자 ··············· 집 례 자

　　지금 우리는 화장장 앞에 섰습니다. 유족들에게 또 한 번 슬픈 순간이며 고통스러운 순간일 것입니다. 시간의 차이는 있을지언정 우리도 언젠가는 한 줌 흙으로 남을 것입니다. 지금 화장장에서 육신은 뜨거운 불에 타버리지만, 주님 재림의 날에 신령한 몸으로 변화될 것을 믿고 소망을 가지시기 빕니다. ① 첫 사람 아담은 땅에서 났습니다. 그러므로 흙으로 돌아갑니다. ② 둘째 사람, 예수님은 하늘에서 나셨습니다. 그러므로 하늘로 돌아가셨습니다. 우리 인생 모두는 흙에서 났기에 육신은 흙으로 돌아갈 수밖에 없습니다. 그러나 주님의 은혜로 우리를 하늘에 속한 자로 만들어 주셨습니다. ③ 천국에서 우리는 하늘에 속한 자의 형상을 입을 것입니다. 그 놀라운 진리 앞에 소망을 갖고 슬픔을 이기시기 빕니다.

축　　도 ·· 혹은 주기도문

11) 납골(유골안치) 예식

예 식 사 ·· 집 례 자

      지금부터 사랑하는 OOO님의 납골안치 예식을 시작합니다.

조용한 기도 ················ 고인을 추모하면서 조용한 기도를 드립니다.
찬   송 ···························· 479(290)장 ························· 다 같 이
                                  새찬송가(통일찬송가)
기   도 ··· 맡 은 이
성   경 ························· 시편 34:17-19 ······················ 집 례 자

      의인이 부르짖으매 여호와께서 들으시고 그들의 모든 환난에서 건지셨도다. 여호와는 마음이 상한 자를 가까이 하시고 충심으로 통회하는 자를 구원하시는도다.의인은 고난이 많으나 여호와께서 그의 모든 고난에서 건지시는도다.

설   교 ························· 믿는 자의 유익 ························ 집 례 자

      우리가 신앙을 갖지 않았다면 이 슬픔과 고통을 어떻게 이길 수 있겠습니까? 갑작스러운 고인의 죽음을 지켜보면서 참으로 고통스럽고 힘들었습니다만 지금까지 이기도록 힘주신 하나님을 찬양합니다. 사랑하는 조문객 여러분이 여기까지 오셔서 위로해주셨음에 유족을 대신하여 감사드립니다. 신앙하는 이들은 유익이 있습니다. ① 기도할 때 하나님이 들으십니다. 슬프고 괴로워 기도할 때 분명 하나님은 들으십니다. ② 마음이 상한 자를 가까이하십니다. 세상 어디서도 고인을 잃은 슬픔을 위로받을 수 없습니다. 사람들은 위로하는 척하지만, 다른 마음을 갖기도 합니다. ③ 믿는 자들은 고난에서도 하나님이 건지십니다. 우리가 세상에 살면서 사랑하는 이를 잃는 고난도 겪지만 하나님께서 건져주신다고 약속하셨습니다. 이 말씀으로 위로받고 소망 갖고 돌아가시기 빕니다.

축   도 ·· 혹은 주기도문

12) 이장 예식

예 식 사 ·· 집 례 자

　　부활의 소망 가운데 사랑하는 000님의 이장 예식을 시작하겠습니다.

묵　　도 ·· 다 같 이

　　고인을 추모하면서 조용히 기도드립니다.

찬　　송 ···················· 279(337)장 ···················· 다 같 이
　　　　　　　　　　　　　　　　새찬송가(통일찬송가)
성　　경 ···················· 다니엘 12:2-3 ···················· 집 례 자

　　땅의 티끌 가운데에서 자는 자 중에서 많은 사람이 깨어나 영생을 받는 자도 있겠고 수치를 당하여서 영원히 부끄러움을 당할 자도 있을 것이며 지혜 있는 자는 궁창의 빛과 같이 빛날 것이요. 많은 사람을 옳은 데로 돌아오게 한 자는 별과 같이 영원토록 빛나리라.

설　　교 ················ 영원히 빛나는 사람 ················ 집 례 자

　　가족들 모두 힘든 결단을 해서 여기 고인을 이장하여 하나님 앞에 예배드리게 되었습니다. 본문에서 두 종류의 사람을 찾게 됩니다. ① 땅의 티끌 가운데에서 자는 자 중에서 깨어나 영생 얻는 사람, ② 수치를 당하여서 영원히 부끄러움을 당하는 사람입니다.
　　사랑하는 고인은 첫 번째에 속한 사람입니다. 영생 얻어 궁창의 빛 같이 빛날 것입니다. 살아게시는 동안 많은 사람을 주께로 인도하였으니 하늘의 별과 같이 영원토록 빛나게 될 것입니다. 사랑하는 가족 모두 남은 인생을 허비하지 말고 하늘의 별처럼 빛나는 영원한 삶을 살기 위해서 그동안 이 땅에서 하나님께 헌신하는 삶을 사시기 빕니다.

축　　도 ·· 혹은 주기도문

13) 위로 예식(집에 돌아와)

예 식 사 ·· 집 례 자

    장례를 마치고 이 예배를 통해 유족들에게 큰 위로 있기 빕니다.

찬   송 ························ 543(342)장 ···················· 다 같 이
                                       새찬송가(통일찬송가)
성   경 ···················· 갈라디아서 6:7-10 ················ 집 례 자

    스스로 속이지 말라. 하나님은 업신여김을 받지 아니하시나니 사람이 무엇으로 심든지 그대로 거두리라. 자기의 육체를 위하여 심는 자는 육체로부터 썩어질 것을 거두고 성령을 위하여 심는 자는 성령으로부터 영생을 거두리라. 우리가 선을행하되 낙심하지 말지니 포기하지 아니하면 때가 이르매 거두리라. 그러므로 우리는 기회 있는 대로 모든 이에게 착한 일을 하되 더욱 믿음의 가정들에게 할지니라.

설   교 ················· 남은 때 어떻게 살까? ·············· 집 례 자

    그동안 장례를 치르느라 수고가 많았습니다. 많이 힘들고 어려우시지만 주께서 주시는 위로로 이기시길 빕니다. 본문에서 우리에게 권면하는 것이 있습니다. 남은 때 어떻게 살까 하는 것입니다. ① 심은 대로 거둔다는 진리입니다. 남은 때 고인의 몫까지 영적 농사를 많이 지으시기 바랍니다. ② 선을 행하라는 것입니다. 이제 남은 때에 우리가 할 일은 선을 행하며 사는 것입니다. ③ 모든 이에게 착한 일을 하되 더욱 믿음의 가정들에게 하는 것입니다. 다른 이에겐 친절하면서 유독 사랑하는 가족에게는 소홀한 사람이 있습니다. 사랑은 슬픔을 이기는 최고의 약입니다. 남은 때 사랑하며 사십시오.

축   도 ··· 혹은 주기도문

14) 추모예식(1)

예 식 사	················ 지금부터 고 000 성도의 추모예식을 시작합니다.	
찬　　송	···················· 384(434)장 ················· 다 같 이	
	새찬송가(통일찬송가)	
기　　도	··· 맡 은 이	
성　　경	···················· 여호수아 24:15 ··················· 집 례 자	

만일 여호와를 섬기는 것이 너희에게 좋지 않게 보이거든 너희 조상들이 강 저쪽에서 섬기던 신들이든지 또는 너희가 거주하는 땅에 있는 아모리 족속의 신들이든지 너희가 섬길 자를 오늘 택하라. 오직 나와 내 집은 여호와를 섬기겠노라 하니

말　　씀 ·············· **여호와만 섬기겠노라** ··············· 집 례 자

여호수아는 가나안 정복을 마치고 은퇴하면서 백성들에게 유명한 말을 남깁니다. 1) 너희 섬길 자를 오늘 택하라: 여호수아는 일평생 하나님을 섬기며 살아왔습니다. 그는 지금도 여전히 젊습니다. 백성들에게 결단을 촉구하는 열심이 있습니다. "오늘 택하라." 오늘 추모 예배를 드리며 우리도 결단해야 합니다. 사람은 섬기는 대상의 종입니다. 돈을 섬긴다면 돈의 종입니다. 사람을 섬긴다면 사람의 종입니다. 그렇다면 우리는 누구를 섬기며 살 것입니까?

2) 나와 내 집은: 여호수아는 가장(家長)답습니다. 그는 여전히 가족을 대표하는 사람입니다. 가족 중심의 사람입니다. 고인은 남아있는 가족이 늘 함께하길 원할 것입니다. 가족을 제일 사랑하고 가족을 위해 헌신하는, 가족과 함께 신앙하는 우리 집입니다.

3) 여호와를 섬기겠노라: 여호수아의 고백이 가나안 땅 곳곳에 퍼져나갔습니다. 우상 숭배를 버리라는 것입니다. 오직 한 분 여호와만을 섬기라는 것입니다. 이 함성을 오늘도 고인이 우리에게 하고 계십니다. 여호수아처럼 고백합시다. 여호와만 섬기는 우리 집 할렐루야!

기　　도 ···	집 례 자
고인소개 ···	집 례 자
추모사, 고인의 유물이나 유언소개 ················	가 족 중
주기도문 ··	다 같 이

* 예배 후에는 준비한 식사를 하면서 고인을 기억하며 추억합니다.

15) 추모예식(2)

예 식 사 ·········· 하나님이 사랑하셨던 고 000님의 추모예식을 시작합니다.
기   도 ·· 집 례 자
 사랑의 하나님, 우리 000님의 추모 예식을 위해 온 가족이 한자리에 모였습니다. 주께서 이 자리에 함께하시는 줄 믿습니다. 우리 예배를 받으시고 복 주시길 간절히 소망합니다. 우리 구주의 이름으로 기도합니다. 아멘.
찬   송 ·························· 559(305)장 _{새찬송가(통일찬송가)} 다 같 이
성   경 ·························· 요한복음 14:1-2 ·························· 집 례 자

 너희는 마음에 근심하지 말라 하나님을 믿으니 또 나를 믿으라. 내 아버지 집에 거할 곳이 많도다 그렇지 않으면 너희에게 일렀으리라 내가 너희를 위하여 거처를 예비하러 가노니.

말   씀 ·························· 근심하지 말라 ·························· 집 례 자
 하나님의 사랑과 위로가 우리 가정에 넘쳐나길 소망합니다. 오늘 우리는 하나님의 사람 000님의 기일에 모여 추모 예배를 드립니다. 어려운 환경과 여건 속에서 굳게 믿음을 지키고 사셨던 000님을 기억하면서 감사하지 않을 수 없습니다. 그러나 여전히 마음 아프고 힘든 가족도 있습니다.
1) 근심하지 말라: 세상을 살면서 근심 없이 살아갈 수 없습니다. 고인이 세상을 떠나신 후 많은 걱정도 했었습니다. 근심해도 현실은 바뀌지 않고 오히려 우리 마음과 형편을 힘들게 합니다. 근심하지 말아야 합니다.
2) 하나님을 믿으라: 주님은 "하나님을 믿으니 나를 믿으라"고 하십니다. 우리 남은 인생을 하나님을 믿으며 살기 바랍니다. 하나님이 우리의 아버지시기 때문입니다.
3) 처소를 예비하리라: 고인은 이미 하늘나라 복된 처소에서 하나님을 예배하고 계십니다. 부활하셔서 하늘에 오르신 주님은 우리에게도 약속하셨습니다. 고통 없고 눈물 없으며 아픔 없는 천국에 우리 집을 마련해 놓으셨다는 약속입니다. 예수만 섬기는 우리 가정에도 하늘 처소가 예비된 줄 알고 근심보다 소망을 가져야 합니다.

기   도 ·· 집 례 자
고인 약력소개 ·· 가 족 중
추 모 사 ·························· 가족들 한 사람씩 고인을 기억하며 한마디

"내가 진실로 진실로 너희에게 이르노니
내 말을 듣고 또 나 보내신 이를 믿는 자는 영생을 얻었고
심판에 이르지 아니하나니 사망에서 생명으로 옮겼느니라"

-요한복음 5장 24절-

장례예식설교

•

2002년 4월20일 1판 1쇄 발행
2019년 4월25일 1판 8쇄 발행
2022년 11월10일 2판 2쇄 발행

저자(대): 박종순 목사 외
펴낸이: 황성연

펴낸 곳 한국문서선교회

등록: 1981. 11. 12. NO. 2020-000012호
주소: 경기도 파주시 헤음로 883번길 39-32
이메일: mission3496@naver.com
디자인: 청우(열린유통, 한문선) 박상진
이미지: iclickart
TEL: 031)947-7777
FAX: 0505-365-0691

잘못된 책은 바꾸어 드립니다.
"판권 본사 소유"

ISBN 978-89-8356-310-1 13230